高等职业教育论丛

北京政法职业学院　主编

图书在版编目（CIP）数据

高等职业教育论丛/北京政法职业学院主编. —北京：知识产权出版社，2020.12
ISBN 978-7-5130-7096-6

Ⅰ. ①高… Ⅱ. ①北… Ⅲ. ①高等学校—艺术学校—人才培养—研究—中国 Ⅳ. ①J-40

中国版本图书馆CIP数据核字(2020)第143766号

责任编辑：赵　军　　　　　　　　责任校对：潘凤越
封面设计：纵横华文·邓媛媛　　　责任印制：孙婷婷

高等职业教育论丛
北京政法职业学院　　主编

出版发行：知识产权出版社有限责任公司	网　　址：http://www.ipph.cn
社　　址：北京市海淀区气象路50号院	邮　　编：100081
责编电话：010-82000860转8127	责编邮箱：zhaojun99668@126.com
发行电话：010-82000860转8101/8102	发行传真：010-82000893/82005070/82000270
印　　刷：北京九州迅驰传媒文化有限公司	经　　销：网上书店、新华书店及相关专业书店
开　　本：700mm×1000mm　1/16	印　　张：23.5
版　　次：2020年12月第1版	印　　次：2020年12月第1次印刷
字　　数：362千字	定　　价：88.00元
ISBN 978-7-5130-7096-6	

出版权专有　侵权必究
如有印装质量问题，本社负责调换。

目 录

创新发展新时代的高等职业教育 …………………………… 杨玉泉（1）
小组合作教学方法在高职课堂实施开展的一般过程 ………… 张 菡（8）
论专业核心能力分级对高职人才培养的作用
   ——以劳动与社会保障专业为例 ………………… 王奇峰（17）
"双主体三联动两结合"空中乘务专业人才培养模式研究
   ——以北京政法职业学院为例 …………………… 柳春香（25）
自主学习与创新能力培养在网络安全课程中的探索 ………… 乔明秋（31）
高职院校校企合作人才培养课程体系构建研究
   ——以消防工程技术专业为例 …………………… 迟玉娟（38）
《民事案件处理实务》课程"赛教融合"教学模式探索 ……… 许晓峰（44）
现代教学模式在高职课程教学中的应用研究
   ——以法律事务（知产）专业为例 ……………… 黄炎娇（51）
高职英语写作生生互评科学实践模式构建 …………………… 康 霞（59）
基于教学过程设计视角的《国际市场营销》教学法改革探析 杨晓菲（68）
"任务驱动"教学法在高职文秘实训教学中的应用探索 …… 王 瑶（75）
浅谈"课程合作"教学模式在不同课程间的实施 …………… 李梅芳（82）
新时代高职学生文化自信的现状调查与分析 ………………… 曹海英（89）
高职《思想道德修养与法律基础》课程实践教学研究 ……… 张 静（96）
电子商务数据化运营课程实践教学研究 …………………… 胡 娟（105）

《计算机应用基础》线上线下混合教学模式的改革与应用 ⋯ 于晓荷（111）
"互联网＋教育"背景下众包模式的教学资源体系构建 ⋯⋯ 李焕春（117）
高职院校"四位一体"心理健康教育模式的构建 ⋯⋯⋯⋯ 谢利苹（123）
国际化视角下对外武术发展与教学策略研究
   ——以非洲四国为例⋯⋯⋯⋯⋯⋯⋯⋯⋯⋯ 郭　靖（129）
浅谈信息化在高职英语教学中的应用 ⋯⋯⋯⋯⋯⋯⋯⋯ 何　静（135）
自我效能感理论与高职英语教学策略的相关性研究 ⋯⋯ 汤冉冉（142）
构置优化警务管理专业方向的必要性与可行性 ⋯⋯⋯⋯ 孙建安（148）
微时代背景下的"3+2"对口贯通实践化教与学 ⋯⋯⋯⋯ 李　峣（154）
"翻转课堂"在高职法学课程教学中的实践探索 ⋯⋯⋯⋯ 秦宏宇（162）
信息化实训教学设计的实践与思考
   ——以智能楼宇系统集成课程之任务为例 ⋯⋯⋯ 陈　瑶（168）
现代职教体系下高职人才培养模式的改革研究
   ——以数字媒体艺术设计专业为例 ⋯⋯⋯⋯⋯⋯ 仇　宁（176）
高职实训课堂提问策略软件与实现 ⋯⋯⋯⋯⋯⋯⋯⋯⋯ 张跃军（183）
北京高职网络安全类专业群建设分析 ⋯⋯⋯⋯⋯⋯⋯⋯ 张　博（191）
手机 App UI 设计课程高职教育教学改革思考 ⋯⋯⋯⋯ 徐　园（197）
合作学习模式下高职生自主学习能力培养探究 ⋯⋯⋯⋯ 李　迎（204）
"互联网＋"背景下高职院校信息素养教学现状及提升策略 顾　苗（210）
《网络管理工具的使用》课程项目化教学与应用 ⋯⋯⋯⋯ 高　松（216）
基于建构主义学习理论的思政课程教学模式探析
   ——以七年贯通人才培养为例 ⋯⋯⋯⋯⋯⋯⋯ 孙温平（222）
特殊天气下高校体育课室内拓展训练教学模
 式的研究 ⋯⋯⋯⋯⋯⋯⋯⋯⋯⋯⋯⋯ 付凡飞　张　梅（230）
高职体育课程教学改革研究 ⋯⋯⋯⋯⋯⋯⋯⋯⋯⋯⋯⋯ 何金华（237）
基于大数据的高职英语写作教学研究 ⋯⋯⋯⋯⋯⋯⋯⋯ 肖　蕾（246）
高职院校"思修课"教学改革与实践初探 ⋯⋯⋯⋯⋯⋯⋯ 马海燕（252）

目 录

基于市场导向的消防专业退役士兵人才培养方案的研究 … 吕金涛（259）
顶岗实习管理信息化建设的实践和思考 …………………… 孔庆仪（268）
澳大利亚培训包框架下课程建设的借鉴与启示
　　——以CPP50611安全和风险管理为例 ………… 林祝君（276）
海外安全管理人才培养虚拟实训系统建设思考 …………… 杨　春（285）
基于利益相关者视角的高职创新创业教育研究 …………… 马伟芳（292）
首都特色高职骨干专业建设方案开发
　　——以安全保卫专业群为例 …………………………… 海　南（299）
辅警制度改革推进下的警务管理人才培养 ………………… 张静怡（308）
论司法助理（检察官书记员）专业素质能力建设与重点
课程教学内容的改革 ………………………………………… 张　华（314）
思辨与实证：犯罪学基础课程学生能力之培养 …………… 陈心歌（320）
基于课程实训视角的高职院校文秘专业智慧教室建设 …… 楚　萍（326）
高职英语阅读教学行动研究 ………………………………… 史中慧（332）
高职商务方向学生英语职业能力培养模式探究 …………… 李连增（340）
大数据应用于高校学生管理工作的研究 …………………… 任　启（346）
智慧校园背景下高校图书馆的智慧化建设研究 …………… 胡玉清（354）
推进信息化建设，提升人才培养质量 ……………………… 李星华（361）
编后语 ……………………………………………………………………（369）

创新发展新时代的高等职业教育

杨玉泉[1]

2017年10月召开的党的十九大，首次提出建设教育强国是中华民族伟大复兴的基础工程，并把优先发展教育事业作为提高保障和改善民生水平的首要任务，对新时代加快教育现代化、办好人民满意的教育做出了新的部署，为我国教育事业发展改革指明了新方向、提出了新原则。其中强调要完善职业教育和培训体系，深化产教融合、校企合作，这既充分体现了党中央对加快发展现代职业教育的高度重视，也为我国职业教育发展改革提出了新任务、新要求。2019年2月，国务院印发了《国家职业教育改革实施方案》，提出没有职业教育现代化就没有教育现代化，并将党中央、国务院关于奋力办好新时代职业教育的决策部署细化为若干具体行动。

一、建设职业教育强国是中华民族伟大复兴的基础工程之一

教育是民族振兴、社会进步的重要基石。党的十八大以来，党中央、国务院高度重视教育事业，将其摆在优先发展的战略位置，使我国教育总体发展水平进入世界中上行列。但教育结构适应经济社会发展需要的能力、教育质量适应创新驱动战略需要的水平、教育治理体系适应教育现代化要求等方面仍存在很多短板。全面建成小康社会，实现"两个一百年"奋斗目标，实现中华民族伟大复兴中国梦，需要加快推进从教育大国向教育强国迈进的新征程。实现教育强国的目标需要各类教育的协同发展、均衡发展、创新发展。中国教育大致可以分为学前教育、初等教育（小学教育或基础教育）、中等教育（中等普通教育和中等专业教育）、高等教育（普通

---

[1] 杨玉泉，北京政法职业学院副院长。

高等教育、高等职业教育、成人高等教育）、继续教育（成人技术培训、成人非学历高等教育）。其中，中等专业教育、高等职业教育、成人技术培训构成了我国职业教育和培训体系。截至2018年，全国共有职业院校1.17万所，年招生928.24万人，在校生2685.54万人。习近平同志强调：职业教育是国民教育体系和人力资源开发的重要组成部分，是广大青年打开通往成功成才大门的重要途径，肩负着培养多样化人才、传承技术技能、促进就业创业的重要职责，必须高度重视、加快发展。因此，建设教育强国必须建设职业教育强国。

  高等职业教育是我国教育体系中的重要组成部分，加快经济发展方式转变，走新型工业化道路，建设人力资源强国，不仅需要精英教育，也需要大众教育；不仅需要大批拔尖创新人才，更需要数以千万计的高素质技术技能人才。截至2018年，全国高职院校达1418所，招生数368.83万，在校生数1133.70万，分别占到高等教育的46.63%、40.05%。可见，高等职业教育在促进就业、改善民生方面，以及在全面建成小康社会、建成社会主义现代化国家的历史进程中发挥着不可替代的作用。同时，高等职业教育推动了中国现代教育体系的改革与建设，对中国高等教育进入大众化教育阶段发挥了决定性作用。党的十八大以来，党中央、国务院高度重视职业教育的发展，高等职业教育面临良好的发展机遇。2014年6月，习近平同志就加快职业教育发展做出重要指示，要求各级党委和政府要把加快发展现代职业教育摆在更加突出的位置，更好地支持和帮助职业教育发展，为实现"两个一百年"奋斗目标和中华民族伟大复兴的中国梦提供坚实的人才保障。2014年5月，国务院印发了《关于加快发展现代职业教育的决定》（国发〔2014〕19号）（以下简称《决定》），提出创新发展高等职业教育，形成定位清晰、科学合理的职业教育层次结构。明确专科高等职业院校要密切产学研合作，培养服务区域发展的技术技能人才；探索发展本科层次职业教育；建立以职业需求为导向、以实践能力培养为重点、以产学结合为途径的专业学位研究生培养模式；研究建立符合职业教育特点的学位制度。根据《决定》，到2020年，我国中等职业教育在校生将达到2350万人，专科层次职业教育在校生为1480万人，接受本科层次职业教育的学生达到一定规模。这不仅对国家转方式、调结构、促升级具有十分重要的意义，也将帮助每个家庭创造更大的人才红利。2014年6月，教育部等六部门印发了《现代职业教育体系建设规划（2014—2020年）》，规划强调要优化高等职业教育结构，加快高等职业学校改革步伐，深化高等职业学校治理结构、专业体系、培养模式、招生入学制度等关键领域改革，提升办学活力和人才培养质量。2017年8月，中共中央办公厅、国务院办公厅印发的《关于深化教育体制机制改革的意见》指出，要完善提高职业教育质量的体制机制，推动形成具有职业教育特色的人才培养模式和育人机制。2018年9月，全国教育大会召开，习近平总书记在会上发表重要讲话，就深化职业教育改革、加快推进职业教育现代化提出了明确要求，为中国职业教育改革发展创造了新的发展机遇。2018年11月，中央全面深化改革委员会第五次会议审议通过了《国家职业教育改革实施方案》，强调要把职业教育摆在更加突出的位置，对接科技发展趋势和市场需求，完善职业教育和培训体系，优化学校、专业布局，深化办学体制改革和育人机制改革，着力培养高素质劳动者和技术技能人才，为促进经济社会发展和提高国家竞争力提供优质人才资源支撑。因此，我们必须充分认识职业教育所肩负的使命和重要性，抢抓职业教育发展的新机遇，大力推进高等职业教育的创新发展，努力办好人民满意的高等职业教育。

二、把握高等职业教育发展的新要求

习近平总书记关于教育的重要论述，党中央、国务院关于职业教育的有关要求、部署，对高等职业教育的发展改革具有极为重要的指导意义，我们要把握精神实质，结合实际加以贯彻落实。

（一）落实立德树人的根本任务

立德树人是发展中国特色社会主义教育事业的核心所在，是培养德智体美全面发展的社会主义建设者和接班人的本质要求。立德树人要求教育事业不仅重视传授知识、培养能力，还要把社会主义核心价值体系融入国民教育体系之中，引导学生树立正确的世界观、人生观、价值观、荣辱观。事实证明，专业知识、专业能力和职业技能的发挥依赖于良好的思想道德素质，而良好的思想道德素质是一种正能量基因，它匡正着学生成长成才的人生轨迹，匡正着学生职业发展的正确方向。那些大国工匠之所以成为大国工匠，正是因为他们具有爱党、爱国、奉献社会的高尚思想道德品质。因此，从立德树人这个根本上看，高职院校的思想政治教育比专业与职业技能教育更重要，以思想政治教育引领、助推学生职业发展，以学生职业发展提升思想道德品质，是高职院校育人的基本原则。

（二）推进高等职业教育公平发展

中国特色社会主义进入新时代，我国社会主要矛盾已经转化为人民日益增长的美好生活需要和不平衡不充分的发展之间的矛盾。适应我国社会主要矛盾的转化，高职院校的任务就是要认真研究高等职教育领域不平衡不充分的表现形式，抓主要矛盾，主动回应人民群众对高等职业教育的新期待。高等职业教育必须是"上得起""上得好"的教育。因此必须把人才培养与解决实际问题结合起来，把引导学生与服务学生结合起来，既要教育人、引导人，又要关心人、帮助人，为大学生健康成长创造有利条件。要认真落实国家关于解决高职院校贫困家庭学生困难问题的相关政策，做好高职院校贫困家庭学生资助工作，确保他们顺利完成学业。在促进公平的基础上，高等职业教育必须以提高质量为核心，进一步满足人民群众对优质高等职业教育的迫切需求。在实现"两个一百年"奋斗目标的历史阶段，人民群众不仅期待有更多的就学机会，而且期待有更好的就学机会。目前，高职院校数量虽多，但优质院校相对不足。各院校在教育质量上也有很大的差异性，有的教学条件投入不足，有的专业不适应社会需求，有的人才培养模式落后，有的教育质量管理体系不健全。教育质量问题决定着今后中国高等职业教育长期发展的战略方向，这些问题不解决，办好人民满意的高等职业教育就是一句空话。

（三）建立现代高等职业教育体系

完善职业教育和培训体系是加快发展现代职业教育的重要任务。工业化、城镇化的推进和产业转型升级，需要大力培养多样化、多层次的职业人才。因此，统筹发展各级各类职业教育，搭建人才成长的"立交桥"，是加快现代职业教育发展的重要战略举措。高等职业教育是构建现代职业教育体系的中坚力量，具有承上启下的功能，在办学层次上应当加大多层次多类型技术技能人才教育培养模式创新，形成涵盖专科高职、本科高职和专业学位研究生三个层次相协调的人才培养体系，使高等职业教育的层次、规模与经济社会发展更加匹配。

（四）深化产教融合、校企合作

"产教融合、校企合作"培养技术技能人才，既是职业教育的本质要求，也是国际上职业教育的成功经验。因此，国家要求加快职业教育现代化，必须深化产教融合、校企合作。"产教融合、校企合作"不是简单的"结合""联系"，而是产中有教、教中有产，两者利益共享、风险共担，实现一体化发展。作为高职院校，一是要推动职业教育融入经济社会发展和改革开放的全过程，推动专业设置与产业需求、课程内容与职业标准、教学过程与生产过程对接，实现职业教育与技术进步和生产方式变革以及社会公共服务相适应，促进经济提质增效升级；二是要牢固树立"职业需求是发展的原动力""社会资源即是高职教育资源"等新观念，坚持面向社会、行业、企业开放办学，探索充满活力的多元办学模式；三是要依托行业企业优势，与实务部门合作共同确定招生的标准、人数，共同制订人才培养方案，共同建设基地，共同实施考核，实现应用型人才的"订单"培养；四是要融入社会，与城乡基层组织进行密切合作，组织学生参与服务社会等活动，实现专业学习与社会基层服务的"一体化"；五是要携手行业企业和实务部门共同开展职业岗位（群）的分析和研究，引进应用型人才等相关职业岗位任职要求，积极推进以工作任务为导向的课程改革，构建突出职业素养、职业能力与实务岗位要求紧密衔接的全新专业课程体系和教学内容；六是要积极主动与行业企业合作，努力为区域经济社会发展服务，以理念创新、内涵建设和资源整合为基础条件，通过完善其动力、导向、激励、评价、管理等机制，不断提升社会服务能力。

（五）改革人才培养体系

要深刻理解高等职业教育是一种从职业出发、以学习者为中心、在行动中学习的教育，坚持以服务发展为主线，进一步明确办学方向，进一步明确办学定位和改革建设思路与路径，有效推进质量、内涵、特色建设。

要不断推进人才培养模式、教学模式和教学管理模式改革。人才培养模式改革的核心是解决好职业性和教育性紧密结合的问题，要形成具有工学结合特点的人才培养模式及方案。教学模式改革的核心是推进以实践为导向，任务驱动、项目导向、工学交替等教学做训评一体的改革，提高学生分析问题和解决问题的能力。教学管理模式改革的核心是推进开放多样的模块化教学，形成弹性化、柔性化、多元化评价考核等教学管理运行机制。坚持以就业为导向，着力培养学生的工匠精神、职业道德、职业技能和就业创业能力。

（六）建设"双师型"教师队伍

党的十九大报告强调，办好人民满意的教育必须加强师德师风建设，培养高素质教师队伍。从高等职业教育的要求看，要突出打造具有高等职业教育属性的"双师型"专业教学团队。2018年，我国高职院校专任教师49.8万人，其中"双师型"教师19.14万人，占专任教师比例39.70%。加强职业教育教师队伍，必须把师德建设放在首位，增强教师从事职业教育的荣誉感和责任感。同时积极推进体现高职特点，与实践性、开放性、职业性相匹配的教师聘任、培养、管理、激励等机制制度建设，打造素质高、实践能力强、专兼结合的教学创新团队。

（七）坚持特色化发展

由于各地区经济社会发展水平不同，各高职院校发展基础、行业背景、服务面向不同，高等职业教育应该各具特色。面临法律职业人才需求变化和教育市场竞争加剧带来的挑战，政法类高等职业教育如何找准定位，深化教育教学改革，拓展发展空间，是亟须解决的理论和实践问题。政法类高职教育是在政法事业发展进程中诞生、成长、壮大起来的一种高职教育类型，因此，依托政法、融入政法、服务政法，不仅是政法类高职院校办学理念的基础，还决定了其自身独特的办学定位。为此，政法类高职院校要坚持以服务政法行业发展为宗旨，深化办学体制和教育教学改革，努力与政法行业形成优势互补、资源共享、互动共赢、共同发展的长效机制，真正体现政法高职教育特色。一方面，从破解体制政策环境等难题入手，结合自身特点，将秉承传统和创新发展有机结合起来，找准学校在区域经济和行业发展中的位置，构建起以法律事务类专业为主，其他涉法专业协调发展、相互交融与促进的专业结构，着重面向社会基层和司法工作一线需要，努力培养实践能力强、具有良好职业素养的司法辅助人才和基层法律服务人才。在另一方面，政法类高职院校要坚持以服务发展为宗旨，全面贯彻依法治国的战略部署，围绕政法行业人才队伍建设、司法实践中的热点难点问题应用研究、法律信息资源平台建设、社会基层法律宣传服务，发挥自己的优势，有所作为，有所贡献。政法类高职院校要持续发展，必须和政法行业"黏合"在一起，对法律辅助人才和基层法律服务人才实行"定向"培养，并探索应用型本科法律职业人才培养路径。政法类高职院校必须逐步打破传统的以课堂教学为中心、以教师为中心、以理论教学为中心的教学模式，积极推进以法律辅助岗位工作过程为导向、工作任务为载体的课程改革。要依托现代信息技术开发建设应用法律教学资源平台、教学环境，推进优质法律教学网络资源进课堂、进行业、进社会，促进工学结合弹性学习，服务大众终身教育。政法类高职院校培养的人才不仅需要有较强的职业能力，更需要具有良好的政治素质和职业精神，因此，"德为先、法为实、能为本、技为用"是政法类高职院校的人才培养特色。政法类高职院校培养的人才必须有鲜明的政治方向，较强的忠诚诚信意识、社会责任意识、爱岗敬业意识和忠于法律、维护正义、执法为民的职业宗旨。

总之，高等职业教育要站在新时代的历史方位上，主动适应区域和行业发展的需要，根据学校办学条件，依托行业优势，抓住当前发展中的主要矛盾，在更高的层次上开展新一轮教育教学改革，进一步加快建设速度，使人才质量更高，特色更为鲜明，推动办学实力和整体工作水平得到较大提升。

小组合作教学方法在高职课堂实施开展的一般过程

张 菡[1]

合作学习的思想源远流长，特别是近代在以约翰·杜威为代表的教育家的推动之下，其教学理念和方法已经得到广泛认可。但是在高职教育实践领域，特别是具体的课堂教学实践中，还存在着诸多因为教学过程上的不完整、不科学导致的合作教学效率低下的情况。基于此本文在大量教学实践的基础上梳理了高职课堂教学实践领域小组合作教学开展的一般过程，其中包含以下四个重要环节。

一、教学准备

小组合作教学的准备工作相比较传统教学的准备工作有所差异，因为教学形式的变化使得教学过程中的关注点从以传统教师为中心的讲授为主转变为以学生为中心，特别关注在小组中学生的互动对推动教学产生的优势作用。小组教学的准备包括教室物理环境准备、社会环境准备、情感环境准备。

（一）物理环境

小组合作教学对教室环境有特殊的要求，教室的空间布局和桌椅摆放应该更加开放和灵动，因为小组的形式需要教室空间的移动灵敏度较高，桌椅和环境应该能够保证师生可以在教室自由移动，并且要保证小组之间的相对独立性、小组成员之间的相互接近性、教师和小组之间的接近性。

---

[1] 张菡，北京政法职业学院社会管理教研室主任，副教授，中级社会工作师。研究方向：社会工作理论与实务研究。

物理环境的合理布置是小组合作教学能否取得良好效果的先决条件。

一般情况下，教师可以在开展小组合作教学之前开具设备清单如下。

（1）方便移动的桌椅，为随时开展围坐式讨论和学习创造物理条件。

（2）可移动教学白板，方便随时随地供学生和教师研究讨论使用。

（3）供小组研究和讨论的纸张和笔，可用来展示小组成果的黑色或多色白板笔、大幅白纸，方便粘贴分享成果的磁扣若干，或者多个可移动白板。

（4）多媒体可视教学设备、黑板。

（5）与课程任务相关的其他教学用具和设备。

（二）社会环境

小组合作教学的社会环境是指在小组合作教学方法应用过程中，教师授课班级所形成的特殊的人际互动环境，因为小组教学的效果是基于小组的形式而产生，因此班级规模、小组规模、小组规范和小组文化等这种特殊的社会环境的设置也是小组合作教学效果的重要保障。

1. 班级规模

一般来讲，开展小组合作教学对班级规模有一定要求，人数规模在15~40人较为合适，太大的班级规模会妨碍成员之间、小组之间充分地互动与学习，且会大大降低课堂效率，因为教师和学生不得不为维持课堂秩序付出更多的时间和精力，而这对于本身就非常短暂的课堂时间来讲显然是得不偿失的。在仓促紧张之中完成的小组活动往往让教师和学生都感觉像隔靴搔痒一般，更多地流于形式，难以产生良好的教学效果。

2. 小组规模

小组的规模应该保持在3~5人为宜，这样的人数规模可以让小组中的同学保证较多的互动，不会因为人数太多而出现互动不足的情况。一般来讲，小组的人数越少，小组的效率越高，而小组成员人数越多，相对平等的互动参与频率就越低，小组的动力也就难以实现。因为人数越少越容易明确个人职责和小组职责，而明确的个人目标和小组目标是小组的动力源泉。

（三）情感环境

由于教师与学生之间在课堂中不对称的权力关系，传统教学以教师为中心的策略通常能够比较顺利地实现教学目标、完成教学进度，这也是为什么传统教学仍然是很多教师采取的教学策略，因为传统教学的方便性和可实现性更强，而不确定性最小，预期中发展的教学进程无论对于教师还是学生，挑战都较小。然而小组合作教学则给教师和学生都带来更大挑战，教学中的风险更高，教师面临学生的激励问题更加突出，学生需要更强的内在自我激励和参与。开展小组合作教学法，教师的核心任务是激发出学生的内在自我激励，而非简单的知识讲授。这无论对于学生还是教师都需要情感上的适应，以便更好应对小组合作教学带来的挑战。

1. 教师的情感准备

教师要有充分的心理准备去面对学生在小组合作中出现的各种新情况，比如不参与、质疑、搭顺风车、组员之间的沟通冲突等。

2. 学生的情感准备

对于学生，教师在开展小组教学之前应该对其充分动员，确保每一位学生都对自己将在小组中扮演的角色有充分的情感上和心理上的预期。以营造平等、合作、友好的小组文化氛围为目标，鼓励每一位学生放开表达和参与，鼓励学生之间的倾听、支持、提问和启发，提倡学生之间的相互回应和帮助，营造小组开放平等、支持合作的文化氛围。

二、小组活动设计

小组活动设计是小组合作教学能够取得预期成效的核心部分，也是教师在准备阶段应该完成的任务，因为其重要性，我们暂且把小组活动设计作为一个独立的环节进行研究。小组活动设计包括几个关键性步骤，以下逐一阐述。

（一）明确小组目标，设置有意义的任务

无论是围绕某一个知识点设置十几分钟的小组讨论，还是整堂课程的小组任务完成，或是需要小组用两周甚至更长时间完成的项目任务，都需要教师在事前进行严密的教学目标和任务设置，在确保学生已经掌握前期知识点或技能点的基础之上，以小组合作的方式推动学生在整个学习过程中特定学习目标的达成。

小组合作教学中的活动设计的内容一般围绕以下几种：让学生按小组完成项目、解决某一个特定问题、参与讨论、完成课堂游戏。教师需要根据不同的内容明确教学目标和任务。

比如在职业沟通技能课程中，在自我认识与沟通一章中围绕"自我认识"设置小组活动，我们设置的小组活动为"我的印象卡"，通过让学生分组完成自我评价的印象卡来推动学生的自我认识、自我探索与自我反思。

这一活动的目标非常明确，因为对自我认识永无止境，在课堂有限的时间里针对这样一个主题不可能得到一个确定的答案，小组活动的目的确定如下。

第一，深化前期所学关于自我"周哈里窗"的知识与理论；

第二，推动学生开展自我认识活动，认识到自我与他人的关系；

第三，培养学生在自我认识过程中挖掘自身潜能，不断努力提升自我的意识，提升改变的动力；

第四，在小组活动的过程中提升学生的社交技巧。

要达成这样的目的我们需要学生在活动中完成如下任务：

（1）完成自我评价

（2）完成对他人的评价

（3）完成自我反思

（二）科学分组

每个小组较为合适的人数规模是3~5人，怎么形成小组需要教师根据班级内学生的情况科学安排。一般来讲不同的分组策略有不同的优缺点。我们既可以在课程开始之初固化各个小组，也可在课程进行过程中依据小组任务内容和难易程度的不同灵活分组。一般来讲完成简单任务不适合花费大量时间和精力在分组上。在教学改革实践中发现，简单随机分组是最便捷的分组方式，应用起来最为普遍，比如在上述"我的印象卡"的小组活动中，我们就采取了报数策略进行分组。在确定小组规模为4人的基础上，将班级人数除以4，比如该班人数为32，4个人一组全班共分为8组，就让同学从1到8迅速报数，报数完毕之后让所有数"1"同学组成一组，数"2"的同学组成一组，以此类推完成8组的分组工作。

（三）明确小组规则

在小组活动开展之前，教师要明确告诉学生在小组中即将应用的规则和规范，明确指导语。

1. 确立平等、尊重、支持、合作的小组文化规范

2. 拉回机制

在开展小组活动时，学生的注意力往往在同学身上，他们可能很难看到或听到老师的声音与指示。因此在小组正式开始之前，教师要计划一个明确的信号将学生的注意力轻松拉回到教师与整个班级上面，高效吸引学生的注意力。拉回机制可以是约定好的铃声、拍手声音、计时提醒等。拉回机制的设置非常有助于教师控制小组的进程，确保小组效率。

3. 后勤事务安排

教师应在小组正式活动进行前指定各个小组的服务人员，用以快速收集、发放、归还小组活动所需的各项材料。

（四）明确个人责任和小组责任

为避免小组常见的个别同学参与度低甚至是"纯粹旁观"的现象，避免个别同学大包大揽，少数参与的现象，教师必须对个人和小组的责任同时进行明确规定，并且要确保每一个同学对此充分明白和领会，只有每一位同学完成了自己的个人职责，并且确保小组内其他同学也完成了个人职责，小组目标才有可能实现。以此来推动小组产生合作的动力。

要确保每个学生知道小组的目标和任务是什么，同时也要明确个人必须为共同任务的达成做出贡献。学生必须明了自己在什么时间应该完成什么任务。为确保效果，教师可以在 PPT 上明确展示小组任务，同时将小组任务细分为具体到个人的任务卡，发放给各组组员作为提示和参考。

具体而言教师必须让学生明确下面三个方面的内容：

（1）组员的个人角色和任务

（2）小组最终产出的结果和任务

（3）教师的评价标准

例如在社会工作能力训练课程中，小组任务为完成"××社区居民养狗的现状与存在的问题"的调查问卷。通过对"如何设计调查问卷"的知

识点和技能点的梳理,将小组任务分解到任务卡上,如下:

任务卡
- 问卷的标题和封面信的制作
- 问卷的指导语和编码
- 问题和答案的设计
- 问卷的试填、调整与汇总整理

三、过程控制

在小组合作教学的实施过程中,无论是教师还是学生,最大的挑战和不确定性都来自小组的学习过程,事实上虽然我们经过了周密的部署与安排,但在小组进行过程中总会有意外发生。很多时候当我们在实施小组教学的过程中会发现,想要让小组按照既定的程序发展,一方面需要教师具备灵活处置的经验和技巧;另一方面教师也需要逐渐摸索出一些能够有助于推进小组进程、管理小组的重要环节,这主要包括内容管理、时间管理和过程质量管理。

(一)内容管理

因为小组活动设计的差异,教师的内容管理方法也有所不同。一般来讲,任务完成类的小组活动相对较容易把控,因为学生个人和小组在面对具体任务的时候往往能够较快进入状态,投入度也较高,但是在以案例法为基础的小组合作教学过程中,则需要更加明确的指引。此时需要教师给出较为明确的逻辑框架,通过提问、暗示、引导等方式让小组能够一步步深入下去,推动教学进程。常见的基本讨论框架如下:

基于案例法的小组合作讨论逻辑框架:
- 发现问题(对案例事实的确认:谁、什么事、什么时间、什么地点……)
- 分析问题(为什么这样?怎么会这样?如果……又会怎样?)
- 提出解决方案(行动:如果是你会怎么做?)
- 评价,得出经验或教训

（二）时间管理

小组过程控制中时间管理是一个难题，小组的设置本身是一种开放的环境，上组合作教学方法的初衷是希望给所有小组参与者开放表达和参与的机会。在整个进程中教师希望小组通过自身的努力达到预期的目的，而教师在这个过程中从中心退出到边缘，主要承担引导者、支持者、协调者的角色，主要的参与者和行动者是学生。如果因为时间让刚刚激发出学习动机和热情的学生中止活动，无疑违背了小组的初衷，因此教师在过程控制中需要特别关注时间管理的重要性。

以实现教学目的有效分配时间。比如对于那些个别健谈学生的冗长发言，教师应该要求简短表达、避免跑题，限定时间。对于每一次小组活动，教师都应该向各组明确时间限制，以便让所有小组能够在有限时间发挥最大的效能。对于给定时间较长的小组活动，教师还应该设置即将结束的友善提示，这是为了有效管理课堂，同时也是对学生时间管理、自我管理、团队管理能力的锻炼。这也是小组在学习专业知识和技能之外能让学生获得可迁移能力的关键，是小组合作教学优势的重要体现。

标记重要环节与节点，务必让小组活动有始有终。任何一次小组合作学习的组织都应该是一个完整的过程，因此教师必须首先保障小组过程的完整性，务必做到有始有终，特别是对小组过程重要节点和环节的标记非常重要。比如结尾环节对于提升小组知识和技能非常关键，教师要为小组的结束留有充足的时间和余地。

（三）过程质量管理

小组过程质量把控的核心在于每个小组成员的充分参与和互动，因此给予每个学生激发性的学习兴趣和机会是过程管理关注的核心。

1. 推动参与

教师要竭力避免小组出现沉默，要推动小组成员积极参与发言，鼓励参与，这种鼓励必须是及时性的，且教师要对每一个小组的发言保有高度的兴趣，通过教师本人的积极投入、感兴趣和关注的态度带动整个班级各个小组的参与和互动。比如，假如教师在黑板上写出每个小组的主要观点和成果，那么这种课堂记录就一定要保证照顾到每个小组，不要出现有些小组记录有些小组不记录的偏颇现象，因为这样不利于调动学生的参与积极性。这一点需要每个尝试在教学中应用小组合作教学的教师特别关注，因为在大量的小组教学实践中，我们发现学生的兴趣和参与度的激发与教师本人在这方面的表现密切相关，一个充满活力、参与感、激发感高的教师往往能够更好地调动学生。

2. 把握关键节点，适时聚焦

小组通常会有一个相似的发展过程：从开始到结束，小组成员会经历一个开始阶段的低投入的观望等待，到中期转折阶段的较高投入，互相竞争矛盾处理状态，再到后期成熟阶段相互达成一致共同完成小组任务，获得最终成果。因此教师在过程控制时需要分别在开始阶段、中期转折阶段和后期成熟阶段给予特别的引导，让小组将力量集中于小组任务的完成上，在合作完成任务的过程中，小组成员不仅掌握了知识、学习了技能，还逐渐培养了合作能力、沟通能力和思考能力。

3. 结尾总结回顾

小组的结尾是推动小组成果固化的重要环节，因此教师应重视小组的结尾并认真处理好结束阶段，而不是草草了事。因为很多时候学生埋头完成任务或热烈讨论之后往往不能及时深入总结在此过程中出现的问题以及经验。需要教师安排专门的结尾来推动小组画上一个圆满的句号。常见的结尾方式如下：

（1）教师反馈各组在整个过程中的表现（观察记录、任务完成情况、组员和小组的状态）

（2）对重要问题进行梳理和总结

（3）总结已有的见解和讨论中发现的新的观点、新的解决方案以及意外收获

（4）以学生为中心的总结回顾，让学生详细叙述获得的经验

四、教学评价

小组合作教学的教学评价是建立在最初教学设计中设定好的责任体系，小组教学要保证每个学生都有所收获，就必须完善由个人责任和小组责任

构成的完整的责任体系。

（一）评价构成

与责任体系相对应形成的核心评价体系，包括对学生个体的打分和对小组的打分：

（1）个人分数；

（2）小组分数。

（二）评价方式

（1）教师评价，包括出勤分数、学生小组参与行为和参与贡献的打分；

（2）学生互评，小组成员对其他成员的评价。

为确保评价的激励作用，可以将所有的评语填写在一张表格上，让学生们彼此看见。

五、结语

小组合作教学作为一种广为流传的教学方法，其应用需要教师和学生的共同努力和转变，在不断探索的过程中，我们对教师和学生在教学中的角色都有全新的认识，对小组合作教学方法在课堂中的应用有了更具体和有针对性的总结。所谓教学相长，小组教学的开展丰富了高职教育的课堂形式，特别是面对越来越多样化和个性化的高职学生，小组教学的开放性和灵活性不仅让学生有了主动参与和合作的意识和能力，也让教师在其中发现了更好的教学方式和更好的自己。

参考文献

[1]【美】戴维·W.约翰逊、弗兰克·P.约翰逊.合作的力量：群体工作原理[M].崔丽娟，王鹏，译.上海：上海人民出版社，2016.

[2]【美】凯·M.普赖斯、卡娜·L.纳尔逊.有效教学设计：帮助每个学生都获得成功[M].李文岩，译，北京：中国人民大学出版社，2016.

[3]【美】南希·弗雷，道格拉斯·费舍，桑迪·艾佛劳芙.教师如何提高学生小组合作学习效率[M].刘琳红，译.北京：中国青年出版社，2016.

[4]陆淑珍.基于项目化教学的高职学生"小组合作学习"的实验设计[J].教育现代化，2016（3）.

论专业核心能力分级对高职人才培养的作用
——以劳动与社会保障专业为例

王奇峰 ❶

高职教育经过多年的探索发展，已经在我国高等教育中占有越来越重要的地位。如何提升高职教育的人才培养质量是一个关键问题，这个问题决定了高职教育是否能长期发展，是否能得到市场认可。为贯彻落实党的十九大精神，加快建设知识型、技能型、创新型劳动者大军，提出要创新中国特色技能人才培养模式，面向各类企业全面推行企业新型学徒制，扩大技能人才培养规模，为促进劳动者更高质量就业，实现经济高质量发展提供有力人才支撑。那么，对于高职人才培养的核心，专业核心能力的研究就需要再次深入下去。

一、高质量的人才培养必须有明确的标准

不同的专业代表不同的定位，代表服务不同的行业，满足不同企业的需求。在某一个专业学习的学生，走出校门到企业，最基本的要求是学以致用。高职院校要想培养出高质量的人才，在专业建设方面最重要的一条就是定位准确。一个专业的定位准确不仅是方向的正确，还包括在这个方向上对所培养的人才核心能力的分析要准确。一般来讲，任何一个行业的工作岗位均包括以下两个方面的核心能力，核心能力即是人才培养的关键标准。

（一）专业核心能力

专业核心能力是指培养学生为满足某工作岗位需求应具备的有别于其他岗位的独有的能力，具备该能力的学生能快速胜任工作。对于高职学生来说，专业核心能力一般是某项或某几项操作层面或应用层面的技能，应

---

❶ 王奇峰，男，硕士研究生，北京政法职业学院应用法律系教师，副教授。研究方向：人力资源管理。

该具备可衡量性或可描述性。专业核心能力是一个专业人才培养方案定位精准的具体体现，只有定位准确才能概括出专业核心能力，概括不出专业核心能力就说明该专业定位不清。在人才培养过程中，所有的课程设置都是围绕核心能力开展，所有的教学活动都是为了提升学生核心能力而进行。只有这样，我们的人才培养才是有效率的。

（二）综合素质能力

仅仅具备专业核心能力的毕业生只能在短期内胜任岗位需求，在目前社会高度竞争态势下，社会需要的是具备成长性，能够自我提升，不断完善自己的人才。因此，在培养学生专业核心能力前提下，同时要重视培养学生的诚信品质、敬业精神和责任意识、遵纪守法意识，注重全面提高学生的综合素质能力。综合素质能力包括扎实的综合业务素质和良好的职业道德素质，两方面要求是相辅相成、互为基础、密切联系又有所区别的。综合业务素质是专业核心能力的整体体现，只有具备扎实的综合业务素质，才有能力提供优质的服务，并在工作岗位中随着工作的开展而发展；良好的职业道德素质可以保证职员在有能力的情况下愿意尽心尽力地提供优质的服务，避免人为的差错。而具备扎实的综合业务素质可以使毕业生依靠自身的能力从工作中获得成就感和幸福感，从而提高自身的职业道德素质。关于综合素质能力的相关问题不在本文阐述范围，不作讨论。

二、专业核心能力分级的含义

专业核心能力是一个专业人才培养方案所面对的行业岗位应具备的独有的技能和知识，是胜任该工作岗位的人所必须具备的若干能力，也是一个专业人才培养的重点。根据《国家职业资格目录》，技能人员职业资格共有81项，其中准入类5项、水平评价类76项，每一类职业都按照不同的级别列出了清晰的职业标准。一个专业的专业核心能力应该参照国家职业标准的要求细化为分级标准，如果没有相应的国家职业标准，也应该按照行业实践中的具体要求将专业核心能力细化为不同级别的标准。专业核心能力分层级的含义就是将一个专业的核心能力这一高度概括的目标细化为不同级别的若干个小目标，每一项目标都有较为详细的描述。通过这些描述可以很清晰地知道这些小目标的具体标准。

三、专业核心能力分级的意义

人与人之间是有差异的，人的能力并不会整齐划一。在人才培养方面，不能像工厂一样制造出完全符合统一标准的产品，学生在毕业时存在较大差异。因此，在人才培养方案制订过程中，有了专业核心能力分级的要求，将对高职人才培养目标的定位起到长远的影响。

（一）专业核心能力分级有助于加强人才培养目标的清晰度

高度概括的专业核心能力是对人才培养目标的具化。从现实来看，培养一个新手具备专业核心能力的路径不确定，一百个老师有一百种路径。也就是说，在人才培养过程中，清晰的专业核心能力只能提升人才培养的效果，并不能提升人才培养的效率。我们有必要将专业核心能力细化，把这个终极目标划分为几个逐步提升的阶段性小目标，实际上是明确了达成最终目标的路径。明确了路径，培养目标就更具可行性，就更具有效率。

（二）专业核心能力分级有助于促使教学活动更加明确

有了对专业核心能力细化的分阶段目标，学生就能够清晰地认识到自己和目标的差距。最能激发学生动力的目标是那些经过努力可以达到的目标，而不是高高在上、遥不可及的目标或者是那些学生无法理解的目标。在人才培养过程中的各种教学活动中，教师根据不同学生的特点和能力引导学生朝着自己能够达到的目标努力，使每一位学生都能在自己认可的目标上获得成功，激发学生成就感，也有可能促使学生向更高的目标努力。

（三）专业核心能力分级有助于学生差异化考核

教师在教授学生时，由于以往的目标仅仅是高度概括的专业核心能力，所有的学生都朝着这个目标努力。对于教学效果的考核标准就是学生有没有具备专业核心能力，用此标准衡量一个专业和多位老师的教学效果。然而，由于学生的差异，不是所有学生都能达到该目标。很多学生虽然没有达到该目标，但是离这个目标也不太远，不能由此判断这些学生没有掌握该专业的核心能力，不能胜任相关的工作。事实上，很多在学校表现或考试不那么优秀的学生在工作岗位上表现得非常不错。如果将专业核心能力分级，按照不同级别的标准要求学生，考核教学效果，那么我们对教育质量的理解会更贴近实际。

（四）专业核心能力分级有助于学生学习动力的提升

学生通过对专业核心能力分层次的学习，会意识到达到不同层次的标准需要付出的努力是不同的。学生会根据自身情况进行自我评估，选择适合自己的学习目标，而教师也会根据学生选择的目标及时制订教学计划，做到有的放矢。有了合适的目标和具体的标准，加上教师的引导和协助，学生的学习动力就会加强。目前多数学生缺乏学习动力的原因在于他们看不到自己努力和目标之间的联系，或者目标对于他们来说过于抽象。专业核心能力分层次的过程也是将人才培养目标具化的过程。

四、劳动与社会保障专业的核心能力

劳动与社会保障专业在高职院校开设得不多，在北京仅有北京政法职业学院和北京劳动保障职业学院开设，根据各自依托的行业背景，专业特点又有所区别。北京政法职业学院开设的劳动与社会保障专业既考虑到宽泛的就业适应性，又突出了政法的特色。根据该专业毕业生面临的岗位提出了如下几方面的专业核心能力，并对核心能力进行了初步的分级设计。

（一）劳动争议调解能力

第一层：争议界定

根据双方争议的实质，判断争议的类型，分析争议双方的权利和义务，按照相关要求收集争议支持证据。

第二层：矛盾分析

能结合劳动法律法规、社会文化、风俗习惯等对争议双方的矛盾进行分析，找出矛盾的关键点，列出解决矛盾的预备方案。

第三层：调解说服

运用多种手段对劳动争议双方进行调解，做到由情入理，有理有据，获得争议双方的认可，合理解决争议。

第四层：妥善事后

追踪劳动争议调解的善后工作，做到及时汇总、总结，不留遗患。

（二）社会保险业务经办能力

第一层：业务引导

对各类业务办理人员进行正确引导，对办事人员提出的疑难问题能准确解答，能正确指导办事人员进行相应表格的填写。

第二层：业务办理

审核所需各类文字表格资料，根据书面资料进行电脑输入，正确应用电脑软件进行各类保险业务的办理，通过电脑进行数据的传输和备份。

第三层：综合辅导

能对新人进行各类保险业务的培训，辅导具体业务的细节，能编写培训方案、制订培训计划。

第四层：总结分析

能对一定时期的保险业务数据进行统计分析，根据相关数据发现问题，对工作进行总结，制订工作计划。

（三）人事行政管理能力

第一层：档案管理

对员工档案进行按期检查、归类整理，定期更新员工档案，统计员工基本信息。

第二层：组织会议

通知各部门人员召开会议，进行会场的布置安排，准备并分发会议所需资料，做好会议记录。

第三层：人员招聘

能根据员工信息统计人员流动率，根据各部门人员需求计划进行人员招聘方案的制订，筛选应聘人员简历，选择合适的方式进行招聘。

第四层：纠纷调解

能根据单位要求对劳动合同的具体条款起草、修改，规范劳动合同双方责任义务，对劳动争议进行内部调解，避免争议的扩大化。

（四）人际交往和沟通能力

第一层：和谐相处

注意个人礼仪，言行举止，有礼貌，能站在对方立场思考问题，努力和同事保持友好关系，不发生争执。

第二层：沟通顺畅

能认真倾听对方观点，抓住问题的关键，善于提问，及时反馈。在工作权限范围内能准确、规范、流畅、及时表达自己的想法，达到沟通目的。

第三层：团队合作

在做好本职工作的同时能积极协助他人，愿意承担额外的工作，不推卸责任，积极配合工作中的安排，顾全大局。

第四层：影响他人

能从全局出发考虑问题，善于将自己的想法让他人接受，能以自己的行动影响他人，形成独特的个人魅力，愿意改变他人不良的习惯。

（五）自我管理和学习能力

第一层：严于律己

严格要求自己，工作及时完成，能不断学习与本职工作相关的知识，合理安排自己的时间，做到工作学习相得益彰。

第二层：主动学习

能积极参加岗位以外的知识学习，提高自己的综合能力，能主动帮助其他同事，不断完善和超越本职工作岗位的需求。

第三层：勤于思考

能将理论和实践相结合，反思实践问题，有针对性地撰写调研报告，不断深化对本职工作的认识，对单位相关制度能提出建设性意见。

第四层：勇于实践

立足实际，提炼经验做法以指导实践；批判性思考，提出有可行性的对策建议，并能用于实践，在实践中不断改善和提高。

以上是劳动与社会保障专业针对五个专业核心能力进行的分级设计，第一层次是基本要求，第二层次是中等要求，第三层次是良好要求，第四层次是优秀要求。根据学生整体情况可以确定第一层次是符合本专业人才培养的基本要求，达到第二层次才能顺利毕业，而要在工作岗位能做出较好业绩则必须是做到第三层次以上。

五、核心能力分级在人才培养中的应用

上面劳动与社会保障专业核心能力的层次描述只是简略概述，仅仅说明进行分级的核心能力看起来饱满和具体多了。专业核心能力各级的内容当然可以结合国家职业标准和岗位需求做得更加细致，这样在教学中的运用会发挥更大的价值。一个专业的发展取决于两个层面，一是设计层面，比如说专业核心能力的细化和分级标准的建立，二是围绕专业核心能力培养进行的各种教学活动实践的开展。总体来说，设计是基础。

（一）纠正专业定位的偏差

一个专业的定位是否准确，单从专业核心能力的简单描述很难看出来。有时候，一个专业的核心能力可以描述得很诱人，听起来很不错，似乎是这个专业所面对的岗位应该具备的。但是，当我们试图对专业核心能力分级细化的时候，往往会出现无法分级和细化的情况，这说明我们没有抓住该工作的真正核心能力，只是抓住了次要的一般技能。对专业核心能力细化分级正是验证专业定位是否精准的一项重要工作。如劳动与社会保障专业在不同院校都开设，通过专业核心能力分级，我们意识到作为政法院校，劳动争议调节能力所涵盖的各个层次的要求正是我们的特长，所以该专业的人才培养方案要突出这一点为专业特色。正如该人才培养方案所描述的那样：本专业紧密结合社会保障行业市场需求，培养德、智、体、美等方面全面发展的、在劳动争议调解方面的专业能手，同时在劳动者保障服务和人事管理方面具备较强的工作能力，具备劳动社会保障专业基础理论和专业知识，掌握劳动争议纠纷调解能力、劳动社会保险业务办理能力和劳动人事管理服务能力；具备较强的实际问题解决能力、灵活的协调和沟通能力，重要的是在新劳动人事管理形势下的学习能力。劳动争议调解方面的专业能手就是政法特色。

（二）设置更加合理的课程

有了分级细化的专业核心能力，我们就知道应该针对其中的某项或某些目标设置具体的课程，而这些课程的教师在授课的时候也很清楚要教授学生哪些知识，训练学生哪些技能。如前面展示的劳动与社会保障专业第一层"劳动争议调解能力"，对于"争议界定"，我们可以通过设置劳动关

系课程来达到；对于第二层"矛盾分析"，我们可以通过设置劳动争议处理实务课程来训练达到；对于第三层"调解说服"，我们应开设调解实务与技能进行训练，使得课程设置合情合理。

（三）制定较为具体的教学目标

如果我们将专业核心能力分级同职业标准进行有效的结合，那么我们的教学目标将具有很强的实用性。只要教学目标完成了，就可以直接满足职业标准的要求。如劳动与社会保障专业"人事行政管理"中的第一层"档案管理能力"可以借鉴秘书职业的职业标准，达到这个标准，学生就完全可以胜任这方面工作。有了这样具体明确的教学目标，我们在教学上就能直入主题，抓住最关键的东西。

（四）培养有专业特色的人才

正如前面所提到的，如果要求学生都按照劳动与社会保障专业的五个核心能力去努力，在核心能力不分级的情况下会出现以下问题。一是教师在人才培养方面面对五个核心能力无法下手，只能各自按照自己的理解去培养学生，主观随意性太大；二是对所有学生要求的标准是一条线，达不到这条线就是不合格，标准高了会导致多数学生不合格，标准低了又都合格，最终的考核缺乏权威性；三是类似的专业核心能力在不同专业有很多交叉，如果没有分级细化就没有专业特点，人才培养就会出现同质化。只有合理地分级细化，针对不同的分级标准对人才进行理性考核，才能培养出具有专业特点、附带具有性格特征的实用人才。

结束语

高职教育相对于本科教育尤其难，一是发展的历史短，二是整体社会的偏见，三是生源层次，四是行业经济发展的不稳定。在高职人才培养过程中，注定是摸着石头过河，变化大于计划。无论是人才培养方案课程设置，还是教学改革的各项活动，必须体现一个"变"字，只有做好随时变化的准备，才能跟上市场的发展需求。专业核心能力也应随着市场去调整，专业核心能力的分级细化也要及时调整，这样才能培养出行业需要的高质量人才。

"双主体三联动两结合"空中乘务专业人才培养模式研究

——以北京政法职业学院为例[1]

柳春香[2]

一、研究背景

（一）民航发展迅猛，航空服务专业化人才需求巨大

民航业是国家综合国力的集中体现，可以说是"强国航空先行"。2017年2月15日，根据《国民经济和社会发展第十三个五年规划纲要》《国务院关于促进民航业发展的若干意见》以及《"十三五"现代综合交通运输体系规划》等相关文件，国家民用航空局、国家发展和改革委员会以及交通运输部联合印发《中国民用航空发展第十三个五年规划》（以下简称《规划》），阐明了民航行业未来五年发展的指导思想、基本原则、目标要求及重大举措。《规划》明确指出：按照建设民航强国战略"两步走"的推进方案，至2020年我国将初步建成民航强国。随着六大机场群的不断完善，国际国内航线和航班的增加以及空防安全意识的不断提升，势必将大大拉动业内对空中乘务、民航安检、空中安全员等民航管理与服务专业人才的需求。据专家预测，"十三五"期间，民航人才将在现有的167万人的基础上新增100万~120万名。其中到2020年，民航空中乘务和空中安保将新增4万名，到2030年将新增10万名。

此外，结合首都四个中心定位以及中国民用航空局下发的《关于北京

---

[1] 本文为北京政法职业学院科研课题"基于跨界的航空安保专业人才培养模式探索——以北京政法职业学院为例"阶段性成果，课题编号：KY201804。

[2] 柳春香，北京政法职业学院安全防范系讲师。

新机场航空公司基地建设方案有关事项的通知》（航发〔2016〕5号）和北京大兴国际机场的全面开工建设，首都航空"双机场"的布局与架构已渐明，2019年10月投入运营，其安保、安检人才缺口也很大。

（二）职业岗位特殊，高素质民航服务专业人才紧缺

空中乘务专业主要是面向民航业空中和地面服务岗位，培养具有良好的职业道德和服务意识、扎实的专业知识和服务技能，以及较强的沟通能力、问题解决能力和团队协作能力，能够从事国内外航空运输企业的空中乘务、空中安保、民航地面服务、航空运输管理等方面工作的高素质技能型服务人才；岗位群主要包括客舱乘务员、空中安全员、机场安检员、民航值机员、地面勤务人员和机场客服人员等。[1]民航业的服务水平和服务质量与民航岗位工作人员的综合素质密切相关。其中空中乘务员和空中安全员作为民用航空的一线服务人员，其工作具有较强的专业性和较高的风险性。根据《民航乘务员国家职业标准》的要求以及有关空中安全员的职责规定，他们不是普通意义上的服务员和保安。他们不仅要掌握与航空服务有关的专业知识，还要学习医疗救助、紧急撤离、应急处置等相关技术技能。当面对航班延误、飞机故障、劫机炸机等突发状况时，他们能够谨记自身职责，做好相关处置工作。这就要求空中乘务专业人才不仅具有良好的职业道德、深厚的文化素养、扎实的专业基础、熟练的职业技能，还需要较强的沟通能力、良好的心理素质和应急管理能力。虽然近几年国内很多本科或高职院校进行了不同特色和办学背景的空中乘务专业人才培养，但由于没有统一的教学标准，加之有些院校办学条件不足、实训设备匮乏、专业师资短缺、产教融合不深入，导致人才培养规格不能满足市场需求，高素质、高质量的航空管理与服务人才培养迫在眉睫。

二、"双主体三联动两结合"空中乘务专业人才培养模式内涵

为满足迅速发展的现代民航业，主动服务于首都航空港建设和经济社会发展需求，2017年12月北京政法职业学院与广慧金通教育科技公司签

---

[1] 臧杨柳，徐明："基于岗位需求的空中乘务专业人才培养模式探析"，《教育与职业》，2014年第15期，第123页。

署空中乘务专业合作办学项目协议。这是北京政法职业学院校企"双主体"合作办学项目的首次探索，也是学院产教深度融合进行全方位全过程共同培养人才的新模式。

依托北京政法职业学院航空安保专业建设平台，通过就业市场需求调研和毕业生回访，认真听取行业协会和企业专家意见，同时结合学院实际情况，校企双方以民航业需求为导向，以岗位职业能力培养为准则，以培养高素质技术技能型航空服务人才为目标，积极探索并构建"双主体三联动两结合"空中乘务人才培养模式，简称"232"人才培养模式。其中"双主体"是指校企双方全方位全过程参与人才培养。"三联动"是指充分调动并整合学校、企业、学生和家长所有资源参与育人过程，构建家、校、企紧密结合的育人机制。首先，借助现代化信息手段，成立家长群和家长委员会，建立"家校"联动平台；其次，借助教学、学管联动机制，通过月会商、季研判、半年小结实现学情动态随时掌控，素质培养一目了然；再次，选拔优秀高年级学生做"班助"，协助辅导员、教师工作，充分发挥其"黏合剂"作用，在为低年级学生提供学业答疑和专业咨询的同时，培养学生的领导力和问题解决能力，从而建立联动平台；最后，企业选派一名优秀专业辅导员和一名教研部主任常驻学院，并与学院专业辅导员和教研室主任对接，通过资源互补、职责明确来共同负责教学运行和学生管理，建立"校企"联动平台。"两结合"是指为推动学生职业能力和综合素养的提升，采取学生评优推先与民航企业用人标准相结合，毕业生择优推荐与职业"素养护照"相结合。通过"两结合"创建了学生专业知识、职业能力、综合素养提升的新途径。

三、"双主体三联动两结合"空中乘务专业人才培养模式构建与实施

（一）破解瓶颈，共同参与招生

鉴于当前的生源规模和特点，以开放的精神打破传统招生"院校为主"模式，充分发挥企业主体作用，通过"学校搭台、企业唱戏"的方式积极构建校企"双主体"招生机制。企业直接参与招生宣传策划、现场咨询服

务、自主招生考试、专业教育咨询等工作。并借助广慧金通教育科技公司全国招生平台就我院生源省市进行重点宣传，在保障本地生源的同时实现外地生源共享。

（二）产教融合，确定培养方案

为紧贴民航企业实际需求，校企双方对空中乘务专业岗位特点和人才规格进行了充分调研。在系统分析空中乘务专业岗位群职责、典型工作任务和职业能力的基础上，校企双方坚持"以民航企业要求为培养标准，以胜任职业岗位群为培养目标，以航空服务职业能力为培养主线"，共同制订人才培养方案。

（三）就业导向，探索培养路径

校企双方坚持以就业为导向，以空中乘务专业服务人员所应具备的知识及能力为切入点，根据教育过程的不同阶段确定相应教学目标，构建"三阶段"培养路径。

第一阶段，是专业认知阶段，主要是在学生入学后的第一学期，目的是培养学生的基础能力，采用"识专业、宽基础"模式。入学即开设专业基础课程功能的民航概论、中国民航发展史，让学生尽早学习并熟悉民航知识，为后续专业学习奠定基础。此外，涉及民航业发展趋势、人才需求以及空中乘务职业岗位群等内容的专业认知课程也在此阶段开设，由拥有高级职业资格证书或高级职称的行业专家授课，提高学生对专业的准确认知程度。同时，通过人文基础课程和公共基础课程的介入提升学生的人文素养。

第二阶段，是专业培养阶段，主要是在第二学期到第四学期，目的是培养学生的专业能力和拓展能力，采用"重专业、强技能"模式。通过开设专业核心课程民航客舱服务与管理、民航乘务员基础等以及专业技能课程舱内服务综合实训、地面服务综合实训等和专业素质拓展课程消防安全管理、机场安全防范技术等，并结合各类社会实践、专业特色社团和"金通航空"杯中国院校空乘专业职业技能大赛，激发学生专业学习兴趣，强化技能学习与训练，形成职业意识。

第三阶段，是专业实践阶段，主要是在第五和第六学期，目的是培养学生的岗位能力，采用"重实践、厚素养"模式。安排学生到航空公司或机场相关业务部门进行专业技能实习。为确保质量监控和评价体系有效覆盖空中乘务专业人才培养全过程，借助于我院独具特色的顶岗实习实践教学管理平台，切实强化跟岗、顶岗实习效果。

（四）能力递进，构建实践教学体系

校企双方根据"三阶段"培养路径，借助校内项目教学、单项技能实训、仿真项目训练、企业专业见习、综合实训指导、校外项目实战等，共同构建包括课内课外实训、专业综合实训、毕业顶岗实习三个实践教学环节的"识岗、顶岗、上岗"能力递进、素质深化的实践教学体系。其中，课内实训是通过行动导向、项目教学和第一课堂授课实现；课外实训是借助于第二课堂、特色专业社团、专业见习和"金通航空"杯等各类职业技能大赛来进行；专业综合实训包括实践类课程和项目实战。

（五）跨界协同，优化教学团队

由于民航业的特殊性和保密性，高职教师很难亲身体验航空服务诸如乘务、安全员的工作，致使教学缺乏实践说服力。基于此，学院依托合作企业的办学优势和办学平台，加强与第三方民航企业和航空公司的交流与合作，通过"内培外引"的方式引入民航专家、企业大师、资深乘务长、航空教员等，与校内"双师"素质教师"混编"，打造了一支以校内外专业骨干领衔、行业企业专家参与的专兼结合、能教会战的"三师型"优秀师资团队。

（六）优势互补，共建信息平台

合作企业借助信息化手段建立"金通教学"微信公众号，并将其推送给师生，通过该平台定期发布航空资讯、航空英语、世界地理、宗教礼仪、面试技巧等信息；同时，企业充分利用自身优势，借助举办"金通航空"杯职业技能大赛，邀请全国各地民航企业和航空公司，打造民航招聘平台，为学生实习、就业提供服务。学院利用先进的校内实训基地和优秀的师资团队为企业提供技术服务和智力支持，根据实际组建团队，共同解决企业难题，真正实现双方的合作共赢。

（七）确保质量，双方人才共管

校企双方根据空中乘务专业岗位所具有的特殊安全使命要求，联合实施具有民航特色的准军事化管理，坚持日常管理"三统一"，即统一住宿、统一着装、统一行动。校企双方坚持"三注重"，即注重形象塑造、注重能力培养、注重素质养成，共同制定强化思想教育的晚间自习专题讨论制度以及空中乘务仪容仪表标准和行为规范。在日常学生管理过程中实施"双辅导员"制度，学院指派专人担任专业辅导员，同时企业选派一名经验丰富人员担任企业辅导员，双方明确职责，共同负责教育管理，共同做好立德树人工作，从而确保培养质量和效果。

四、结语

通过"双主体三联动两结合"人才培养模式的构建与实施，北京政法职业学院空中乘务专业校企"双主体"全程育人机制已初步形成。校企双方共同规划人才培养定位，明确培养目标，确定培养内容和阶段；共同构建课程体系，制定课程标准，共担实践教学等。作为校企合作、产教融合的新形态，为进一步丰富专业内涵建设，打造独特的校企共有民航专业品牌，尚需在师资团队建设和扩大对外合作与交流等方面进行加强和优化。

自主学习与创新能力培养在网络安全课程中的探索[1]

乔明秋[2]

网络安全课程是网络安全专业和计算机网络专业非常重要的课程,甚至是专业核心课程,通过该课程的学习,学生能够掌握常见网络攻击方法,从而掌握网络攻击的防范方法,提高学生的网络安全意识和安全事件应急处理能力。但是受传统教学模式影响,教学实践中存在诸多问题,因此教师必须结合学生的实际情况,在具体的教学过程中进行调整。本文探索了在网络安全课程中融入自主学习的教学方法,以此提升教学整体水平。

一、网络安全课程教学存在的问题

(一)理论和实践难以兼顾

网络安全课程是实践性非常强的课程,学生必须在掌握相关理论基础知识的前提下,亲手构建网络攻防实验平台,完成一个个真实的实验,才能更好地理解和掌握网络安全问题。在课程的安排过程中,教师一般会先讲解理论基础知识,然后带领学生完成相关实验,以培养学生的理论联系实际的能力。但是由于课时有限,理论和实践很难兼顾。如果教师把相关理论知识讲授透彻完整,学生的实践操作就不够,则导致学生实践操作能力不强。如果教师主要讲解网络攻击的实现方法和防护措施,理论知识没有讲解透彻,则学生在学习过程中积累了很多片面的应用,当真正面对实际问题的时候,又很难自主有效地处理。

---

[1] 本文由北京市教育科学"十三五"规划2018年度一般课题"基于互联网众包模式的教学资源建设与实践教学深度融合研究"(立项编号:CDDB18163)资助。
[2] 乔明秋,女,硕士研究生,北京政法职业学院讲师。研究方向:信息安全。

以计算机病毒这一章为例，这一章一般为 12 学时，通常会设定理论教学为 4 学时，实践教学为 8 学时，这样对于理论知识能够讲解得比较完整，实践教学选取两个典型案例带领学生一起完成，如 U 盘病毒和熊猫烧香病毒的分析与手动清除。但是这样设计教学，学生的实践操作训练还是不够，学生还是对许多典型病毒案例缺乏了解，如木马病毒、网页病毒、勒索病毒等。而如果压缩理论学时，学生对计算机病毒相关知识的整体把握就不能保证。

（二）学生的知识广度不足

网络安全课程涉及的知识面广，发展变化快，学生除了掌握相关理论知识和典型案例外，还要了解新的网络安全事件，了解网络安全发展趋势。教师在讲课的过程中，一般对近年的典型案例和防范方法做一些介绍，但是由于网络安全的发展日新月异，学生需要在之后的时间里保持不断学习和持续关注的态度才能全面的把握。

以计算机病毒这一章为例，计算机病毒发展变化快，学习了理论知识，掌握了典型案例后，如果学生没有持续学习的意识，一旦遇到最新的案例，还是不知所措，无从下手。

二、自主学习在网络安全教学中的作用

（一）提高学生实践能力

自主学习是与传统的接受学习相对应的一种现代化学习方式。顾名思义，自主学习是以学生作为学习的主体，通过学生独立地分析、探索、实践、质疑、创造等方法来实现学习目标。教育部印发的《基础教育课程改革纲要》在论及基础教育课程改革的具体目标时指出："改变课程实施过于强调接受学习、死记硬背、机械的现状，倡导学生主动参与、乐于探究、勤于动手，培养学生收集和处理信息的能力、获取新知识的能力、分析和解决问题的能力以及交流与合作的能力。"

在网络安全实践教学过程中，选取典型案例由老师带领学生一起完成，在掌握了基本的流程和方法后，引导学生自主完成其他典型案例。学生在自主完成的过程中，提高了辨别能力、独立操作的能力以及遇到问题的解

决能力。

还是以计算机病毒这一章为例，在带领学生完成两个实验后，让学生课后自主完成木马病毒和网页病毒的实践操作，自主完成课后任务后，学生进行分享和总结，教师点评。这样在本章完成的典型案例就从两个变为了四个，大大提高了学生的实践能力。

（二）拓宽学生的知识面

在完成理论和实践教学后，引导学生自主查找相关案例，了解最新的网络安全相关事件，了解网络安全发展趋势。如在计算机病毒这一章，引导学生查找并了解近年典型病毒案例，从而拓宽学生的知识面。

（三）提高学生的创新能力

自主学习的过程，教师不再是带领者，而是一个引导者。学生不能再完全依赖老师，而要有自己的分析和设计，在遇到问题时要首先尝试自己解决问题，自己解决不了再求助教师，在独立完成任务的过程中，提高学生的学习能力和创新能力。

三、自主学习在网络安全教学中的具体实践方法

（一）课前指定部分学生准备知识拓展内容

在上课前两天或者上次课程的结束，给部分学生布置知识拓展内容，即了解所讲内容的相关知识和案例，上课前让同学进行案例分享，提高学生对知识的检索能力，对网络安全事件的持续关注意识，从而拓宽学生的知识面。

例如在计算机病毒这一章，可以安排三次案例分享，三次案例分享最好配合所讲内容指定相应主题，如典型蠕虫病毒、典型木马病毒、典型勒索病毒的案例分享，并要求与教师所讲案例不同。分享以PPT形式呈现，每次2名学生，每名学生3~5分钟，学生分享后进行学生互动、学生点评和教师点评，以此拓宽学生的知识面，增强学生对网络安全事件的持续关注意识。

（二）上课过程中鼓励学生自主学习

在上课过程中，如果讲授理论部分，理论部分可以分为不同的知识点，

对于一个小的知识点，安排学生上网查找相应知识并回答问题，然后教师给予点评和总结。例如在计算机病毒这一章讲到计算机病毒特性这个知识点，要求学生在网上找到相应答案，学生找到的答案可能是五个特性或者六个特性，教师对每个病毒特性可以继续提问，与学生一起去理解每个病毒特性，并找出实际的病毒例子与病毒特性对应，加深学生对病毒特性的理解。

在上课过程中，如果讲授实践部分，教师把实践讲授部分的步骤撰写得尽量详细，配上尽量详尽的图片，把实践部分划分成几个具体的任务，描述完具体的任务要求后，尝试让学生自主完成每一个小任务，遇到共性问题时集中讲解，遇到个别问题时单独讲解，提高学生分析问题、解决问题的能力。例如，在计算机病毒这一章讲解熊猫烧香病毒这个案例时，把这个案例分为熊猫烧香病毒的现象、熊猫烧香病毒的分析、熊猫烧香病毒进程的手动清除、熊猫烧香病毒文件的手动清除和熊猫烧香病毒注册表的手动修改五个任务，每个任务都有详尽的文字和图片说明，教师布置完具体的一个小任务，如熊猫烧香病毒现象，尝试让学生自主完成，对于学生遇到的问题进行集中讲解或单独讲解。

（三）课后要求学生自主完成简单案例分析

因为学生大部分都有个人电脑，并且学校图书馆提供电子阅览室服务，所以教师可以有效利用课后时间，安排学生完成简单的案例分析，提高学生的分析问题和解决问题的能力，提高学生的创新能力。

例如，计算机病毒这一章，在课后可以安排两次学生自主案例分析，如QQ木马病毒分析和勒索病毒案例分析。安排课后案例分析的时候要适当进行讲解并给学生尽量详细的步骤和参考图片，力争大部分学生能够自主完成，完成过程中遇到的问题可以在课程微信群中沟通并尝试解决，在下次课程中请学生讲解，教师总结实验情况。

按照如上3种实践方法，把计算机病毒这一章的教学过程重新设计，教学过程如表1所示。

表 1　网络安全课程中学生自主学习教学过程

序号	教学内容	教学任务	教学过程	学时安排	
1	计算机病毒基础知识	1. 计算机病毒的定义和发展	学生以 PPT 形式介绍计算机病毒概念和特点（3 分钟介绍 +2 分钟点评）	1	4
			教师讲解计算机病毒定义		
			学生自主查找计算机病毒的发展		
			学生发言，教师与学生总结计算机病毒的发展		
		2. 计算机病毒的特点和传播途径	学生自主查找计算机病毒的特点	1	
			学生发言，教师与学生总结计算机病毒的特点		
			学生自主查找计算机病毒的传播途径		
			学生发言，教师与学生总结计算机病毒的传播途径		
		3. 计算机病毒的典型事件	学生自主查找计算机病毒的典型事件	1	
			学生发言，教师与学生总结计算机病毒的典型事件		
		4. 计算机病毒的分类和命名	学生自主查找计算机病毒的分类	1	
			学生发言，教师与学生总结计算机病毒的分类		
			学生自主查找计算机病毒的命名方法		
			学生发言，教师与学生总结计算机病毒的命名方法		
2	U 盘病毒	1.Autorun 病毒分析	学生以 PPT 形式介绍计算机病毒典型案例（3 分钟介绍 +2 分钟点评）	1	4
			布置任务 Autorun 病毒分析，并配有详细的文字和图片说明		
			学生自主完成实验，教师针对学生在此任务中存在的问题，集中或者个别讲解		
		2.Autorun 病毒手动清除	布置任务 Autorun 病毒手动清除，并配有详细的文字和图片说明	1	
			学生自主完成实验，教师针对学生在此任务中存在的问题，集中或者个别讲解		

35

续表

序号	教学内容	教学任务	教学过程	学时安排
		3. 制作 Autorun.inf 文件	布置任务 制作 Autorun.inf 文件，并配有详细的文字和图片说明	1
			学生自主完成实验，教师针对学生在此任务中存在的问题，集中或者个别讲解	
		4. 预防 U 盘病毒传播	布置任务 预防 U 盘病毒传播，并配有详细的文字和图片说明	1
			学生自主完成实验，教师针对学生在此任务中存在的问题，集中或者个别讲解	
			学生总结实验，教师点评	
		5. 课后自主学习任务——QQ 木马病毒分析	布置课后自主学习任务——QQ 木马病毒分析，并配有详细的文字和图片说明	
3	熊猫烧香病毒	1. 熊猫烧香病毒现象	学生分享、总结上次的课后自主学习任务，教师点评	1
			布置任务 熊猫烧香病毒现象，并配有详细的文字和图片说明	
			学生自主完成实验，教师针对学生在此任务中存在的问题，集中或者个别讲解	
		2. 熊猫烧香病毒分析	布置任务 熊猫烧香病毒分析，并配有详细的文字和图片说明	0.5
			学生自主完成实验，教师针对学生在此任务中存在的问题，集中或者个别讲解	
		3. 结束熊猫烧香病毒进程	布置任务 结束熊猫烧香病毒进程，并配有详细的文字和图片说明	0.5
			学生自主完成实验，教师针对学生在此任务中存在的问题，集中或者个别讲解	
		4. 删除熊猫烧香病毒文件	布置任务 删除熊猫烧香病毒文件，并配有详细的文字和图片说明	1
			学生自主完成实验，教师针对学生在此任务中存在的问题，集中或者个别讲解	
		5. 修改熊猫烧香病毒篡改的注册表	布置任务 修改熊猫烧香病毒篡改的注册表，并配有详细的文字和图片说明	1
			学生自主完成实验，教师针对学生在此任务中存在的问题，集中或者个别讲解	
			学生总结实验，教师点评	
		6. 课后自主学习任务——勒索病毒分析	布置课后自主学习任务——勒索病毒分析，并配有详细的文字和图片说明（下次上课进行分享和点评）	4
		合计学时		12

综上所述，在网络安全课程中存在理论和实践难以兼顾、学生的知识广度不足等问题，针对存在的问题，提出在网络安全课程中融入学生的自主学习的教学方法，以期通过自主学习拓宽学生的知识面以及提高学生的提高学生实践能力和创新能力。

将自主学习融入网络安全课程的具体操作分为三个实践方法，分别是课前指定部分学生准备知识拓展内容、上课过程中鼓励学生自主学习、课后引导学生自主完成简单案例分析，进而提高学生的实践操作能力、检索和整理能力、总结和表达能力，提高学生的创新能力，以期提高网络安全课程的整体教学效果。

参考文献

［1］董小燕.基于 Kali Linux 的网络安全课程教学设计 [J]. 软件导刊，2018，9（17）：222–226.

［2］张洁.微课在高职网络安全技术课程教学中的应用研究 [J]. 新课程研究，2017（6）：103–104.

［3］刘淑娟.基于学生自主学习与创新能力培养的高职慕课网络平台的构建——以高职轨道构造与施工课程为例 [J]. 陕西教育，2016（5）：73–74.

［4］庞维国.论学生的自主学习 [J]. 华东师范大学学报，2001（6）：78–83.

［4］李海宏.高职有机化学自主学习教学模式研究 [J]. 当代化工研究，2018（10）:31–32.

高职院校校企合作人才培养课程体系构建研究

——以消防工程技术专业为例

迟玉娟[1]

随着火灾事故的频繁发生,人们对消防的认识越来越深入,完整的、独立的消防体系逐渐形成。自 20 世纪 60 年代开始建立至今,我国消防工程技术专业已初具规模,并且日臻完善,对消防事业的发展和消防安全起到了重要作用。中南大学、中国人民武装警察部队学院、中国矿业大学、西南交通大学、河南理工大学等多所大学或研究机构都设有消防工程专业,用来培养本科、硕士、博士的高级工程技术人才,课程体系发展较为完善。而针对消防技术技能型专门人才培养的高职院校起步较晚,课程体系发展相对还有许多需要完善的地方。随着消防新技术的不断涌现,消防工程技术专业的毕业生要求具有很强的实践能力,为了提高学生的实践能力和培养消防企业所需要的人才,各高职院校开始了校企合作人才培养的模式。北京政法职业学院于 2011 年开设了消防工程专业,作为"立足北京、服务政法"的人才培养基地,要实现"重德明法、重能强技"的人才培养特色,在消防工程技术人才培养过程中实施校企合作,重视实践教学与能力培养,着力培养应用型人才。

一、高职院校人才培养课程体系建设研究的重要性

高职院校人才培养目标是培养高技术应用型人才和高技能人才,毕业生应具备良好的职业道德、一定的专业知识基础和较强的实践能力。而要实现这一目标的一个重要载体就是构建合理的课程体系。传统的课程体系

---

[1] 迟玉娟,北京政法职业学院讲师手。联研究方向:消防工程技术。

教学是以教室为主要授课地点，以书本知识为主要授课内容，学生所看所学的知识处于相对静止状态，这与社会不断发展、技术不断更新相矛盾，与专业应用的衔接很薄弱，与企业需求存在着很大的差异，造成了学生对本专业知识实践能力很难把握，进而造成了"学校学习无用论"，违背了高职教育的发展初衷。

针对这一现象，国家出台了一系列有关高职教育方式方法的政策，李克强总理在推进职业教育现代化座谈会上做出重要批示："十三五"时期，切实把职业教育摆在更加突出的位置，加快构建现代职业教育体系；强化产教融合、校企合作，积极鼓励和支持社会力量参与，努力建成一批高水平的职业学校和骨干专业；加快培育大批具有专业技能与工匠精神的高素质劳动者和人才。随着校企合作人才培养模式的引入推进，高职院校更应该培养出适应社会发展和企业高素质实践能力的专业人才。因此有必要打破传统教学的静态模式，实施动态的教学方法。消防工程技术专业课程系统入手，结合作者在企业挂职锻炼期间的经验，对高职校企合作人才培养课程体系构建做了一些研究，希望能对完善这一专业的课程体系的设置起到一定作用。

二、高职消防工程技术专业校企合作课程体系存在的问题

（一）课程设置定位不准，缺乏高职特色

消防工程技术专业在高职院校开设仅十余年的时间，由于时间短，其课程体系只是在本科院校的基础上稍加删减，随着校企合作的深入，其设置只有一些简单的改变，没有突出高职教育的特色，出现"毕业生的理论知识远低于本科生，而实践能力也不高于本科生"的情况，导致毕业生缺乏就业竞争力，阻碍了校企合作的快速发展。

（二）课程设置相对静态，与消防技术的快速发展相矛盾

随着国家越来越重视消防行业，消防工程技术也在迅速地发生着变化。目前，许多高职院校的消防工程技术专业与企业之间的合作并没有达到理想的状态，课程体系的变化总是落后于技术的更新、企业对人才需求的变化。虽然学校在不断地寻找原因、总结经验，但往往是刚刚根据总结出的

经验重新设置了课程，企业对人才的需求又有了新的要求，造成了学生在校期间与最前沿的技术失之交臂，进一步导致消防工程技术专业培养的人才跟不上技术的更新，在企业短时间内做不了技术工作，只能在师父的指导下重新学习新技能，延长了学生的实习时间，工资相对较低，久而久之，有一部分学生就会离职，转向其他工作。

（三）课程实训薄弱，不能很好地提高学生的实践能力

由于高职院校消防工程技术专业开设的时间短，消防实训设备昂贵，尽管有一部分高职院校购买了设备，建立了很好的实训场所，但这些设备极易损坏，维修不易，很难让每一位学生都做到真正的实训，与课程设置的实训环节相一致。部分课程虽然在实训室上，但有时也只是通过观看视频了解实训的过程，仅把"纸上谈兵"变为"视频谈兵"，没有发挥实训设备的作用，学生的实践能力没有提高，与课程设置实训的初衷相矛盾。

三、高职消防工程技术专业校企合作人才培养课程体系改革措施

（一）紧随社会发展，在校企合作模式下重新确立人才培养目标

北京政法职业学院作为北京市示范性高职院校，以立德树人为基础，以服务发展为宗旨，以促进就业为导向。通过对近几年的消防工程技术专业毕业生调查，在与企业领导共同研究的基础上，对该专业人才培养目标进行了修改，重新定义为：培养思想政治坚定、德技并修、全面发展、适应社会需要的人才，具有良好的消防基础知识，了解消防设备相关理论，熟悉我国消防工程相关法规和行业标准，具备一定的公关礼仪和商务谈判能力，能在消防工程公司、消防检测公司、消防维保公司、消防产品设备公司、企事业单位及城市社区消防管理部门、消防教育培训机构从事消防工程的设计、预算、施工管理、验收、检测、运维、销售、消防安全管理、教育培训及辅助研发等工作；适应消防工作需要，具有良好的职业道德和敬业精神的高素质技术人才。

（二）突出高职教育的特点，进一步修改校企合作模式下的人才培养模式

高职院校的学制一般是三年制或两年制，根据自身的不同情况，所采取的人才培养模式也是不同的，其中三年制主要有"2+1"模式、"2.5+0.5"

模式等，两年制主要有"1+1"模式、"1.5+0.5"模式等（"a+b"模式是指，在学校学习 a 年的相关理论知识，在企业进行为期 b 年的实习）。目前"2.5+0.5"模式和"1.5+0.5"模式是消防工程技术专业运用最多的人才培养模式，笔者所在的学院之前也采用这种模式。这种模式培养出来的人才理论性较强，专业基础知识较扎实，但实践能力较低，形不成高职人才的就业优势。为了纠正这一缺陷，笔者所在学院的消防工程技术专业的教师多次去消防企业，利用在企业挂职锻炼的机会深入企业一线，与合作企业的领导、技术骨干等进行交流沟通，在全方位调研的基础上对此前的模式进行修改，形成自己独有的模式："2.25+0.75"模式和"1.25+0.75"模式，即不论是三年制还是两年制，学校的理论学习时间相对缩短以增加企业的实习时间。学生在第五学期进行 2 个月在校的入职培训，然后进入企业实习，这样不仅对学生学习、工作的焦虑心理起到缓解作用，还因为比其他院校的学生早进入企业实习更早提高了实践能力，这有利于提高学生的就业竞争力。

（三）紧跟企业对人才需求的变化，组建由学校教师与企业专家构成的课程改革团队

课程改革团队是基于各种变化和需求及时合理地调整课程体系的实施者。笔者所在学院的消防工程技术专业的课程改革团队由北京宸通建设有限公司、北京精诚安保消防工程有限责任公司、北京四海消防公司、北京利华消防工程公司、北京利达消防设备公司等企业具有丰富工作经验和专业技能的一线技术骨干、消防协会专家和本院的专业教师组成。消防工程技术专业课程体系，构建需要由改革团队的成员共同研究，共同讨论，扬长避短，群力群策，为成功改革消防工程技术专业的课程体系打下良好的基础。见下表。

改革后的基于校企合作消防工程技术专业课程体系结构

纯理论课程	理论+实践课程	纯实践课程
毛泽东思想与中国特色社会主义理论体系概论	消防工作实务	创新创业实务指导
形势政策教育	固定灭火设施技术实务	消防商务工作实务

续表

纯理论课程	理论+实践课程	纯实践课程
思想道德修养与法律基础	自动喷水灭火系统原理与应用	消防工程设计软件应用
军事理论课	消防工程管理实务	消防网络技术与安全
应用数学	防排烟技术与应用	求职面试技巧
高职语文	气体灭火系统原理与应用	毕业实习
职业发展与就业指导	综合布线技术与应用	
火灾预防与救助	火灾自动报警控制系统原理与应用	
消防法律实务	消防电气施工质量管理实务	
基础英语	消防工程造价	
	市场营销	
	建筑防火设计	

1. 纯理论课程

经过对多家合作企业的访问，笔者发现大多数企业用人的原则是"有德有才，重点使用；有德无才，培养使用；有才无德，坚决不用"，可见"德"的重要性。故纯理论课程教学旨在培养本专业学生具有正确的价值观、积极向上的思想意识形态和本专业必须掌握的基础知识、基本原理等，主要在学校内进行，由专任教师担任，这类课程不仅为后续的专业学习提供理论指导，更重要的是为学生可持续发展奠定了良好的"德"育基础。

2. 理论+实践课程

理论+实践课程是校企合作课程体系中的核心课程，主要利用学校的教学场所和教学资源，聘请企业的技术骨干进课堂，与本专业教师共同教学。这类课程要求学校的专业教师较多，不仅具有较高的理论知识水平，而且具有一定的实践能力。因此，笔者所在学院的消防工程技术专业的教师全部都是硕士研究生毕业，具有较高的理论水平，并且都有在企业为期半年的挂职锻炼经历，为培养合格的人才打下了理论基础；聘请的企业技术骨干在掌握最新技术、解决实际问题和经验方面具有较强的优势，他们把企业需求、企业任务作为授课内容，把企业工作过程作为学生的学习过程，因此，将学生学到的理论知识付诸实践，从而培养学生的实践能力。

校企教师共同教学，各取所长，在教学方法、内容上充分发挥自己的优势，培养出既具有一定的理论水平又有较高实践能力的高职学生，提高就业竞争力。

3. 纯实践课程

这类课程旨在让学生提前熟悉就业所需相关知识和技能。其中消防商务工作实务、消防工程设计软件应用和消防网络技术与安全等课程由于技术更新较快，专业性较强，主要由企业的人员到学校的实训室负责授课，使学生能在第一时间学到企业所需的技能。毕业实习由学校专业教师和企业的人员共同对学生进行指导，实现这一过程的重要载体是网上实习指导平台。虽然学生在企业实习，由企业的人员面对面进行指导，但通过此平台，学校的教师也能及时地帮助学生解决困难，教师和企业更好地形成合力，更好地为学生服务，能让学生真正体验到知识应用和实践的快乐，这也是校企合作的主要优势。

（四）克服困难，大力建设校内实训场所

提高学生的实践能力和技能水平是高职院校人才培养的根本任务，也是高职学生与本科生相比的优势。故学院克服重重困难，通过校企合作大力建设校内实训场所，已建成集火灾自动报警系统、自动喷水灭火系统、气体灭火系统、消火栓系统、防排烟系统于一体的实训室，为学生实训提供了有力保障，增加了实训环节的学时，做到了"教、学、做"一体化教学。但真实的实训室也有一些不足，例如设备损坏，不能及时维修；某些实训需要明火，具有一定的危险性等。为了弥补这些不足，与真实的实训室形成互补，学院正在积极建设消防虚拟仿真实训平台。将来学生可以通过 VR 眼镜，进入一个仿真环境，通过操作计算机来进行实训，更好地实现情境学习，进一步提高学生的动手能力。

总之，构建高职院校校企合作消防工程技术专业人才培养课程体系对培养合格的人才具有积极的推动作用，是高职院校的核心工作之一，也是深化校企合作，培养适应社会、行业发展的优秀人才的必然途径。

民事案件处理实务课程"赛教融合"教学模式探索[1]

许晓峰[2]

我国《高等职业教育创新发展行动计划（2015—2018年）》明确指出：高等职业教育应以提高质量为核心，积极推进课程体系、教学模式改革。职业技能大赛是我国职业教育工作的重要举措，是高职院校展示和交流职业技能的重要平台，它对促进教学模式改革，提高教学质量，带动课程体系的改革具有非常重要的导向作用。《国务院关于加快发展现代职业教育的决定》中强调要大力开展职业技能竞赛，《北京职业教育改革发展行动计划（2018—2020年）》也要求建立国家、市级、校级三级职业院校技术技能竞赛体系。顺应高职教育改革发展的要求，2017年全国司法职业教育教学指导委员会在北京举办了首届全国司法职业院校法律实务技能大赛（以下简称"法律实务技能大赛"），本文拟结合法律实务技能大赛中法律事务处理竞赛单元的考核内容，以民事案件处理实务课程为例，分析"赛教融合"教学模式面临的问题，并从教学内容设计、教学方法改革、评价体系设置等方面介绍民事案件处理实务课程"赛教融合"教学模式的探索。

一、"赛教融合"教学模式面临的问题

随着我国高职教育的不断深化，职业技能大赛不断涌现，探索符合高职人才培养的特点的"赛教融合"教学模式成为亟待解决的问题。"赛教融

---

[1] 本文系作者主持的课题"民事案件处理实务课程赛教融合教学改革"（项目编号：JGYB20180706）的阶段性成果。

[2] 许晓峰，北京政法职业学院应用法律系讲师。

合"的教学模式符合高职人才培养的特点，它以学生为中心、以能力为导向、以课程为主体，充分展现"有趣、有用、有效"的课堂教学效果。我国"赛教融合"教学模式的探索起步较晚，教学仍然面临着下列主要问题：

第一，关注重点不对路。技能大赛既是展示学生专业知识和动手实践能力的舞台，又是高职院校教育教学能力和人才培养水平的一次大阅兵，因此，高职院校都非常重视技能大赛。但是许多高职院校只盯着技能大赛的结果，通过选拔学生，组织学生赛前集训，冲击技能大赛的名次，忽略了"赛教融合"的教学机制的建立，而课堂教学与技能大赛相融合才是学生在技能大赛中取得成绩的基石。关注重点不对路，为"赛教融合"教学模式的探索和实施增加了难度。

第二，教师思想不重视。高职院校每年都组织一些教师为参加技能大赛的学生进行赛前训练，有些教师思想上不重视技能大赛，认为技能大赛是给自己增加负担，属于额外的工作任务，辅导学生时也是敷衍了事。不少辅导技能大赛的教师缺乏对技能大赛的规则、内容、考核要点和评价标准的研究，没有把技能大赛的内容与课堂教学建立起联系，不能把技能大赛的内容融入课堂教学。因此，更谈不上主动探索"赛教融合"的教学模式和开发"赛教融合"课程了。

第三，制度保障不到位。许多高职院校参加职业技能大赛都是临时组建赛前集训小组，缺乏职业技能竞赛制度化、规范化的长效机制和"赛教融合"教学模式的管理机制，制度保障不到位，不仅影响了技能大赛的成绩，也阻碍了高职院校把技能大赛的内容与专业课程相衔接，不利于促进"赛教融合"教学模式的探索与实施。

第四，激励措施不完善。"赛教融合"教学模式的探索与实施需要教师投入很多的时间和精力，教师不仅要认真仔细地研究技能大赛的规则、内容、考核要点及评价标准，还要精心设计教学内容和教学方法，把技能大赛的内容有效地融入课堂教学。为了开展"赛教融合"教学模式的教学，教师需要购买教学资料、聘请行业专家共同研讨"赛教融合"的路径、编写"赛教融合"的校本教材、外出学习交流等，这些都需要一定的经费支持。很多高职院校缺乏相应的鼓励激励措施，没有设置赛教融合专项资金，致使教师开展"赛教融合"教学模式的教学困难重重，教师的积极性也因此受到影响。

　　第五，教学资源不充分。开展"赛教融合"教学模式的教学需要充足的与技能大赛相融合的教学资源，由于教师掌握的技能大赛资源非常有限，仅仅通过参赛学生了解和整理一些零散的竞赛题目。竞赛资源的匮乏增加了教师把技能大赛内容转化成课堂教学资源的难度，没有教学资源很难开展"赛教融合"的课堂教学，这就需要教师自己开发建设与技能大赛资源相匹配的教学资源试题库。

　　第六，教学方法不灵活。传统的教学方法主要是教师讲、学生听，偶尔教师讲个案例让学生进行分析，基本上以填鸭式教学方法为主，单一且不灵活。"赛教融合"教学模式彻底打破了传统的教学方法，它要求教师转变教学观念和教学思路，以学生为中心，采取模块化、项目式、案例式、混合式教学等灵活多变的教学方法进行课堂教学，传统的教学方法无法满足"赛教融合"教学模式的要求。

　　第七，评价体系不合理。传统的课程考核评价主要是以书面考试成绩作为评定学生学习水平的唯一标准，忽视了学生职业能力和职业素养的考核评价，"赛教融合"教学模式要求教师在教学中参照技能大赛的评价标准，建立新的学生成绩考核评价体系，从重视学生学习结果的总结性评价转向重视学生学习的过程性评价，重点考查学生对知识的运用能力、法律思维能力、团队合作能力、分析解决问题能力和沟通表达能力。

　　解决"赛教融合"教学模式面临的问题需要高校领导进行顶层设计，把关注点从注重技能大赛结果转移到建立"赛教融合"的教学机制上来，通过建立一套完善的"赛教融合"教学管理机制，倡导和引领教师积极开展"赛教融合"的教学改革。学校可以单独拿出一部分经费作为"赛教融合"教学项目研发的专项资金，激励教师积极参与"赛教融合"教学模式的探索和实践，并且通过对技能大赛的宣传和对教师的培训提高教师对技能大赛的认识，转变教师的思想观念，激发教师参与技能大赛培训和进行"赛教融合"教学模式改革的热情和责任感。本文以下拟结合民事案件处理实务课程，重点从课程内容设计、教学方法改革、考核评价体系设置三个方面阐述"赛教融合"教学模式的探索。

二、课程内容设计

2017年全国司法职业教育教学指导委员会举办了首届法律实务技能大赛，分为法律知识竞赛、法律文书制作竞赛和法律事务处理竞赛三个模块，而法律事务处理竞赛模块又细分为案件处理、法律咨询和民间纠纷调解三个单元。法律事务处理竞赛的每一个单元都有相应的竞赛规则、竞赛内容、考核要点及评价标准。法律事务处理竞赛单元中民事案件处理竞赛的内容恰好与学院民事案件处理实务课程的内容基本吻合。民事案件处理实务课程是我院法律事务专业的核心课程，该课程属于自主开发的课程，经过几年的探索和实践积累了不少经验。于是我们根据已有的民事案件处理实务课程的内容，结合法律实务技能大赛中民事案件处理竞赛的竞赛内容和考核要点，把该民事案件处理竞赛的竞赛内容和考核要点转化成民事案件处理实务课程具体的教学项目，把技能大赛的内容融入课堂教学。

首先，收集和整理了2017年法律实务技能大赛中民事案件处理竞赛试题，通过讨论、分析和研究，掌握民事案件处理竞赛试题的难度及民事法律知识点的分布，以民事案件处理竞赛试题为参考，通过研讨共同编写民事案件处理竞赛试题库。民事案件处理竞赛试题库具体包括民法总则案例8题、人身权法案例4题、物权法案例6题、债权法案例8题、侵权法案例6题、婚姻法案例4题、继承法案例4题，共计40题案例。民事案件处理竞赛试题库的编写既为民事案件处理实务课程的课堂教学提供了有力的资源保障，也解决了学生参加法律实务技能大赛集训时训练案例少的难题。

其次，通过对民事案件处理竞赛内容和考核要点的分析和研究，本着"以服务为宗旨、以就业为导向、以能力为本位"的指导思想，秉承"赛教融合、以赛促教"的原则，以民事案件处理实务课程为依据，以法律实务技能大赛为导向，对民事案件处理实务课程内容进行重新设计，以便充分提升学生实际动手能力，把职业技能融入教学中，以大赛带动教学，促进赛教一体化。把民事案件处理实务课程的授课内容分为六个模块。一是概括案件基本事实。要求学生根据案件的基本情况简明扼要地概括案件事实，查明需要进一步核实的事实，并且要求学生交代清楚争议主体的情况。二是案件证据材料分析。要求学生首先整理归纳原告被告的证据材料，其次制作出原告与被告的证据清单，最后要求学生对原告被告的证据材料进行分析。三是案件法律关系分析。要求学生梳理争议双方的要求，归纳双方的争议主张，然后阐明案件法律关系的属性，分析案件的法律关系。四是案件法律法规查找与分析。要求学生借助工具书或者网络查找案件相关的法律法规，分析案件所适用的法律法规，并根据民事案件案由规定查找出案件所适用的民事案件案由。五是案件争议焦点的归纳。要求学生明确当事人的权利和义务，然后概括出案件争议焦点，并对案件争议焦点进行分析。六是案件处理结果。要求学生全面、充分、合乎逻辑地分析、归纳、总结案件处理思路，并提出解决纠纷的可行性建议。

最后，对民事案件处理实务课程六大模块的教学内容进行细化，每个教学模块又设计了几个教学任务，教学任务与民事案件处理竞赛的竞赛内容和考核要点相一致，以"赛教融合"教学模式为导向，完成了对民事案件处理实务课程内容的重构和设计。

三、教学方法改革

教学方法是教师教授方法与学生学习方法的统一。著名的教育家叶圣陶曾说：教学有法，教无定法，贵在得法。所谓"教学有法"是指不同学科、不同教学内容的教学方法都有一定规律可循；所谓"教无定法"是指在任何具体的教学中没有一成不变的固定教学方法；教师能够根据教学目标、教学内容、课程类型、教学对象、教师素质灵活选择和优化组合教学方法，以达到最佳教学效果，这就是"贵在得法"。民事案件处理实务课程"赛教融合"教学模式要求教师在课堂教学过程中改变传统以讲授法为主的教学方法，综合运用讲授法、演示法、讨论法、示范法、任务驱动法、案例分析法、头脑风暴法、情境教学法等多种教学方法，以达到实现学生学习能力提高、优化课堂教学效果的目的。

比如民事案件处理实务课程中查找案件法律法规的内容，首先教师运用讨论法让学生分组讨论自己平时如何查找案件的法律法规，总结查找案件法律法规的方法；其次运用讲授法告诉学生查找案件法律法规的正确方法和技巧，先让教师提供案例，通过示范法引导学生掌握正确查找案件法律法规的方法，接着让学生分组抽取案例，运用任务驱动法要求学生完成小组案件法律法规查找的任务；最后通过演示法让学生分组汇报本组案件法律法规查找的结果，并总结本组案件法律法规查找的方法。

再如民事案件处理实务课程中案件处理结果的内容，以前上课时是让学生分组抽取案例，通过小组研究讨论，撰写并提交案件处理结果，而法律实务技能大赛要求学生口头汇报案件处理结果。为了达到"赛教融合"的目的，改变原来的教学方法，把学生提交案件处理结果改为让学生分组到讲台上口头汇报案件处理思路，并提出解决纠纷的可行性建议，这样可以培养学生的语言表达能力、逻辑思维能力和法律问题分析能力，更好地与技能大赛相融合。

民事案件处理实务课程"赛教融合"教学模式倡导改革原有的教学模式，在课堂教学过程中充分发挥教师的主导作用和学生的主体作用，综合运用多种合理有效的教学方法，激发学生学习积极性，提高课堂教学效果和教学质量，培养学生的综合能力和素质。

四、考核评价体系设置

在教学中参照法律实务技能大赛中民事案件处理竞赛单元的评价标准，进一步完善民事案件处理实务课程教学评价体系，重点考查学生的岗位职业素养、综合素质以及运用法律知识解决民事纠纷的能力，力求民事案件处理实务课程教学评价标准与技能大赛评价标准相融合。根据民事案件处理实务课程教学目标对学生考核评价进行百分制考核，考核评价体系采取过程化考核与终结性考核并举，总成绩100分 = 过程化考核成绩60分 + 终结性考核成绩40分。

民事案件处理实务课程过程化考核成绩的60分分散在六大模块教学内容项下的若干个教学任务中，以若干个教学任务为考核内容，以小组为考核对象，根据小组任务实施完成情况，依据考核标准对各教学任务逐一进行评价，得出学生分数。每个教学任务的过程化考核分数由小组自评分（10%）、小组互评分（30%）、教师评分（30%），学生的课堂表现（30%）组成，每个教学任务考核以百分制计分，最后以 60% 计入课程总成绩。

民事案件处理实务课程终结性考核成绩的 40 分评定不需要笔试测试，可以参考法律实务技能大赛中民事案件处理竞赛单元的竞赛规则和评价标准，采取小组汇报打分的方式进行评定。具体方法：把学生分为 3~5 人的小组，每个小组提前一个小时抽取教师事先准备好的案例，小组学生自行分工配合，学生经过一个小时的准备按照考核要点要求现场完成面试考核汇报。面试汇报考核内容包括：案件事实概括（分值 20%）、法律关系分析（分值 40%）、案件处理思路（分值 20%）、整体表现（分值 20%）四个部分，每个部分又包含若干考核要点。以下是考核要点及参考分值：

考核内容	考核要点	分值比例
案件事实概况	1. 简明扼要概括案件事实，明确要进一步核实事实； 2. 争议主体情况交代清楚； 3. 证据材料分析全面完整，证明内容阐述清楚； 4. 梳理争议方要求、归纳争议主张。	20%
法律关系分析	1. 阐明案件法律关系属性； 2. 介绍案件相关法律规定； 3. 明确当事人权利义务； 4. 概括案件争议焦点并进行分析。	40%
案件处理思路	1. 案件分析全面、充分，合乎逻辑； 2. 纠纷解决思路清晰，可行性强。	20%
整体表现	1. 整体语言表达自然流畅、声音洪亮、法律术语运用准确； 2. 衣着整洁、自然得体、端庄大方； 3. 团队合作、配合默契。	20%

综上所述，民事案件处理实务课程"赛教融合"教学模式的探索与改革，符合高职院校法律专业人才特点及人才培养总目标的要求，既突出了课堂教学对高职学生实践能力的培养，又把课堂教学与法律技能大赛相结合，达到"赛教融合"的教学目的。

现代教学模式在高职课程教学中的应用研究
——以法律事务（知产）专业为例

黄炎娇 [1]

长久以来，有一些问题一直困扰着我们——这个时代发展得飞快，各种高科技手段不断涌出，知识的更新迭代也很快，今天学的东西明天就有可能过时。那么，作为教育工作者，如何才能跟上时代步伐，在完成知识革新的同时完成教学技能的革新？传统教学模式的剩余价值在哪里？现代教学模式的概念不是今天才推出，那么又是什么原因导致大部分的高职课堂至今仍然采用传统的教学模式？现代教学模式的真正内涵是什么？在高职教学课堂该如何践行？

一、缘起：信息时代带来"教"与"学"的转变

这是一个真实的课堂教学案例。有一次在商标注册流程课的课堂上，老师给学生们布置了一个小组作业，让学生以小组形式介绍商标注册申请流程。汇报课上，每个小组的学生都进行了简单汇报，但是学生汇报的内容却大相径庭，错误之处也相当一致，毫无新意。当老师感觉这又是一次失败的翻转课堂时，有一个学生大声说了一句："老师，商标注册流程在网上都有啊。"

是的，这个学生说得一点没错。在信息时代，由于获取知识的途径发生了变化，一切都变得容易起来。但是，学生们知道求助于网络，可是又不知道如何求助，于是找来一大堆不经考证的内容。这个学生的回答无意中点醒了一个关键的问题，那就是在信息时代，知道知识在哪比知道知识

---

[1] 黄炎娇，中国青年政治学院硕士研究生，北京政法职业学院经贸法律系知识产权教研室讲师。研究方向：知识产权法。

是什么还要重要。

信息时代的来临，带来"教"与"学"的转变。教师的授课过程、知识的来源不再只局限于书本教材，学生获取知识的途径也不再局限于45分钟的课堂。未来教学的重点以及学生学习的重点应该在于培养学生运用三种关键能力贯穿学科始终从而获得该学科的知识，这三种关键能力即获取知识的能力、运用知识思考问题的能力以及筛选知识的能力，这将是一个积极主动的学习过程。

二、反思：传统教学模式的弊端在哪

传统教学模式确实存在诸多弊端，也越来越无法满足教与学的需求。本文针对两个比较明显的不足之处试做探讨。

传统教学模式效率低。很多教师都有这种感觉，备课很辛苦，讲课更心累。教师苦口婆心、费尽力气地讲了45分钟，学生能收获的知识也实在有限。一言堂的教学课堂模式就是这样，老师在积极地讲，学生在被动地听。获取知识的途径单一，知识陈旧而烦琐，老师不愿意讲，学生不愿意听。

传统教学模式不灵活。在传统教学模式下，教师必须制订学期教学进度计划，而且要接受教学督导考察，检查教师这堂课是否按计划执行，是否完成教学内容。教师是整个课程节奏的主导，教学节奏按计划进行而不是按学生接受程度来调整课堂，这种教学要求无法照顾到每一个学生，久而久之，学生就被分出三六九等。然而每个人掌握知识的节奏有快有慢，这里需要强调的是"快慢"的差别，并非不能理解。其实，即使是最优秀的学生也会在某个知识点的学习过程中出现障碍，但由于我们无法照顾到差异化的存在，加上考核学生能力的形式单一，所以掉队的学生在恶性循环中继续差下去，最终成了我们眼里的差生。

那么，难道传统教学模式没有可取之处了吗？笔者想保守一点看待这个问题。传统教育毕竟继承了前人智慧，有其存在的价值。虽然传统教学模式有着不合时代的弊端，但是也不能完全否认传统教学模式的必要性，我们完全可以把这种教学模式当作基础条件，与现代教学模式结合在一起灵活适用。

三、解读：现代教学模式的内涵

（一）什么是现代教学模式

根据教育部印发的《高等职业教育改革发展行动计划（2018—2020年）》以及北京市的《北京职业教育改革发展行动计划（2018—2020年）》，文件中要求高等职业院校要积极探索现代学徒制的建立，广泛开展"有趣、有用、有效"的课堂教学，形成以小班化、模块化、项目式、案例式、混合式教学和探究性、合作性学习为主要特色的人才培养模式。要加快发展"互联网＋职业教育"，统筹推进智慧校园建设。通过解读文件内容可以发现：现代教学模式包括了有效的教学手段和教学方法。手段主要指丰富的获取知识的途径，即开设网校、网络课程、资源库平台等。方法主要强调获取知识的有效性，强调"教与学"在方法上的同步改进。结合文件内容，笔者认为，高职院校的"三有"（有趣、有用、有效）课堂可以包括以下几点：

（1）现代教学模式倡导多手段辅助教学，包括建立教学软件、网络慕课、资源库教学平台、企业对接教学等。

（2）现代教学模式提倡以学生为主体，小班授课，追求个性化教育，课堂上教学的节奏以学生为准，老师起到辅助和引导的作用。

（3）现代教学模式强调的是能力的培养，创造能力是重中之重。学习过程中大脑的作用不再是用来单纯的记忆，单纯记忆的学习过程不会有趣。记忆的工作可以交给电脑，大脑要用来观察问题、建立批判性思维、创造和影响他人。教师和学生都要学会通过互联网来完成独立思考到联机思考的思考方式的转变。

（4）现代教学模式提倡多种教学方法并用，教学内容和形式丰富多样。

（二）现代教学模式下的多种教学方法

现代教学模式下，教学方法不再单一。本文针对比较典型、实用的三种现代教学方法（即模块教学法、模拟演练实践教学法以及现代学徒制教育）进行探讨。

模块教学法。模块教学法适用于基础知识的内容讲解，现在已有不少高职高专教材采用了模块项目法编写教材。模块教学法可以帮助学生建立清晰的知识体系。采用模块教学法的教师应根据知识内容和学生一起探讨这样的模块划分有什么样的知识逻辑在里面，然后再进行模块学习。

模拟演练实践教学法。这种方法适用于实践教学。相比于传统教学模式，模拟演练实践教学法可以让学生们体验到真实而直观的未来工作场景。比社会实践也更灵活和方便。包括的主要环节有：（1）材料准备。在这个环节老师要准备好教学使用的案例材料、情景和角色设计、课件制作等。案例的选择上要具有代表性，接近真实要求。（2）组织实施。老师要提前将模拟演练的考核要求、案例的内容分发给学生，并交代清楚模拟的程序和注意事项。（3）课堂教学。在模拟演练之前，老师需要对本次模拟课程的内容进行知识性讲解，然后学生根据事先准备好的情景内容进行汇报。这个环节里，其他同学作为观察员要主动思考，勇敢提问。（4）总结和评论环节。

现代学徒制教育，实际上在几千年前学徒制教育就已经存在，这是世界上最早的职业学校教育模式。这种教学模式沿用至今，被现代教学模式所推崇，并且在一些理工科职业院校得到大力提倡。师父带徒弟、手把手地教对于职业教育是非常重要的。这种教学模式其实在强调实践性教育的重要性，其目的是帮助学生掌握某项技能。现代学徒制的教育方式要求学生积极主动地去学习知识，和现代教学理念也不谋而合。在高职院校可以从小班授课开始尝试。而且，每个学生从入校就可以建立"导师"制度，这种制度其实也并不是硕士和博士生才可以享有的待遇。另外，这里也可以参考德国的"双元制"教育模式。❶ 从企业聘请行业"师父"，手把手培养社会所需的职业人才。

---

❶ 参见闫广芬："德国高等教育'双元制'对我国高等教育应用型人才培养的启示"，载《中国职业技术教育》，2018年12期。德国联邦职业教育所在《2017年职业教育信息数据报告》中，对高等教育"双元制"进行了解释：它是高等学校校内教育与企业的职业教育结合的、一体化的、系统的高等职业教育的教学形式。高校校内教育与企业的职业教育在目标、教学计划、教学内容、教学时间等方面相互协调、有机结合。学生既接受高校校内教育，也在企业接受职业教育。

四、探究：现代教学模式在高职课程中的具体运用

（一）现代教学模式在高职院校的推进情况

以北京市为例，根据北京市教委发布的《2018年北京市高等职业教育质量报告》显示：在人才培养和课程改革方面已有不少北京市属职业院校进行了突破性的教学改革。一些职业院校建立了网校学习平台、高水平的教学资源库平台、建立校企合作等。教师们自主开发设计教学软件，依托公共平台创建自己优质的微课、慕课等。并且"平台+模块"的教学形式已在很多高职课堂开始尝试。这一切的行动目的都是从多角度来推进现代教学模式走进校园。

（二）课堂实践中一些具体问题的探讨

我们已经意识到现代教学模式的重要性，也在尝试改变，效果如何呢？这里以北京政法职业学院法律事务（知产）专业的商标代理实务和专利代理实务课程为例，这两门课程推行了"平台+模块"的教学形式，通过北京政法职业学院法律文秘教学资源库平台，学生能找到课程对应的教学内容，在课前和课后都可以通过资源库教学平台完成预习、复习和知识回顾等环节的自主学习。在课堂上，教师采用模块教学法和实践性模拟演练教学法进行相关知识的系统化教学。另外，还聘请了校外行业导师课堂授课。目前课程收效良好，但也遇到一些实际问题，这里针对这两门课程上学生和教师遇到的具有代表性的三个问题展开探讨。

翻转课堂容易冷场。自古以来，"教"与"学"的统一，主要矛盾还是在"学"。将课堂适度交给学生是正确的，但又是难以把握的。实训任务交代下去后不见得会产生那么积极的效果。学生在线上的学习完全自主，缺少监管，这就需要学生有足够的自制力和执行力，否则汇报课上就是冷场的状态。

实践性模拟演练课缺乏教学资源支持。模拟演练教学目的在于"学以致用"，这种教学方法实践性较强，学生也比较喜欢。但是，这种教学方法不仅涉及真实案例材料的取材问题，还有对接平台的真实演练问题。教师和学生都需要提前准备大量的工作，包括角色的分工、案例的选取、场景

的布置、资料的阅读、模拟软件的选用等。一系列问题出现后，有时候限于某些环节的缺失，就会导致模拟的教学内容比较失真，久而久之学生的积极性也就受到打击。

校外导师授课和校内课程的衔接问题。俗话说：光说不练假把式。但即使是顶级的校外专家来上课也存在这样的问题。学生在没有积累足够的实践经验时听校外导师上课，始终是一种云里雾里的感觉。我们都知道仅听别人口述的经验永远没有自己真正去参与来得真切。

以上三个问题具有一定的普遍性和代表性，所以专门挑出来试做讨论。

第一个问题间接说明了为什么传统教学模式仍然是今天校园课堂教学的主要模式。笔者认为这里的根源在于思维惯性。学生有思维惯性，他们认为自己不准备，反正老师也会讲的。老师又觉得，万一学生没准备，还是自己要披挂上阵，备备课吧。结果本来是一场学生主讲的汇报课程，最后又成了老师主讲的一堂课。针对这个问题，我们可以尝试找到出口。首先，还是要解决"学"的矛盾。我们可以在课程设置上进行调整。在学生刚进校时增设一些学习方法的课程以先帮助学生建立一定的学习习惯和学习目标，告诉他们有效的学习方法，找到学习思路。其次，在第一阶段的教学基础上，在高年级的教学过程中，"教"和"学"都要突破，也就是老师和学生都要突破思维惯性。教师要追求教法上的精进，并且敢放手教，不能拘泥于形式。学生在教师的带领下也要学会运用多种途径获取知识。最后，不妨建立一些比较有效可行的考评制度。学生为了奖励、为了成绩、为了通往更优秀的平台，往往也会更积极的。

在我们的高职院校里，教学面对的学生主体有很大一部分都是传统教育眼下的"差生"。但其实这群学生有他们自身的特点。这群学生活泼好动，追求个性，接受新鲜事物的能力也比较强。他们有的在音乐和体育方面很有天赋，有的动手能力很强，有的创造力很强，绝大部分都是聪明的孩子。教育学家苏霍姆林斯基曾说过："世界上没有才能的人是不存在的，问题在于教育者要去发现每位学生的禀赋、兴趣、爱好和特长，为他们的表现和发展提供充分的条件和正确引导。"❶ 我们也并不认为这群孩子存在什么学习障碍，只是他们与应试教育中脱颖而出的孩子相比，不是学不学的差距，而是认知效率的差距，是学习方法的差距。相信有好的适宜的职业教育模式来辅助他们成长成才，未来他们将是现代职业教育的最大受益者。

第二个问题的解决途径我们可以参考一下职业教育先进国家的做法。在德国，课程教材开发的先决条件是"校企合作"。企业技能训练使用德国政府职业教育研究所编写的实训教材，以保证全国职业技能培训具有统一的标准和质量。实训教材是传授"如何做"的知识，根据职业类别编写出以岗位技能及相关知识为内容的单元模块。在进行实践教学时，对这些模块进行组合，以适应不同职业岗位的要求。❷ 其实，我们也完全可以开展这样的实践，鼓励老师们多参与高质量教材的编写和案例的收集，另外，还应当由学院牵头多邀请行业专家参与到课程的开发和设计中。

第三个问题，除了在教学手段上创设硬件条件以外，这部分的模拟实践完全可以放到企业去教学，和企业进行无缝对接，形成校企发展共同体。企业培训实践技能承担一部分教学内容，企业和学校深度合作，有机联合，这样既有利于职业教学的社会化成果转化，还能共同完成职业人才的教育培养目标。

五、展望：现代教学模式的未来发展趋势

苏格拉底告诉他的学生柏拉图和色诺芬：接受教育才能幸福。❸ 每一个孩子都有接受教育的权利，更加优质的教育模式应当得到推崇，这样的话接受教育者会更幸福。现代教学模式带来的各种优势值得我们去研究和实践。现代教学模式若在我们的高职教育中得到建立和实现，意义更是非凡。

---

❶ 【苏联】苏霍姆林斯基著，朱永新编：《苏霍姆林斯基教育箴言》，科学教育出版社 2015 年版，第 107 页。

❷ 引自刘少华，胡春亮，王红彬，九江职业大学：《德国工匠精神培育对我国高质课程的改革的借鉴研究》，载《比较研究》，2018 年。基金项目：江西省教育科学"十三五"规划课题"高职学生创新创业能力培养与对策研究"（编号：17YB301）。

❸ 【古希腊】色诺芬、柏拉图著，峥嵘译：《苏格拉底》，时事出版社 2018 年版，第 137 页。

萨尔曼·可汗在他的书中写道："教学方法固然重要，学生的学习反馈和评估也必不可少，但有个比方式和方法更重要非常基本的问题是教育必须不断适应需求并得到持续改善。"[1] 现代教学模式的推进是时代所需，甚至可以上升到国家职业教育理念的转变问题。教育监管部门需要有前瞻的眼光，学校需要突破传统教育理念的束缚，教师需要改善守旧的教学方法，学生也需要实现自我的个体成长，只有多方共同努力方得初心。

---

[1] 【美】萨尔曼·可汗著，刘婧译：《翻转课堂的可汗学院》，浙江人民出版社2018年版，第196页。

高职英语写作生生互评科学实践模式构建[1]

康 霞[2]

我国高等职业教育培养高素质技术技能型人才的目标与当前高职学生认知水平低、焦虑心理严重、创新意识薄弱、自主能力不强、社交能力欠缺等综合素养较差的现状之间产生了严重失衡。通过语言学、心理学、教育学和社会学等多元理论的研究证明，生生互评是解决上述矛盾的一种有效途径，具有很强的教学应用价值。生生互评可实现以人为本，可践行合作学习，可开发多元智能、可促进学生水平的整体提高。然而，现行的生生互评模式存在一定的问题，影响了教学实践的信度和效度。一种更为科学高效的英语写作生生互评实践模式亟待构建。

一、生生互评概述

（一）生生互评的概念和理论基础

生生互评指的是在写作修改的过程中学生之间提供和获取反馈信息。其理论基础主要是过程写作教学理论，同时还包括了合作学习、二语习得、构建主义和最近发展区域理论，以及错误分析、人本主义和自我效能等哲学、语言学、教育学、心理学和社会学理论，是一种多元理论指导下以学生为主体的评价模式。

（二）生生互评的发展历程

20世纪60年代以来，二语写作从传统的结果教学法转向过程教学法。而生生（同伴）互评是过程写作法中非常典型、重要的步骤之一。这种做法首先被应用于母语的写作课堂。20世纪七八十年代早期，诸多语言教育者

---

[1] 本文为北京政法职业学院教育教学改革项目"英语写作生生互评教学方式改革"的阶段性成果。
[2] 康霞，副教授，北京政法职业学院基础部公共英语教研室教师。研究方向：英语教学、英美文学。

聚焦于同伴互评法在母语写作课堂中的作用，进行了大量相关的理论与实证研究。而该法在英语写作教学中的应用逐渐增多则始于20世纪90年代。

进入21世纪后，我国大学英语写作教学也逐步引入生生互评的做法，相关研究亦逐渐升温。2002年，我国教育部颁发的《基础教育课程改革纲要（试行）》明确指出，在关注学生学业成绩的同时要发挥评价的教育功能，建立和完善促进学生全面发展的评价体系，激发学生多方面的潜能。生生互评正是这一评价体系的重要组成部分。在这样的背景下，生生互评的理论与实践研究在我国英语写作教学界掀起热潮。

二、生生互评在当前教学应用中存在的问题

生生互评能够促进学生综合职业素养的提升，有效治愈目前英语写作教学的诸多症结，应用价值高。然而，这一看似简单的评价方式实际操作并非那么简单。随着该法的不断推广，其在教学应用中的诸多问题已见端倪。

（一）应用效度低

生生互评的效果受多重因素的影响。根据笔者对其影响因素的实证研究数据，其中，小组成员的搭配因素对互评效果影响最大，占57%。情感因素，占20%，教师指导占12%，文化背景因素和时间因素分别占6%和7%。如同链条上的诸多环节，各种因素之间相互作用、有机统一。在教学实践中，任何一个因素欠缺考虑都会影响他人，进而影响评价的整体效果。

尤其在高职教育阶段，受这个群体学生的心理特点、行为特点在、认知水平与英语功底的限制，写作学习模式化、教条化现象较为严重。有些教师在评价前只是给定了范文，没有开放式的引导和启发，导致互评中学生只会一味地模仿，被动机械。修改后的作品也难以摆脱千篇一律、大同小异的"八股文"式风格，且评价讨论多是拘泥于表层语言，鲜见思想层面的碰撞和新颖、深刻观点的产出。再如，有些教师虽然在评前进行了异质分组，但仍会出现能力较强的"小权威"包办任务、独断专行的行为，这与合作学习、整体提高的理想效果相去甚远。此外，倘若话题选择考虑不周或某个环节组织不当，互评课堂很容易出现散漫的状况，互评效果可想而知。

（二）应用精度差

我国英语教学大刀阔斧的改革后，综合英语教学课时大幅减少。加之一些英语教师本身对生生互评的内涵理解不够深刻，不知如何高效利用有限的写作教学课堂时间，科学设计评价活动，以使英语写作教学环节适应新的人才培养目标定位，在提高学生的书面语言文字水平、增强谋篇布局能力的同时，提升其自我效能感和自主学习、合作创新、解决问题、社会交际等综合职业能力与素养。

以上因素导致教师在教学实践中对生生互评的应用往往流于形式，或对互评环节的设计粗枝大叶。这对于自主能力和语言能力薄弱的高职学生而言，必然问题百出。诸如学生在阐述篇章主题时，要么无从下手，理据单薄而散乱；要么洋洋洒洒，赘述颇多又发散。段落发展时，或失去逻辑一盘散沙，或偏离中心缺乏根基，不知所云。句子表达也往往为母语所束，流于形式，败于意义。教师的互评设计不精细也会导致一些学生对评价任务敷衍了事，甚至半途而废。

（三）应用范围窄

在我国英语教学改革的大潮下，改变传统的以教师为主体的直接反馈方式已是大势所趋。生生互评以其显著的优势成研究者们关注的焦点。但授课时，受学生水平和教师理解深度的限制，目前对生生互评的研究多在理论层面，其在教学中应用的广度欠缺，多为教师小规模的实验和各种经验的总结。有些研究者以论文形式发表自己实践后对生生互评的看法和建议，散见于各类教育教学杂志，仍缺乏一套科学、系统的教学实践模式，以使生生互评落到实处并得以推广。

三、生生互评科学实践模式

（一）生生互评的原则与目标

1. 让互评有温度，学有动力

评价反馈有正负之分。《社会科学大词典》中对正负反馈的定义为"正反馈是指受控部分发出反馈信息，其方向与控制信息一致，可以促进或加强控制部分的活动"，如果反馈信息的作用与控制信息的作用相反，则这种反馈即为负反馈。[1]传统的以教师为主体的教学评价中，往往重视负反馈，而忽视正反馈的作用。生生互评要重视正反馈的应用，以调动学生积极的情感因素和内在动力。

生生互评中的正反馈要重视下面两点：（1）寻找同伴作品的亮点，让其感觉是被肯定的；（2）互评态度要亲切真诚，让其感觉是被关注和帮助的。鼓励学生认真观察，分析判断同伴习作中的亮点，做出正面积极的评价，营造宽松温暖的环境，使其学有动力，进入更好的自我学习状态，积极努力通过自我改进取得进步。

2. 让互评有宽度，学有所得

英语写作过程是一个综合的语言输出过程，对学生的语言运用、逻辑思维、创新意识等各方面要求均很高。为保证效果，生生互评的内容和角度要全面系统。既要有对字、词、句等语言信息点的反馈，又要有对文章的逻辑结构、内容观点的反馈，将整体评价和分项评价有机结合，兼顾语内语言错误和语际语言错误。让同伴在对字词句式等语言运用有更为精准把握的同时，也能在逻辑思想、跨文化交际等方面有深入体会和感悟上有所收获。

3. 让互评有效度，学有方向

写作课程属于语言学习的实践课程，评价是课程实施的一个关键因素，是促进学生书面语言输出能力的重要环节。评价反馈的效果对写作的教与学都具有重大意义。因此，一定要确保生生互评的效度。评价模式要综合考虑评前、评中、评后的各个环节，精心设计教师和学生的角色定位、小组成员的搭配、详细的评价标准、教师指导的时间、内容、方式乃至激励机制，让学生评有目标、学有方向。还要重视互评前的准备工作，为写作者提供丰富的话题知识和充足的准备时间，有助于其写作语言的丰富性以及创新观点的提出。

（二）评前准备

1. 自主学习，完成初稿

在课时紧缩的情况下，为使开展生生互评成为可能，可采用翻转课堂

---

[1] 彭克宏编：《社会科学大词典》，中国国际广播出版社，1989年版。

的教学模式。教师要精心设计每一单元的写作教学微课视频或 PPT 供学生课前自学。素材选取最好源于现实生活的真实情境。以信函写作为例，微课或 PPT 内容既要包括常用词汇、句型、经典表达等基础知识，又要涵盖信函格式、风格等写作知识和技巧的讲解。微课或 PPT 的设计也要增加互动性，设计一些能启发学生深度思考或总结的问题，如某种文体写作最容易出现的错误有哪些充点，某种信函最突出的特点是什么。教师还可提供适合学生使用的网络语料库资源和范文供其自学和参阅，鼓励他们自己上网搜索与本堂课的教学内容相关的开放式教学资源，如慕课。然后通过手机、电脑等电子设备随时随地享受泛在云端的资源，个性化自主学习。

具备了一定的知识积累和储备后，学生要在课前自行完成习作任务即初稿，然后通过批改网提交自测，再根据反馈意见进行修改。这样的作品在用词造句、篇章结构等方面都相对完善，有助于克服课堂互评展示给同伴时的焦虑心理，提高自信，也会增强写作的自我效能感。

2. 综合考虑、合理分组

由于互评的学生综合水平存在个体差异，要组织有效的同伴互评，分组方面一定要讲究。大多数学生倾向于同与自己英文水平相当或高于自己的同学互评写作材料，以学他人之长。少数学生更喜欢与自己熟悉的同学一组，以克服心理障碍，能够畅所欲言。笔者的研究发现，是就小组写作质量提高的程度而言，混合小组的效果最明显。在文化因素方面，不同文化背景的学生对于同伴互评法可能表现出不同的热情度和积极性。性格因素方面，有些学生喜欢表现自己，有的学生则较为内向。情感因素方面，多数学生采用保面子策略颇。为保证互评的效果，教师一定要予以引导。要根据写作任务的不同综合考虑以上因素，以做到分组合理。

3. 巧设任务、激发热情

认知主义理论认为"学习是一个能动的过程，学习的发生必须以认知主体的积极参与、主动理解和建构为前提"❶。践行这一理念的任务教学法一直经久不衰。任务设计巧妙可以激发学生的写作激情和内在动力，从"要

---

❶ 【瑞士】让·皮亚杰：《生物学与知识》，芝加哥大学出版社 1971 年版，第 131 页。

我写"转为"我要写"。写作任务的设计也到要综合考虑写作素材、写作者兴趣、难易程度、写作语境等多种因素，关键是要切合学生的关注点和兴趣点。

写作任务最好与写作者的生活密切相关。有素材、有乐趣、有意义的话题能促进写作欲望的产生。如练习议论文时，诸如就业、创业、微商、恋爱、闪婚和网络流行语等写作话题较易激发高职学生讨论和写作的激情。在应用文写作训练中，类似"给你倾慕的一位明星写封感谢信"或"写一封信投诉某餐厅"之类贴近生活的选题，能使学生愿意用书面语言表达自己的观点、思想、经历或情感。

诚然，写作任务的设计不是单一地迎合学生的兴趣点，教师还要通盘考虑任务的完成能否使课堂学习与总体教育结合起来，能否使学生在语言、知识、思想和写作技巧上达到预定的目标。还要注意写作任务的设定不仅是给定话题，还要对任务做具体要求。比如写作以流行语为话题的议论文时，除了给学生一定的空间自由发表看法，还要求学生通过上网、查阅书籍资料的方式写出一些流行语的文化背景，鼓励学生深度思考，透过现象看本质，以增强跨文化交际的能力。

4. 做出示范、给定标准

写作评价是评价者按照写作的评价标准和写作课程的总体目标，对写作作品乃至写作过程进行价值评判，以期达到写作教学价值增值的教育活动。由于学生之间认知差异的存在，所以让其提前掌握写作评价的准则是第一要务，以使他们在互评过程中目标明确、思路清晰、有章可循。具体做法有两种：一是提供教师反馈样板，二是提供互评框架。[1]

提供教师反馈样板是让学生有一个模拟对象。教师以一篇学生的习作为例，给出具体的反馈意见。可以事先做好批改，然后课上示范，也可以在课堂当场批改，示范评价过程，采演示如何在将评语法和等级评定法结合使用，如何在语言形式、内容结构和逻辑思想上给予全面反馈。教师示范时要避免一言堂，多提一些启发性的问题引导学生对评价标准的领会和

---

[1] 徐昉：《英语写作教学与研究》，外语教学与研究出版社2012年版，第78页。

运用。关于提供互评框架的模式,教师可以在国外大学写作网站下载多样的互评表,可以全部照例使用,亦可选取部分内容并根据本班的具体情况加以修订。

(三)互评过程

信息技术辅助下的翻转课堂使集中面授的课堂变身为生生互动、师生互动、合作学习和内化知识的空间。学生带着课前完成并修改过的作品,按照教师的分组和任务分配参与同伴互评。参照教师的评价范例和评价标准,按照事先分配的任务,对同伴的作品进行总体评价和分项评价,先后完成两轮反馈任务——正面反馈、寻找亮点;负面反馈、修正问题。先以正面反馈为主,再在宽松、友好的课堂气氛中完成对错误的查找、辩论与纠正。评价主体分工协作,评价内容点面结合。为确保评价效果,互评过程还要注意以下事项:

1. 教师指导、抛砖引玉

以学生为主体的互评过程中,教师要时时关注并及时指导。师生合力,有效推进,教师的指导一定要遵循启发性原则。苏霍姆林斯基曾说:"有经验的教师往往只是微微打开一扇通向一望无际的知识原野的窗子"❶。教师应该有意识地选择某一信息,而非全部进行指导,有的放矢、应做到抛砖引玉、穿针引线,为解决"症结"开出良方或提供思考方向。重在引导学生通过讨论、思考、探究提升自我修改能力。

比如:不将自己的意见强加给学生;多提供协助性的反馈,少给予指示性的反馈,学生感觉被尊重才会更乐意表达自己的意见;引导学生在标出、纠正错误后对错误做出进一步的解释;鼓励学生以"Why、How、What"的方式对同伴作品的思想内容予以反馈,以启发作者和评价者的深度思考。此外,教师还要控制好每个阶段的时间。

2. 归纳总结、树立典型

教师需要归纳总结的既有学生习作中的共性问题,包括语内语言错误和语际语言错误,又有学生互评过程中暴露的诸如小组合作交流不畅、评

---

❶ 邵继荣:"任务类型和任务条件对EFL写作的影响",《国外外语教学》,2003年第2期,第33页。

价内容不全等问题。对于过程中观察和记录下来的共性问题要给予集中、清楚的纠正和解释。此外，要充分发挥榜样的力量，树立互评典型人物并予以适当奖励。各小组成员投票选举本组内"评价之星"的方式值得推荐，以引导小组其他成员观察、学习模范的做法，明确努力方向。获奖同学的成就感也会转化为强大的动力，使他更愿意帮助他人，并根据同学和老师的意见扬长避短，继续提高。

3. 竞争机制、全员参与

在生生互评机制下，为达到预设目标，要求小组内各位同学尽自己最大努力做出贡献，同时互帮互促以合作共进，取得团队成功。教师要建立健全团队间的竞争机制，可以采用积分的形式，这也符合高职学生的年龄和心理特点。但这一积分系统的设立应该是动态的，教师要根据一定阶段学生的实际情况和薄弱环节修订积分的比例。如互评的初期实践阶段侧重语内语言错误的纠正率，一定时间后增加对语际语言错误做出纠正和创新观点或思想深度的积分力度。如此，用评价关注的侧重来引导学生由浅入深、循序渐进。

践行生生互评的初衷是通过团队合作、自主学习提升综合素养。但实践中屡现"小权威"，一人独断的状况极大影响了整体教学质量的提高。要避免这一问题，教师一定要多关注性格内向或基础较差的学生，用教师的鼓励和关爱使他们敢于并愿意表达自己的观点和思想。通过细致的竞争机制，明确全员参与的重要性。适当设定扣分条款，鞭策懒惰的学生，避免"小权威"现象发生。

（四）评后工作：反馈跟踪、评落实处

外因只能通过内因起作用。老师和同伴的反馈必须得到学生及时有效的回应才能使评价效果落到实处。如若作者对此置若罔闻，没有后续的反思和修改，即使反馈意见详尽中肯，效果必难尽如人意。故而，反馈的跟踪至关重要。

一方面，学生要提高自觉性，珍视并认真思考来自老师和同伴的反馈意见，务求彻底弄懂文中的错误，并及时根据反馈信息修改文章初稿，完成二稿。另一方面，教师一定要跟踪反馈，提出要求，督促提醒，以避免部分学生评后的态度松懈。对于修改后的二稿，可以要求学生再次提交到在线平台，组织第二轮生生互评，学生再根据修改意见予以修改，如此循环往复，不断提升，直至接近完美。可见，生生互评应该是一个开放的螺旋上升的过程。教师可鼓励学生在过程中不断反思，撰写反思日志，将稿子留存至成长记录袋。并创造条件择优发表或评优评奖，激发内力。

结语

互评中学生既是作者，又是读者。一方面受益于他人给出的评价意见，另一方面也在评价他人作品的过程中锻炼、提升自己。如英国应用语言学家科德（Corder）在其错误分析理论中指出，人体大脑中存在先天的语言习得机制，在外语学习过程中，这种语言机制受语言材料的刺激，对目的语的性质做出假设，并检验其正确性。在这个过程中，学习者会积极创造和建立目的语体系，并构建一种具有过渡性质的语言知识系统❶。这种语言系统会在循环往复地使用与检验中螺旋上升，如此良性循环，促进其不断接近目的语的使用。

构建科学的生生互评模式，用以人为本的合作学习模式提高学生的语用能力，开发其多元智能，提升综合职业素养，这必然有助于解决目前我国高职英语写作教学的诸多问题。但是，对于生生互评的研究也不乏负面的声音。然而，任何事物的发展都是瑕瑜互见的，以上对于生生互评实践模式的构建也不尽完善，唯望广大教育者继续潜心研究，使其扬长避短，不断优化，以切实助力高职教育向高素质技术技能型人才培养目标靠近。

---

❶ 司联合："'错误分析'探讨"，《外语与外语教学》，2004年第3期，第21页。

基于教学过程设计视角的国际市场营销教学法改革探析

杨晓菲 [1]

一、国际市场营销课程简介

从国际市场营销的课程性质来看，这是工商管理、国际商务、商务英语等专业的一门重要专业必修课。要求学生在掌握基本理论的前提下掌握营销操作技能，为从业国际营销打下良好基础。课程的基本理念是培养学生的市场营销实战才干，使学生具备国际市场营销策划的能力，具备国际市场研究的能力，具备制订国际经营战略、选择国际目标市场并进行市场定位的能力，具备国际市场产品决策、定价决策、分销决策、促销决策等方面的能力，提高分析和处理国际市场营销问题的综合能力和实践能力。该课程的应用性非常强，重在培养学生的实际应用和操作能力。具体体现为学生熟练掌握电子文档软件的基本操作，学会网上搜索查找相关国际市场信息，在会分析国际市场环境的基础上能撰写国际营销策划报告。

二、国际市场营销课程教学中存在的问题与现状

国际市场营销课程的教学目标是培养学生具有扎实的营销知识基础和较强的综合分析、解决国际营销问题的能力，通常这种能力是综合性的、复合性的、系统性的。与此教学目标相对比，目前的课堂实践还未突破传统的教学模式，未能达到理想的教学效果。教师在授课形式、课堂设计方

---

[1] 杨晓菲，硕士、讲师，北京政法职业学院经贸法律系国际商务法律教研室教师。研究方向：国际商务、商务管理。

面仍有来自专业水平、实践技能、信息化教学能力等方面的局限性，教学质量和授课效果一般。表现为学生课堂参与活动的积极性不高，师生互动仍停留于教师提问、学生被动回答的局面，无法满足应用型人才培养的目的。学生对国际市场营销理念、综合应用能力和实践动手操作能力仍处于粗浅的水平，谈不上能够学以致用，无法胜任相关的岗位要求，很难得到用人单位的认可。鉴于此，教师探索以任务为驱动的双向互动式教学模式，强调学生自主探究思维的培养，增强学生的教学参与意识，充分发掘学生的潜力，培养其创新能力，创设实践教学项目情境，的精心设计教学过程就，显得尤为重要。

三、《国际市场营销》课程教学实施的建议与策略

（一）采用信息化教学手段的课堂设计

近年来，信息化的浪潮席卷高校，并已成为一种潮流和趋势应用于教学。时代要求教师要提高自身信息化教育教学的能力，将信息化技术手段科学合理巧妙地运用于教学中，充分利用各种多媒体及数字化网络来优化教学过程，及时掌握学生某一节点的学习状态，予以及时指导反馈，调整下一步策略。为教学所用的数据资源平台表现为有内容、有资源、有管理、有互动、有反馈、有数据，智能化、移动化、人性化。❶通过线上线下的学、练，激发学生的学习兴趣、学习热情和探究欲，并使教学内容更生动且易于理解。

本文以国际市场环境调查一课为例，展示信息化教学手段在对市场认知和市场细分知识点中的应用方法。本次课程教学目标是要求学生掌握对一国的总体情况、文化特征、市场特点、价值观、国民消费习惯、心理行为的综合分析技能。实际学情是学生对这种市场细分的综合研究方法掌握得不好，不能有效完成教学目标，往往是简单粗浅地利用网络资源，收集大量资料，不能很好地提炼有用有效的信息进行转化。鉴于此，本课堂力图借助部分信息化教学手段，多方面、分门别类地解决上述问题。教学设

---

❶ 参见：《国家中长期教育改革与发展规划纲要（2010—2020）》。

计基本思路是：课前预习、课中闯关、课后拓展。

1. 课前导学预热

提前通过平台发布任务，学生按照自己的用户名登录，通过阅读提前上传的资料并完成填空练习去熟悉各国的市场环境，包括美国、英国、加拿大、德国、澳大利亚、巴西、印度等多个国家的课前导读资料。系统上会显示提交预习作业的同学，会在教师后台形成数据统计，能直观地检验学生预习程度和得分排名，借以调动其课外学习的积极性。

2. 课中实战操练（按2课时设计）

（1）热身与导入

通过播放提前制作的代表性短片，让学生通过一国人物、景物、风土人情等说出是哪国的哪些文化现象或特征，激发学生对国际营销学习要了解的市场宏观、微观环境和文化差异产生应有的探究兴趣，引发学生思考不同国家的文化背景，导入本课主题和任务。

（2）任务一：掌握目标市场国家的文化现象

观看一段文化差异冲突的英文电影视频，引导学生回答Where/What/Why的相关问题，培养学生的思辨能力。然后通过选词、搭配、选择题等小游戏练习，要求学生将不同国家的国民性格特征进行归类，让学生了解这里的文化取向、特点、偏好和风俗禁忌、消费习惯等，使学生学会识别不同国家的文化现象，培养学生知识点的应用能力。上述课堂活动均通过平台发布到学生电脑端，学生答对了会自动进入下一关，答错了会显示错误原因和正确做法，系统记录本次课堂表现较好的同学，老师可以根据系统数据点评及时做出评价。学生通过速度、准确度比拼闯关，学习兴致高、师生互动好，学生主动参与的积极性也被调动起来，避免了传统课堂以教师讲授为主的单一形式。

（3）任务二：学会描述国家文化特征（重难点）

首先，教师将文字材料通过平台发送学生端，以图文音的形式呈现，让学生将目标国家的文化特点的关键词和句画出。这样能避免传统教学中随老师被动跟读，让枯燥的词句操练变得有趣、高效，也有助于培养学生的自主学习能力。其次，教师给学生观看一个英文Presentation的规范示例，要求学生参照范例设计个性化的 Presentation，依照如下框架：（1）国家概况 General status；（2）社会生活 Social life style，local customs，behaviors，rules，values，attitudes，characters，etc.；（3）商务特质 Business Traits。然后分组上传 PPT 到教学互动平台，并做 3~5 分钟英文展示。最后，教师按照提前设计的评分标准，引导自我评价+小组互评+教师评价，评出学生心目中的最佳口才、形象和团队，以此肯定先进，树立学习榜样。通过这种"看例撰写、操练展示、互动点评"的方式增强学生交际与表达的信心。

3. 课后拓展提升

作业任务：要求学生回顾本次课程，泊以小组为单位撰写 Word 文档报告。项目名称：目标国家营销文化环境研究。实践目的：掌握国际市场营销文化环境的调查方法。实践要求：假定你是某一个具体的行业或企业的国际营销员，以某国家为目标市场，收集该国与你所在企业或产品相关环境资料，并完成市场文化环境研究报告。实践报告内容：目标市场国家的语言、消费者的价值观、行为习惯、审美观，该国的教育发展水平，特殊的宗教信仰、风俗习惯、商业习俗，最终形成文字报告。另外可要求学生将任务二进行录像，资料上传到学习网站，既方便老师课堂回放、点评和借鉴，又培养学生团队合作精神，拓展延伸课堂教学，加强课外沟通。

反思和评价这次信息化教学，基本实现了教会学生认知不同国家文化特征的知识目标，锻炼了学生从不同角度分析表达文化特征的能力目标学生通过展示获得体验超越自我的情感目标。这种课堂设计的优点在于通过教学过程设计解决重难点课堂任务，把多元的复杂问题分解。反思传统教学，在讲授国际营销文化环境时教师需要传授的描述性知识较多，虽然其目的是扩大学生的知识面，加深对有关知识的了解。如各国的风俗习惯、一些国际惯例等，不讲不行，但过多地讲有可能冲淡主题，不能突出重点，无助于提高学生的思维能力。所以没必要把所有的营销环境描述性知识全部介绍，只需教给学生最基本的分析方法，让学生主动参与营销环境分析，这样既节约了教学时间又能提高教学效果。❶

---

❶ 李益民：《"国际市场营销学"教学方法改革探析》，《南阳师范学院学报》，2010 年第 10 期。

（二）基于案例分析教学法的课堂设计

由于国际市场营销学有较强的综合性和操作性，有效运用案例教学法可对企业的实际营销活动予以再现和分析，能引导学生主动参与和积极探索。以下通过一次案例教学法应用的课堂设计为例：该章节授课内容是国际促销策略（International Promotion Strategy）中的广告策略，前期知识包括促销活动和促销组合，即通过客户沟通，刺激需求，提供信息，从而产生购买需求、做出购买决策，还涉及广告、个人销售、公关、促销和直销。该章节的教学目标是通过典型案例分析理解广告促销策略的意义，理解语言、文化、法律环境、竞争程度是影响产品促销的因素。教学重难点是掌握广告策略的决策流程，即目标的设定、交流目标和销售目标、广告预算、广告词的选定、媒体决策（考虑信息传达、播放频率、影响力因素）、广告公司的选择、广告效果的评价。如果仅采用直入主题式的理论讲授，那么学生一定会感到内容枯燥无趣、教法毫无新意，课堂效果不佳。

设计建议如下：首先教师选取与青少年日常生活接触广泛、认知熟悉的麦当劳为案例讨论；其次教师布置课前任务，让学生准备如下问题的回答：麦当劳图形形象传达的含义和理念是什么？你熟知的麦当劳广告语有哪些？其中蕴含了什么消费文化？麦当劳的广告代言人设计有哪些优势？麦当劳选择了哪些名人来实现其明星策略？请你举出麦当劳广告设计的成功案例……在以任务为导向的问题式初步探究之后开启课堂教学实施，要求学生以小组为单位对所给的一份麦当劳与"愤怒的小鸟"合作营销的案例进行分析，评价其营销策划的目的、活动方案的实施过程以及达到的宣传效果。整个课堂请各组成员就麦当劳的广告策略进行分析概括，教师可以为了引导学生踊跃发言、各抒己见，采用"自由发挥式""抛砖引玉式""移形换位式"等多种提问方式，对学生的讨论进行有效的引导，将案例分析引入深处，达到案例教学的目的。比如开放式提问：在制定营销策略进行形象宣传时，你认为需要从哪些方面进行考虑？为了增加消费者客流量，减少青少年消费群流失的现状，麦当劳采取怎样的核心创意？通过此次广告营销的目标和结果对比，请点评这次广告宣传的效果。如果你是市场总监，你还有何高见去刺激消费行为、去拉动其他群体消费，使顾客更加频繁来麦当劳消费，进店频率要高于竞争对手，从而增加企业的利润？

　　反思和评价案例教学，选择很关键。教师选用案例应认真加以分析和甄别，遵循的原则是要结合学生的知识储备和问题分析能力的学情，选择不太复杂、所涉及的知识点不太多的知名企业案例，避免因难度太大而挫伤学生的积极性。❶ 虽然麦当劳公司比较大众但不失为经典，选做这类案例进行教学具有一定的优势。对于我国许多企业，或者正在国际化进程的企业来说，麦当劳的促销方式有很多可学之处。通过这次的案例讨论，学生们认识到广告作为一种重要的促销类型，重要的不是其形式，而是内涵。只有找对了广告宣传的目标群体，并认真研究这部分顾客的价值观或兴趣点、关注点，才能在促销过程中通过整合营销传播把这种价值观更好地传递给消费者，从而提高企业和品牌形象，以此获得顾客的青睐、并区别于竞争对手。

　　为确保课堂教学目标的顺利实现，帮助学生理解和掌握章节的内容，教师在课前对案例进行全面而详细的分析，将案例中所涉及的知识一一列出，厘清思路，在此基础上再围绕教学目的和要求设计相应的、科学的、系统化的课堂问题。在课堂上依次提供给学生，对同学的讨论进行有效引导并引入深处。只有这样才能使学生有针对性地分析案例，让学生在分析问题和解决问题的过程中建构知识体系、培养操作能力。因为让学生进行了课前调研，所以课堂中的案例讨论也会比较深入，即通过浅显案例对营销策略做到了深挖。

　　最后即课后教学任务的完成与把关，学生要根据案例完成一份企业营销策划方案，内容包括：（1）市场分析，从企业目标与任务、市场现状与策略、主要竞争对手、外部环境分析、内部环境分析（即 SWOT 分析法）五个方面来分析；（2）营销策略（营销组合角度），从目标和预期效果、目标市场描述、市场定位（即 STP 理论的运用）、营销组合（即 Marketing Mix 或 4Ps 理论）四个方面来阐述；（3）行动计划，可从活动预算、安排、评估流程等方面来

---

❶　张静："案例教学法在高职国际市场营销课程中的应用"，《辽宁高职学报》，2009 年第 8 期。

收尾该报告。通过落实书面报告分析，学生分析、研究、书写能力得以锻炼和提升，从而保证课堂教学质量和效果。案例教学法就是通过给学生讲故事让他们理解那些经典故事里的成功之道，并使课堂美好起来，非常值得在营销课堂中贯穿始终。案例教学法设计了多角度的问题引发学生思考并发表看法，激发学生的创新意识，提高学生分析问题、解决问题的能力。

（三）翻译式与沉浸型双语教学的辅助

当前经济社会对于外语沟通能力强，且具备专业营销知识的国际性人才需求不断增加，国际市场营销课程采用双语教学模式可以向外资企业输送复合型人才。信息化教学和案例教学用双语教学加以辅助能提升教学质量，采用翻译式与沉浸型相结合、以学生为中心，从初步使用简单的英语和汉语相结合的方式来进行课堂教学开始，到师生间能用英文进行全面的专业语言对话需要渐进的过程。❶ 随着学生逐步沉浸在外语环境下，营造了轻松的学习氛围，能渐渐削弱学生对双语学习和国际市场营销知识难度的感知，积极地参与到讨论与学习中，提高了学习兴趣，提升了教学效果。选择思路清晰、内容丰富、案例生动有趣的教材体系，长期下来对学生的专业英文语言水平的提高起到很大的促进作用，课程报告的书写、报告演示、案例分析都以中英文相结合的形式展示，无疑使学生的语言转化能力、英文应用能力得到极大锻炼。

结语

教师对教学过程的前置后续工作做好准备和创设，课堂才能紧凑有序。无论采用哪些教学手段和方法，都要求教师将过程设计落实到教学环节中，这是提高教学质量的基石。教师从课前设计、知识点选取、课堂引导、要求学生及时提交任务、建立评价体系方面，都需要提升专业水平和教学能力。学校层面需搭建更为全面的教学硬软件条件与环境，支持更真实的情境创设、快速灵活的信息获取、丰富多样的交互方式，课堂效果才会更加生动、活跃，视、听、学、做体验将会更加优化。

---

❶ 张静："案例教学法在高职国际市场营销课程中的应用"，《辽宁高职学报》，2009 年第 8 期。

"任务驱动"教学法在高职文秘实训教学中的应用探索

王 瑶[1]

一、前言

实践教学是高职课程教学方式的生命线,而实训教学则是实践教学的核心环节。实训教学通过模拟,帮助学生提高专业技能和职业素养,从而更好地适应社会的需求。秘书作为一项实践性很强的职业,高职文秘专业学生培养中的实训教学就显得尤为重要了。因此,如何上好实训课就成为高职文秘教师最为关注的问题。

"任务驱动"教学法是一种建立在建构主义理论基础上的教学法,指教师将新知识隐含在一个或者几个任务中,通过问题驱动使学生主动运用学习资源进行自主探索或协作学习的过程。简而言之,"任务驱动"教学法就是使学生在完成任务的过程中获得相应的知识技能。本文认为将"任务驱动"教学法运用到高职文秘实训教学中必将对学生实践能力的提升大有裨益。

二、"任务驱动"教学法的实施步骤

按照"任务驱动"教学法在不同学科课程中的应用实践,结合高职文秘专业实训课程教学改革方向,同时兼顾高职院校学生的特点,"任务驱动"教学法在高职文秘实训教学中的实施主要包括五个阶段,即创设情境布置任务、积极引导自主学习、合理分组协作交流、检查控制稳步推进和

---

[1] 王瑶,北京政法职业学院社会法律工作系教师。

解决问题效果评价。

（一）创设情境布置任务

在"任务驱动"教学法中，创设情境的目的是使学生能在真实环境或模拟环境中完成相应的任务。逼真的学习情境使学习更加直观和形象化，从而可以有效地激发学生的联想，使学生利用自身已有知识或经验去"同化"或"顺应"新知识。在真实情境确定后，作为整个过程核心和关键的"任务"便成为授课教师应该重点考量的问题。本文认为"任务"的布置应该兼顾关联性、实践性和综合性。

以高职文秘日常商务接待实训课程为例，为最大限度地激发学生的联想，需模拟真实办公环境，大致包括前台人员的问候和询问、秘书人员的引导和介绍、接待室物品的准备以及送客人离开等环节，因此进行实训时客观环境需具备前台桌、电梯、接待室、茶杯、文件等，从而极大地增强直观性。同样以高职文秘日常商务接待实训课程为例，教师在设定任务时就应该密切结合本节课的主题，即"成功完成一次日常商务接待"，这项任务具有很强的可操作性，学生做起来兴趣十足，并且结合了之前讲授过的秘书的着装规范、仪态要求、电梯礼仪等，可以说是温故知新，很好地兼顾到了综合性。

（二）积极引导自主学习

"任务驱动"教学法中的自主学习是指学生根据教师提供的解决问题的线索进行自主探究。作为教师不应该直接告诉学生问题该如何解决，而是指导学生从何处可以获得相关的信息资料，从而逐渐培养学生获取信息、整理概括和归纳总结的能力。例如，在高职文秘文书写作实训课程中，具体而言，以拟写"会议通知"为例，教师可以指导学生从网络上、教材中以及图书馆关于文书写作的图书中寻找范文，无须告知学生通知的标题该如何拟定、主送机关如何确定、正文如何表达、落款日期何种格式等，这一系列问题应由学生经过广泛收集资料，归纳总结得出。

（三）合理分组协作交流

高职院校学生水平参差不齐，受教育背景更是千差万别，因此为了最大限度地调动学习积极性，实训教学中合理分组是十分必要的。分组时关注组员之间的互补性和平衡性，同时应选择学习积极有一定影响力的学生担任组长，负责组织协调本组的学习活动以及向老师汇报学习情况。此外，积极鼓励和引导学生之间、小组之间的讨论和交流，使不同的观点交锋和碰撞，从而补充、修正每个学生、每个小组关于任务的解决方案。

（四）检查控制稳步推进

"任务驱动"教学法在实训教学中给予了学生极大的发挥空间，自由度和灵活度较高，同时鉴于高职院校的学生多自由散漫，高职院校课堂教学中纪律差、学生参与度低等问题，在学生进行自主或合作学习的过程中保持教师检查控制是十分必要的。教师可以通过巡视观察学生的学习状态，尤其是一些脱离团队、任务掌握不明晰的学生要重点关注。此外，可以通过组长的汇报了解学生的学习进度以及学习情况。教师通过检查控制确保整个实训过程活而不乱，逐步推进，高效完成。

（五）解决问题效果评价

在评价过程中，教师应更多地发挥评价促进学生发展、指导学习的作用。这种评价既应该包含对学生是否完成当前问题的解决方案的过程和结果的评价，更应该包括对学生自主学习及协作学习能力的评价。以高职文秘礼仪实训课程为例，学生成绩的评定不仅包括学生是否掌握不同情境中的礼仪规范，还包括学生在协作学习中的积极程度、贡献大小、合作精神等，同时也兼顾学生学习成果的内化程度，即是否将礼仪规范应用到日常生活中，培养成自己的良好习惯。

三、"任务驱动"教学法的实施效果

"任务驱动"教学法作为一种近年来受到广泛重视的教学方法，它颠覆了传统教学模式中师生的角色定位，学生在学习中起主体作用，是学习和完成任务的主体，教师则在教学中起组织、引导、促进、评价和支持作用。"任务驱动"教学法在实际教学中产生了不错的教学效果，具体包括：

（一）有利于激发学生的积极性，满足学生的成就感

在"任务驱动"教学法中，学生是主体，任务完成的过程就是学生自己操作、尝试、创造的过程，这样就大大激发起学生的学习兴趣，学生的积极

性也得到了极大的发挥，因此当任务完成时，学生的喜悦和成就感就会油然而生，而这种成就感也就成为支撑学生持续学习的巨大动力。

（二）有利于学生综合素质的提升，促进不同程度学生的发展

"任务驱动"教学法为学生思考、探索、发现、创造提供了巨大的空间。学生通过自主学习培养起独立思考和解决问题的能力。通过同学之间的协作交流锻炼了大家的沟通能力和表达能力，培养起合作精神。同时在高职文秘实训的课程实际应用中还极大地锻炼了学生的动手能力，对学生职业素养的熏陶大有裨益。此外，"任务驱动"教学法的学习内容更加开放，教师可以针对不同的学生设计不同的教学任务，这样不同层次的学生都有了符合自己特质的学习任务，基础差的学生有了自己可以施展的空间，基础好的学生有了精益求精的探索动力，从而促进不同程度学生的发展，实现个性化教学、分层次教学以及弹性教学。

（三）做学一体，有利于实现理论与实践的高度融合

"任务驱动"教学法一改传统教学法重理论学习、轻实践应用的弊端，学生完成任务的过程就是学习的过程，真正实现做学一体化。以高职文秘实训教学中的会议管理为例，在教授学生关于会前准备、会中服务、会后服务等环节中，无须在课堂上大谈特谈相关知识点，根据"任务驱动"教学法的教学思路，我们完全可以给学生设置任务，比如"如何成功举办一场产品发布会"，当然我们可以将其分解出一些更加详尽的小任务，比如"与会嘉宾的座次如何确定"，在这样的任务中，就涉及"座位次序"这一理论知识，真正做到在做中学、在学中做。

四、"任务驱动"教学法的实施困境及应对策略

（一）任务设计不合理

1. 任务设计等同于课后练习

"任务驱动"教学法是学生在完成任务的过程中自主获得知识的过程，是通过完成任务积累知识而非获得知识之后的练习巩固。在传统讲练结合教学模式的影响下，一些教师对"任务驱动"教学法理解有误，将任务等同于练习，把传统授课的作业当成任务进行布置，从而加重学生的学习负

担，学生的学习积极性也备受打击。

授课教师应该提高理论认识，在实施"任务驱动"教学法时必须对教学方法实施过程中的各个部分有清醒的认识，尤其是对设计"任务"这一中心环节更是应该了如指掌，以免出现这种盲目实训的低级错误。

2. 任务设计脱离真实情境

建构主义学习理论认为知识是学习者在一定的情境中通过意义建构的方式获得的，特别强调了创设的情境应尽可能与现实情况相一致，这样学生以原有的知识经验为基础就容易感觉到重要和有意义，从而激发其参与学习的积极性和主动性。因此，"任务驱动"教学法在实施过程中要求教师在教学设计中选择与当前学习主题密切相关的真实事件或模拟该真实情境。然而，在真实操作过程中"任务"的设计往往会偏离真实情境，从而导致实训模拟与现实情境的不一致。

因此，在"任务"设计过程中一方面可以采取"现场教学法"，即通过带领学生参观校企合作单位的真实工作环境。如在高职文秘实训课程会议管理内容中，就可以安排学生进公司参与会前、会中、会后等各个阶段的服务和筹划，学生真正做到身临其境，感同身受。另一方面，通过积极开拓学生的课外活动，以参加各类文秘专业竞赛作为实训的另一战场，可以极大弥补"任务"设计脱离现实情境的弊端。

3. 任务设计忽略学生水平

"任务驱动"教学法认为在任务设计中应该充分考虑到学生的特点、接受能力、知识程度、认知水平和兴趣爱好。因此，任务设计过程中应该始终站在学生的角度，只有这样才能最大限度地调动学生的积极性，取得预期的教学效果。例如，在"拟写会议议程"的实训安排中，如果不以前期的会议管理知识和公文写作训练为基础，学生直接执行这样的任务就有些困难了。同样，任务过于简单也不利于学生的拓展与思考。

为了满足学生的不同需要，使他们有不同程度的提高，任务设计应该有深有浅。所以教师首先应该进行教学目标分析，在明确总目标的前提下列出达到该目标需要的全部知识点，其次根据知识点设计相关任务，确保根据难易程度将其合理地分布到任务当中。同时也要保证重难点知识的复现率，从而便于及时复习，巩固记忆。

（二）实训中合作欠佳

"任务驱动"教学法倡导合理分组、协作交流，通过不同观点的交锋和碰撞，整理出针对任务的最佳解决方案。但是在实际操作中往往会出现组内和组间的假合作，具体表现为小组成员各自单干，彼此之间没有交流，任务的完成即小组成员个人成果的拼凑，小组存在形同虚设。抑或表现为个别能力强的学生独当一面，帮助其他学生滥竽充数蒙混过关，任务的完成成了一个人或几个人成果的展示，学生实际参与度极低。

因此教师应该加强引导和监督。首先，任务设计合理分层次，使不同程度的学生都有施展的空间；其次，任务设计丰富有趣，激发学生参与的积极性和主动性；最后，任务实施过程中，教师应该时刻关注，做好引导和监督工作，争取做到人人能参与、人人爱参与、人人须参与。

（三）效果评价简单，灵活性和精细化不足

"任务驱动"教学法中的评价应该既包含对学生是否完成当前问题解决方案的过程和结果的评价，也包含对学生自主学习及协作学习能力的评价。在实训中我们往往会重视对完成的方案的评价而忽视对方案提出的过程的评价；重视对"成品"的评价，忽视对"半成品"的评价；重视对优秀方案的评价，忽视对并不那么优秀方案的评价。

面对这种问题，在实施"任务驱动"教学法时，一方面，应该注重效果评价的多样性和灵活性，对那些经过努力探索提出的并不成熟的"半成品"也应该给予一定的肯定、鼓励与支持；另一方面，也应该建立一套较为精细化的评价体系，比如可以通过小组成员互评打分、小组长客观评价，以及教师的暗中观察对小组成员的参与积极性，任务完成率，团队贡献程度，与队员合作程度等多个维度进行客观公正的评价。

（四）教师角色定位不清晰

"任务驱动"教学法作为以学生为主体的教学法，对教师的主导能力提出了更高的挑战。设计任务、积极引导、合理分组、检查控制、效果评价整个流程都要求教师转变观念，高屋建瓴，大胆创新，不断丰富和完善自己的专业知识。此时，教师如果定位不清晰，那么"任务驱动"教学法在实训课程中的成功应用也就变成了一纸空谈。

所以，在运用"任务驱动"教学法时，教师应更新观念，自己只是学生完成任务的引导者和解决任务的帮助者，应该站在教学总目标的高度去设计一系列有层次的小任务，通过任务驱动最大限度调动学生的积极性，同时对任务的完成过程进行监督和控制，对效果进行精细化和灵活性的多角度评价。

五、结语

"任务驱动"教学法作为一种以学生自主学习、自主协作、探索创新为特征的新型教学模式，旨在培养学生的创新精神和实践能力。本文针对"任务驱动"教学法在高职文秘实训中的应用进行了探索，对其具体实施中的五个步骤进行了分析，在肯定"任务驱动"教学法做学一体，调动学生积极性，提升学生综合素质等教学效果的同时，对其实施困境和挑战也进行了反思，以期对高职文秘实训教学的探索和改革提供借鉴和指导。

浅谈"课程合作"教学模式在不同课程间的实施

李梅芳[1]

一、"课程合作"教学模式概述

课程合作教学模式是指以教师团队为组织,为完成共同目标,分工合作进行的教育、教学和科研活动,是个体或群体为了共同的目标而协同活动,相互配合以实现同一目标的行为或意向。它旨在通过在实践中合理配置、科学开发教师资源,促使不同年级、不同学科、不同层次、不同地区的教师开展"专业切磋、协商、交流和合作——分享经验,互相学习,彼此支持,共同成长",从而全面提高教师素质,提高教育教学水平。[2]

在"课程合作"教学模式的实施中,经常的关注点在于师生之间的合作及学生之间的合作,对于教师之间的合作和交流关注较少。关于教师之间的合作模式,经常采用集体备课、教研活动、资源共享、"老带新"师徒结对、互相听课和评课等方式,这些方式多数应用在教相同年级、相同学科的"同头课"教师之间。本文的研究内容是如何在同一班级、不同课程的任课老师之间开展"课程合作"教学模式,笔者简称其为"跨课合作"。笔者根据多年的教学实践对该教学方法进行了深入浅出的阐述,提出了一些大胆的设想。

同一个班级的不同课程进行合作,由于有着共同的培养目标和共同的施教对象,所以存在非常良好的合作基础,比较容易深入开展活动,也容易取得较为显著的教学效果。而且,这种跨学科的合作教学充分发挥了每位教师在专业知识、教学技能方面的特长和优势,便于实现经验共享、优

---

[1] 李梅芳,北京政法职业学院教师,副教授,研究方向为安防技术、视频监控技术。
[2] 转引自宋孔翙,刘文生:"高职素质类课程合作教学实践探索——以思政课教学为例",《职教通讯》,2015年第5期。

势互补、潜能开发、智慧生成。而且，同事之间通过听课、观摩、讨论、交流等合作，可以彼此扮演形成性评价者的角色，有助于减少教师独立反思时的偏差，有助于教师的成长。❶

二、跨课合作的实例分析

（一）合作课程简介

此处介绍的"跨课合作"案例，是安防专业的一门非专业课的拓展课程安防商务工作实务（以下简称"秘书"课）和其他专业课进行合作的情形。该课程主要培养学生从事商务秘书工作的核心技能，课程采用项目化、模块化教学模式和过程性考核方法，期末不设理论考试，安排了一个期末综合实训，占总成绩的 30%，课程合作就围绕这个期末综合实训开展，对其简介如下：

（1）考核内容：会议的筹备、组织与管理。

（2）任务情境：本班自主筹备召开一次"安防新产品专业研讨会"。

（3）时间安排：期末课堂上进行考核，考前三周的业余时间完成各种准备工作，考前一周安排实训检查和指导。

（4）各组选择一个小组角色，完成表 1 规定的任务。

表 1 各小组任务列表

序号	小组角色	具体负责工作
1	筹备组	拟写会议筹备方案，拟定议程、主持词，并在全班范围内选出主持人
2	会务组	负责布置会场，画出会场布置图；制作电子条幅、签到簿、桌签、打印纸（彩）
3	秘书组	准备会议文件，包括会议记录、通知，并负责会后归档。制定会议纪律、会议材料回收
4	宣传组	负责摄影摄像、制作会议邀请函、简报
5	安保礼仪组	查找教学楼安全隐患、制订突发事件预案、绘制逃生图，承担会场安保服务会场礼仪引导、签到、服务

---

❶ 转引自宋孔翙，刘文生："高职素质类课程合作教学实践探索——以思政课教学为例"，《职教通讯》，2015 年第 5 期。

（5）"研讨会"步骤与要求。

1）"研讨会"各职能小组分工已明确，组内任务要具体落实到每个组员，每人必须在规定时间完成自己负责的任务。

2）考核时课堂模拟一个"研讨会"的举办现场，邀请若干名专业课教师作为与会嘉宾参与课堂。每组选派一名学生担任企业文化宣讲者，选择一款安防新产品为专题，代表本组进行宣传演讲。到场嘉宾进行现场提问和现场点评，然后主讲教师、嘉宾、学生评委共同为该小组打分。

3）会后各组按要求完成简报、工作总结和文书归档。

（二）课程合作过程

安防商务工作实务课由一位资深教师讲授，该课程建设得十分成熟，其考核评价体系尤为完善。笔者是一名专业课教师，多次受邀担任该"研讨会"的嘉宾，切身参与该课程的期末综合实训课堂听讲、观摩、评价和讨论。第一次参加的时候笔者就被新颖的课堂形式、丰富的训练内容、完备的评价体系深深吸引到了。

由于各位"嘉宾"都是该班的任课教师，对同学们比较熟悉，虽然好几位老师同时在课堂上，但是没有一点违和感和拥挤感，课堂气氛反而显得特别亲切自然。学生作为研讨会的东道主，像欢迎朋友到自己的"公司"访问一般热情地接待嘉宾老师们。

各小组演练结束后，主讲教师和"嘉宾"教师会根据其演讲题材进行提问和评分。演讲的同学可以回答问题，而且本小组其他成员也可以进行补充和援助，现场其他同学也被鼓励提问，可以获取提问加分。这样，老师、学生、"嘉宾"们各抒己见，对问题进行讨论和交流，现场气氛团结友爱、热火朝天，达到了很好的寓教于学的效果。全部演讲结束以后，主讲教师和某一位"嘉宾"分别进行总结性发言，对课堂的整体情况、学生表现、亮点和失误进行点评。

在这个跨课合作的例子里，多位专业课老师作为"嘉宾"直接参与到了主讲教师的课堂活动中，进行深入的"听、问、评、讲"，课堂气氛活跃，教学效果良好。主讲教师把控课堂节奏，重点考核"会议筹备、组织、管理"等形式方面的内容；"嘉宾"老师们充分发挥自己的专业特长，负责演讲内容专业知识、掌握程度等方面的鉴定和评价。不同课程的教师合作自然，分工主次分明，合作效果非常理想。

（三）不足与改进之处

1. 不足的地方

从整个教学过程来看，各组同学准备充分，表现积极热情，各项任务完成得比较圆满，所以就该课程而言无疑是成功的，因为学生们已经较好地展示了本课程的教学成果。但是，实训比较重视学生筹备、组织、管理会议的能力以及收集整理文书档案的能力，不够重视学生整理、消化、吸收宣讲资料的专业能力。每组同学虽然演讲得很精彩，但是对所演讲的内容却一知半解，回答问题不够流畅和准确。

由此可见，各位专业课教师仅以会议"嘉宾"的身份加入课堂，仅仅参与到提问和点评环节，这种合作是临时的、不够深入的。如果每组学生在进行演讲专题的选材、加工、消化、吸收并制作PPT的过程中能够得到相应领域任课教师的及时辅导和提炼要点，课堂的问答环节会更加流畅、更专业、更精彩。那样的话，学生的秘书实务能力在课堂上得到提高，专业知识也得以巩固，会收到事半功倍、一次耕耘两种收获的成效。

2. 改进的设想

现实的问题是：每位专业课老师都有自己的教学任务和工作安排，如果没有明确的合作规划，不可能也不方便抽出太多的时间和精力进行自己授课任务以外其他课程的指导工作。实践中可以基于自愿、互助的原则，由某位专业课教师和该秘书课教师达成深度合作的意向，进而探讨出合适的跨课合作执行方案。

比如，许多小组喜欢选择"新型摄像机"等视频监控的产品作为"研讨会"专题，我正好给该班级讲授《视频监控系统原理与应用》课程（以下简称"视频"课），课里也设置有一个实训题目"介绍一款新型摄像机并进行各项指标的讲解"（该项目可扩展到其他视频产品）。这样，这两门课程的相关教学内容部分可以融合如下：

（1）两门课程采用同样的学生分组以方便学生辅导和小组打分，组内分工和任务侧重点在两门课程内可以不同。

（2）"视频"课限定每组学生介绍"不同类型的安防产品"，专题不可重复，要交付详细完备的 Word 资料和 PPT 文稿，教师在内容上进行周密的指导和把关。

（3）"秘书"课限定新产品选题范围为"视频"课的学习内容，其他要求不变，其贡献点是为视频课的内容提供展示平台。

（4）"秘书"课进行复习指导时候可以两门课一起合并授课，"视频"课老师负责内容辅导，"秘书"课老师负责会议流程辅导。视频课老师可在其课堂上安排预演和答辩，预演主要针对专题的内容，不苛求表现形式。

（5）"秘书"课进行期末实训考核时展示的就是"视频"课上锤炼过的内容；"视频"课老师担当"嘉宾"，可作为一次实训成绩计入自己课程的评分体系中。

两门课深度融合，两位老师密切合作，充分发挥了各自的专业特长和优势。对于学生，精心完成一个项目就获得两门课的成绩，避免相似题材实训的疲劳感和厌烦感，可以提高学习热情和学习效果。这种合作对教师之间的取长补短、反思总结、发展提高等也有一定的促进作用，可谓强强联合、优势互补。

三、跨课合作的思考

实施合作教学的领域十分宽泛，它可以包含在教学的全过程中，从课前的规划和准备，课堂的深度合作到课后总结；可以在课下辅导中合作，也可根据不同的分工在课堂上合作。关于跨课合作，笔者思考如下：

（一）基础条件——相同班级，分组教学

在教学实施中经常以小组教学形式展开，以达到培养学习能力和合作意识的目的。为了便于合作教学的顺利进行，计划进行跨课合作的两门课程的学生分组要保持一致，最起码人数及人员组成要一致，组内人员的分工在不同课程可以不同。

学生分组以学生自主结合、适当调整为原则，尽量做到成员配合互补，保证学习目标顺利完成，比如班干部、学习好的和学习差的同学尽量分散到不同的组里。小组内分工明确，组员注重团结配合。

（二）合作过程要认真设计

实施合作之前，两位教师在编制各自负责的课程的教学计划、考核方案的时候，就应该对课程合作的题目、时间、场所，彼此分工及具体实施细则等方方面面做出统一安排，在时间安排、进度方面尽可能地统一步调，为教学合作做好准备。

合作的教师应该就合作情况进行认真的讨论和总结，发现不足点，提出改进措施，积累宝贵的经验。如果彼此合作默契，甚至可以碰撞出思维的灵感和火花，实现教学技艺的共同提高。

（三）适合进行跨课合作的课程

1. 作为先行课程的专业基础课和专业课之间合作

比如，消防专业《工程制图与识图》课程（简称"制图"课）以消防工程制图与识图技术的应用为目标，重点讲述 AutoCAD 软件的使用方法。该课程结束后安排一个课程设计，要求学生在两星期内使用 AutoCAD 软件设计完成一套简单的工程图设计。教师提供若干题目供各组选择，建筑施工图、喷淋系统工程图、排烟系统工程图、火灾自动报警设施工程图等，这些题目涉及了建筑消防给水系统建筑通风与排烟系统、建筑火灾自动报警系统等几门专业课程。

由于现在的专业分工越来越细，不同课程经常由不同专业背景的老师授课。所以，"制图"课老师对这些专业课程的知识即使有所了解也不可能完全掌握。如果"制图"课老师和某门专业课老师进行"跨课合作"式教学，那么相应子系统工程图的绘制就更准确，也巩固了相应的专业课程。这里就是运用跨课合作的非常好的契机。

对于共同施教的同学们而言，便于实现不同学科间知识的融会贯通，有利于整体知识架构体系的构建，有利于加强整体知识素养和能力素养的培养，而且都是熟悉的老师授课，合作环境十分自然，便于取得较好的教学效果。

2. 各门专业课之间交叉重叠的内容进行合作教学

任何一个专业的人才培养方案都是一个系统的工程，学生需要培养的专业素养是一个有机的整体。但是为了便于讲授和学习，必须把一个完整的知识技能体系分割成一门门具体的课程进行教学。原本这些课程就是一个有机的整体，它们之间存在着千丝万缕的联系，但是变成一门门不同的课程，由不同的老师授课以后，就成了各自独立的教学活动。如果能在这些课程之间找到合适的教学内容和合作方法进行跨课合作教学，对于每门课的学习都有很好的效果。

比如安防专业根据安防子系统的划分设置了视频监控系统、入侵报警系统、出入口控制系统等几门专业课，分别由不同的教师授课。这几门课程内部都有"防雷接地"这个知识点。每门课单独讲授时因受学时限制，容易浅尝辄止。我们有一年曾经联合举办过一个防雷接地的专题讲座，邀请行业专家主讲，课堂上就不重复讲授这部分内容了。也可以几位教师合作备课，只委托一名教师在其主讲的课程中对该知识点进行系统讲解，其他课程就可以省略相应内容，以避免内容重复。

结语

跨课合作是很好的教学方法之一，如果相同班级的不同任课教师之间有自主、自愿的合作愿望和较强的合作能力，在课程的备课、授课、评价环节都可以考虑进行适当的跨课合作，很容易取得合作双赢的效果。各位同仁可以探讨更加深入和广泛的跨课合作模式，从而使得同事之间、同行之间能够取长补短，互帮互助，共同进步。

新时代高职学生文化自信的现状调查与分析

曹海英 ❶

2017年10月,党的十九大报告提出中国特色社会主义进入了新时代。而新时代中国特色社会主义思想,要把"坚定道路自信、理论自信、制度自信、文化自信"作为重要内容,因为"没有高度的文化自信,没有文化的繁荣兴盛,就没有中华民族伟大复兴"。中国特色社会主义新时代的文化自信,指向的是对中国特色社会主义文化的自信,是对特色社会主义文化的充分认可和肯定,并在此基础上对其文化生命力的坚定信念和对其发展前景的充分自信。而中国特色社会主义文化,是积淀着中华民族最深层精神追求、代表着中华民族独特精神标志的"在5000多年文明发展中孕育的中华优秀传统文化,在党和人民伟大斗争中孕育的革命文化和社会主义先进文化"❷。党的十九大报告也提出了"培养担当民族复兴大任的时代新人"的战略要求。新时代的大学生是在实现"两个一百年"奋斗目标过程中,传承、发展、创新中华文化的中坚力量。我国高职院校的数量占我国高校数量一半以上,占据着全国高校的半壁江山。因此,高职学生作为大学生群体的重要组成部分,和其他大学生一样应该成为走在时代前列的奋进者、开拓者和奉献者,成为担当民族复兴大任的时代新人,承担起自己的历史使命和时代责任。正如《高等职业教育创新发展行动规划(2015—2018)》中关于高等职业教育的指导思想部分提出的:高职教育要提升人才培养质量,为实现"两个一百年"奋斗目标和中华民族伟大复兴的中国梦提供坚实人才保障。

---

❶ 曹海英,北京政法职业学院基础部思政教研部副教授,博士。
❷ 习近平:《在庆祝中国共产党成立95周年大会上的讲话》,人民出版社2016年版,第13页。

一、高职学生文化自信现状的调查结果

对高职学生文化自信现状的考察主要采取调查问卷和随机访谈的方式，从四个方面设置 22 个问题进行调查，这四个方面分别是：一是对文化自信的一般认知和价值取向；二是对中华优秀传统文化、革命文化和社会主义先进文化的认知、价值取向和实践预期；三是对西方文化的认知和判断；四是对文化自信责任主体和培育途径的认知和判断。调查对象为北京某高职院校的高职学生，调查问卷发放 350 份，回收 334 份，回收率为 95.43%。其中有效问卷 332 份，有效回收率为 94.86%。本课题组为了统计的方便，从中随机抽取 300 份进行统计，很好地控制了问卷的数量和质量。

（一）对文化自信一般认知和价值取向的调查

调查问卷设计的首要问题就是"你知道中国的主流文化吗？"，调查结果是 69.67% 的调查对象选择了"中国特色社会主义文化"，23.67% 的调查对象选择了"中华传统文化"，6% 的调查对象选择了"马克思主义文化"，0.67% 的调查对象选择了"革命文化"。能够看出还有部分调查对象对"中国特色社会主义文化"的概念及其和其他概念的关系认识不够清晰。

在对中国特色社会主义文化自信状况问题的调查中，38.33% 的调查对象选择了非常自信，49% 的调查对象选择了比较自信，还有 10.67% 和 2% 的调查对象选择了不太自信和很不自信。

（二）对中华优秀传统文化、革命文化和社会主义先进文化认知、价值取向和实践预期的调查

1. 对中华优秀传统文化相关问题的调查结果

在对中华传统文化的调查中得知，对中华传统文化"非常了解"的占 27.67%，"基本了解"的占 60%，"不太了解"的占 11.67%，"不了解"的占 0.67%。

对于中华优秀传统文化的发展前景，67% 的调查对象认为"随着国力的增强，影响力会越来越大"，29.67% 认为"作为中国文化的根，会被弘扬"，但也有 2.67% 的调查对象认为"会受到西方文化的冲击，影响力会越来越小"，还有 0.67% 的答案是说不清楚。

在实践预期上，针对"如果有机会，你愿意学习和弘扬中华优秀传

统文化吗？"这个问题，答案依次是非常愿意的占 67%、比较愿意的占 29.67%、不太愿意的占 2.67%、很不愿意的占 0.67%。从中可以看出，大部分调查对象对中华优秀传统文化的发展前景比较乐观，学习和弘扬的意愿也较强。

2. 对革命文化相关问题的调查结果

在对革命文化的调查中得知，对革命文化"非常了解"的占 29.33%，"基本了解"的占 60.67%，"不太了解"的占 9%，"不了解"的占 1%。对于"学习革命文化的必要性"这个问题，认为"很有必要"的占 53.67%，"比较必要"的占 38.67%，"不太必要"的占 7%，"很不必要"的占 0.67%。

对于中国革命文化的发展前景，77.33% 的调查对象认为"具有重要价值，会被发扬光大"，但也有 11% 的调查对象认为"在和平时期不具有重要价值，将被逐渐遗忘"，还有 11.67% 觉得说不清楚。

在实践预期上，针对"如果有机会，你愿意去参观革命文化教育基地吗？"这个问题，答案依次是非常愿意的占 51.67%、比较愿意的占 41.33%、不太愿意的占 6.33%、很不愿意的占 0.67%。从中可以看出，相比于中华优秀传统文化，对革命文化的发展前景的乐观度和实践意愿有所降低。

3. 对社会主义先进文化相关问题的调查结果

根据访谈调查，本课题组了解到：大部分同学对社会主义先进文化的提法感觉比较笼统，所以在进行问卷设计的时候，对于问题的设计更加具体或者直观。

在对"你了解社会主义核心价值观的内容吗？"这个问题的回答中，依次为全部知道的占 30.67%、大部分知道的占 51%、知道一点的占 17.67%、不知道的占 0.67%。

对于中国特色社会主义发展前景的调查，有 56.33% 的调查对象表示非常乐观，有 39.67% 表示比较乐观，但也有 3.33% 表示不太乐观，0.67% 表示不乐观。

在实践预期上，针对"如果有机会，你愿意去宣传社会主义先进文化吗？"这个问题，答案依次是非常愿意的占 48.33%、比较愿意的占 39%、不太愿意的占 12.33%、不愿意的占 0.33%。从中可以看出，相比于中华优秀传统文化和革命文化，调查对象对中国特色社会主义先进文化的发展前景的乐观度和实践意愿都有所降低。

（三）对西方文化认知和判断的调查结果

对于"如何判断西方文化"这个问题，为了得到调查对象的全面看法，课题组把这个问题设置为多选题。结果有 84% 的调查对象认为西方文化"有优秀的部分，中国应吸收适合中国国情的优秀文化"，表现出了比较宽容和理性的态度。有 19% 的调查对象认为西方文化"只适合西方国家，不适合中国"，表现出能站在东西方文化差异的角度看问题。但也有 24% 的调查对象认为西方文化是"世界上最先进的文化"，16.67% 的调查对象认为西方文化"很潮，我国完全适用"，表现出了高职学生对西方文化的盲目相信甚至崇拜的非理性认知和判断。对西方文化的认知和判断的问题统计结果和个案访谈的情况比较符合，能够看出部分高职学生对西方文化认识和判断所存在的偏差。

（四）对文化自信责任主体、培育途径认知和判断的调查结果

在对"推进文化自信的责任主体是谁"（多选），这个问题的调查中，统计结果依次是"每个中国人"84%，"学校"70.33%，"政府"和"社会媒体"都为 68%，"精英阶层"为 37%。

关于培育文化自信的途径，因为在访谈调查中了解到高职学生对于家庭途径和社会途径了解较少，所以主要从学校这一学生熟悉的环境进行调查。关于"学校培育文化自信的途径"（多选），统计结果依次是"增设中华优秀传统文化、革命文化、社会主义文化相关课程"80.67%，"多组织校园文化活动"79.33%，"开办更多文化类讲座"66%，"构建网络文化交流平台"63.67%，"校内宣传橱窗增设师生优秀文化作品展"57%，"多组织文化类参观访问和考察"52%。

二、高职学生文化自信现状的调查结果分析

（一）大部分高职学生具有文化自信，但有不少学生对中国特色社会主

义文化的概念、地位、内容等方面认识不清

根据调查，大部分高职学生对中国特色社会主义文化非常自信或比较自信，但在调查中发现的比较突出的问题是有不少学生（包括对中国特色社会主义文化非常自信的学生）对中国特色社会主义文化的概念、地位、内容等认识不清。在问卷调查中，有23.67%的学生认为中国的主流文化是"中华传统文化"，而不是"中国特色社会主义文化"。特别耐人寻味的是在选项中同时出现"中华传统文化"和"中国特色社会主义文化"时，有超过后者25.34%的调查对象选择对"中华传统文化"更有自信，也有超过后者42%的调查对象认为"中华传统文化"对其成长影响更大。这种情况说明有不少高职学生对中国特色社会主义文化、中华传统文化等概念认识不清，不仅不能辩证理解"中华传统文化"中除了优秀文化也有需要舍弃的糟粕和落后文化，而且不能正确理解中国特色社会主义文化本身包含了中华优秀传统文化的内容。

（二）大部分高职学生对"中华优秀传统文化""革命文化""社会主义先进文化"比较认同和乐观，愿意学习和弘扬，但对其文化认知还很不足

中华优秀传统文化、革命文化、社会主义先进文化是中国特色社会主义文化相辅相成的三个组成部分。根据调查显示，大部分高职学生认为中华传统文化博大精深，在当代依然有重要的价值，影响力会越来越大；认为革命文化具有重要价值，会被发扬光大；认为中国社会主义先进文化有乐观的发展前景。在这种认同和乐观的态度之下，大部分高职学生愿意学习和弘扬这三种文化。

在调查中发现，有不少高职学生对这三种文化的认知还很不足。首先，从对中华优秀传统文化的认知来说，在问卷调查中，虽然分别有27.67%和60%的调查对象表示非常了解或比较了解，但在访谈调查中发现，他们对于中华优秀传统文化包含内容的认知非常有限。其次，从对中国革命文化的认知来说，在问卷调查中，虽然分别有29.33%和60.67%的调查对象表示非常了解或比较了解，但在访谈调查中发现有不少高职学生对中国近现代革命历史缺少准确和详细的了解和认知。最后，从对社会主义先进文化的认知调查来看，全部知道社会主义核心价值观内容的只有30.67%。不论

学校教育还是社会宣传都反复强调，甚至北京大街小巷众多地点都能看到的宣传内容，只有 30.67% 的调查对象全部知道，比例实在太低。并且，还有 17.67% 的高职学生表示只是知道一点，有 2 人（0.67%）在问卷中填写不知道，这种结果实在让笔者大跌眼镜。这说明还有不少学生对社会主义先进文化知之较少，认知还很不足。

（三）大部分高职学生对西方文化具有包容的态度，但认知和判断还存在偏差

调查结果显示，大部分高职学生对西方文化持有包容开放的态度，认为应该积极吸收西方文化的精华，对于西方文化对中华文化的挑战不应回避而应持理性的态度。但是在调查中也发现有不少高职学生对西方文化认知片面，判断还存在偏差。比如，在问卷调查中有 16.67% 的调查对象认为西方文化很潮，我国完全可以套用。还有一部分调查对象甚至认为西方文化是世界上最先进的文化。这表现出了部分高职学生对西方文化片面和粗浅的认识，还不能看出其背后的深层内涵和本质，表现出了比较盲目的喜好甚至崇拜。这非常值得我们深思和警惕。

（四）大部分高职学生对文化自信的责任主体和培育途径认识比较正确和全面，但责任主体意识还不够

根据调查，大部分高职学生对文化自信的责任主体认识比较全面，先是学校，然后是政府、媒体、每个中国人等。对于文化自信的培育途径，在访谈调查中发现大部分高职学生对政府、社会、家庭这些途径认识比较模糊，在学校层面的培育途径有比较全面的认识。但对于推进文化自信的个人层面的责任主体意识还不足。选择推进文化自信是"每个中国人的责任"这项选项只有 67.67%。也就是说，还有近三成的调查对象认为文化自信的推进和加强只是学校、政府、媒体的事，与自己没关系，没有认识到在推进文化自信过程中的个人责任。

三、加强高职学生文化自信的培育路径

调查结果表明了新时代加强高职学生文化自信的重要性。要加强高职学生的文化自信，就学校教育来讲，需要从课堂教学、校园文化建设和社

会实践三个方面来实现。

（一）通过课程教学加强高职学生的文化自信

一方面，要把文化自信融入高职思想政治理论课，充分发挥其主渠道作用。高校思想政治理论课不仅是系统地对当代大学生进行马克思主义理论教育和思想政治教育的主阵地，其本身也是培育当代大学生高度文化自信的主渠道。另一方面，要建立和完善文化教育课程的培养体系。可以根据需要开设"中国传统文化""红色文化""中外文化对比"等必修课或选修课。从而使高职学生系统了解中华文化和西方文化，能够正确分析中国特色社会主义文化，理性分析西方文化。

（二）通过校园文化建设加强高职学生的文化自信

首先，要注重校园的物质文化建设。宣传橱窗、教学楼、图书馆、宿舍楼、体育馆等的文化元素布局会发挥文化场馆的育人功能。其次，要以文化人、以文育人，注重校园精神文化的多元化建设。比如，开展校风、教风、学风建设，开展形式多样的校园文化活动。最后，要积极开展校园网络文化平台的搭建。高职院校要开发能够积极传播和弘扬社会主义正能量的微信公众号、App、微博、新闻网站等网络文化平台，以社会主义核心价值观为引领，开展中华优秀传统文化、革命文化的学习和实践活动，营造健康向上的校园网络文化环境。

（三）通过社会实践加强高职学生的文化自信

一方面，高职院校要组织统一的文化实践活动。比如，可以多组织文化类参观访问和实习等。也可以围绕地域特色文化，打造和建设校外特色文化基地，作为固定的文化实践基地定期进行参观体验、专题调研、公益活动等。另一方面，也要引导高职学生积极开展自主文化实践。比如，根据个人的爱好和情况鼓励高职学生发展自己的传统文化兴趣和传统文化特长，引导其寻找家乡的历史文化遗迹、了解家乡的民俗文化等。

高职思想道德修养与法律基础课程实践教学研究

张 静[1]

2018年4月23日,教育部印发了《新时代高校思想政治理论课教学工作基本要求》,要求从专科中划出1个学分进行有效的实践教学。为认真贯彻教育部文件精神,加强和改进高职思想政治理论课实践教学,本文结合思想道德修养与法律基础课程的教学工作实际,对实践教学方面的重要性、现状进行分析,研究探索改进的路径和方法,进而推动教学改革,进一步提升教学效果,努力打造出让学生真心喜欢的思想政治理论课。

一、思想道德修养与法律基础课程实践教学的重要性

思想道德修养与法律基础课程是引导、教育学生树立正确的世界观、人生观和价值观,提升道德素养和法律素养的高职思想政治类理论课程,也是人生的教育课程,贯穿整个高职学生教育全过程,对学生的成长成才有着十分重要的意义。加强和改进课程的实践教学是提高教学针对性、有效性的重要方式方法。

(一)实践教学有助于加深巩固学生的所学知识

在目前的课堂教学中,思想道德修养与法律基础课程以理论知识讲授为主,内容偏重于说教,容易导致学生缺乏学习兴趣。教师只有将一般的概念性、理论性讲述调整成贴近现实的实践性教学,才能让学生们感同身受,事半功倍。同时,还可以让他们体会到社会生活中潜在及暗藏的现象,

---

[1] 张静,北京政法职业学院基础部讲师。

感受生活带来的冲击和不易，明辨是非❶。比方说，经常出现的网络诈骗、电话短信中奖等情况，可以让学生们以小组协作拍短视频、辩论赛等方式作为切入点，参与其中，身临其境地去感悟体会。再进一步去总结所遇到的法律问题，举一反三地论证社会生活中的道德与法律现象，明辨是非，加深认识，指导自己的行动。

（二）实践教学有助于提高学生的综合素养

高职学生各方面能力素养的提升不仅依靠课堂，更依赖于实践教学活动。首先，可以提高学生的团队协作水平，以及各项组织创新能力。以小组形式的讨论或者采取小组辩论赛的方式进行，让学生参与其中，自由发挥，或是组队协作❷，很好地锻炼了学生组织能力、人际协调能力和创新能力。其次，针对问题，通过踊跃发言或辩论的方式进行教学，可以增强学生的自信心和语言组织能力。学生在小组中与其他成员的语言沟通、合理准确地阐述问题、清晰地表达自己的看法有助于语言能力的提升。最后，提高学生的实际动手能力。如针对课程开展的社会热点问题的调查活动，要求学生亲自去设计问卷，发现存在的问题，提出解决问题的相应对策和建议。完成上述一系列的工作，学生探索解决问题的能力会得到很大提高。

（三）实践教学有助于增强学生的课程获得感

思想道德修养与法律基础课程虽然具备了思想政治理论课程的理论性、思想性等特点，但其具有自身的独特性。它更偏重于理论与实践相结合，要求学生知行合一，内化为学生的良好品德和遵纪守法的行为。开展实践教学可以让学生理论的认知和自己情感的体验产生有机的结合，激情、明理与导行相互促进，在体验学习中掌握理论知识内容，领悟做人道理，选择行为方式，继而转化为自觉行为。❸通过实践教学活动，让"高大上"的课程更贴近生活、贴近学生实际，让学生深切地感受到这门课有用，可以指导生活和人生，收获很大，继而真心喜爱上这门课，进一步提升教学

---

❶ 吴可嘉："思想道德修养与法律基础：实践教学的实效性探索"，载《高等财经教育研究》，2018年第12期。

❷ 周伟："思想道德修养与法律基础：实践教学方式探究"，载《高等财经教育研究》，2018年第21期。

❸ 邹连方：《思政课堂当然要"潮起来"》，光明日报，2017年10月6日。

效果。

二、思想道德修养与法律基础课程实践教学现状

加强和改进思想道德修养与法律基础实践教学，既要认真总结已有的经验，更要客观分析存在的问题和不足。只有在正确分析其教学改革所处困境的基础上，才能明晰新的建设思路，寻求新的有效途径。❶

（一）对实践教学重视程度不高

学校的思想道德修养与法律基础课程普遍比较重视理论讲授，而忽视思想道德实践教学的发展及学生思想道德和法律素质的综合培养，在一定程度上不利于学生的全面发展。而且，对思想政治理论课程实践教学整体重视不够，缺乏教学研究和改革的整体设计，甚至认为没有必要花更多的时间和精力进行实践教学，因而也难以构建起一套完整、可持续的实践教学体系。❷

（二）实践教学流于形式

目前思想道德修养与法律基础课程重点是基于体系化的理论教学，强调教育的完整性和学生知识接受的结果，基本上是灌输式教育，理论与实践脱节，学生缺乏真实的情感性体验，实践环节缺乏可行的课程方案和评估方法，教学质量被束缚在一定范围之内，不利于激发学生的学习积极性。众所周知，思想道德素质的形成需要知识与行动的结合，内化为学生的自觉行动是关键，这也是开展实践教学的真正意义所在。根据对学生的问卷调查，大多数学生认为开设实践课程将更有利于知识的吸收和能力的提高、道德和法律修养的培养。

（三）实践教学参与积极性不高

一是教师参与积极性不高。目前学校思想政治理论课教师少，任务重，思想道德修养与法律基础课程大班、合班上课已成为常态。教师们每天教学工作繁忙，还要承担一些课题研究任务，更要顾及家庭，没有足够的体力、精力和心力开展好实践教学。

---

❶ 刘军："当前高校思政课教学现状探析"，载《世纪桥》，2011年第15期。
❷ 王继新："思想道德修养与法律基础：实践教学实效性路径探析"，载《科教导刊》，2018年第4期。

二是学生参与积极性不高。高职院校的学生生源普遍基础差，没有学习动力和目标。很多人对这门课只想混学分，拿及格，认为实践活动费时费力，不愿意参与。所以，学生虽参加学校组织的一些实践教学活动，但在活动中基本上是走过场，敷衍了事。如撰写社会实践报告，80%的学生从网上抄袭，没有认真思考形成感想。还有组织抗日纪念馆的参观，只是观光看看，没有深入了解中国抗日的历史，没有形成自己深刻的体会。在这个过程中，学生收获不大，实践教学活动效果性得不到任何提升。

三是实践教学涉及面广，需要统筹部署安排。思想道德修养与法律基础课程涉及学生人数众多，对全体大一学生共同开设的课程，全部班级一起开展实践活动，要有具体的方案、车辆后勤保障、安全保证措施等，需要多个部门协调，需要统筹部署和安排，目前还很难有效做到。❶

三、加强和改进思想道德修养与法律基础课程实践教学的构想

在思想道德修养与法律基础课程中，需要着重在具体建立实例教学这一基础上，不断增进各项教学管理体系的完善，让教学方案更加高效给力，增强教育的实质性和高效性。

（一）完善实践教学体制

首先，应当本着"办好教学，身为人师"的基本观念加强教学服务、辅助措施，着手打造标准化的教学模式。打造较为专业化的教学实践模式，可能需要人力、物力上的投资，这仅靠教师个人能力是办不到的。需要相关学校领导、其他部门的支持和帮扶。比方说：可以向学校汇报，由学校邀请公检法机构、企业等校企合作单位成为稳定的实践教学基地；诚邀专家定期来学校做专题讲座等，由学校统筹做具体的协调安排。其次，要成立学校思政课实践教学工作组。工作组由教学副院长任组长，基础部、各系书记、学生处、保卫处、计划财务处等部门领导担任成员，专门组织、协调和统筹思政课的实践教学。日常工作由思想政治理论教研室具体组织实施、任务分解落实。思想道德修养与法律基础课程任课教师要加强集体

---

❶ 霍廷菊："提高《思想道德修养与法律基础》课实效性的探索"，《思想政治课研究》，2018年第32期。

研究，开发编写实践教学校本教材，按照教材要求和统一进度，组织学生开展实践教学。

（二）创建合理的实践教学模式

实践教学是配合理论教学进行的实践活动，该活动旨在进一步增强理论教学的实效，促使学生由知识理解转化为自觉的道德行动和守法行为。

1. 思想道德修养与法律基础课程实践教学内容方法模式科学化

实践教学与理论教学为一体，互为补充。根据思想道德修养与法律基础教材开发校本教材《思想道德修养与法律基础实践教学教程》要明确为国家培养能切实满足社会需求的高素质人才为课程设置的宗旨，实践教学内容方法模式一定要符合思想道德修养与法律基础课程的教学大纲、教学目标和教学内容。

在设计实践教学模式的过程中，教师要加强学习，与时俱进，将现代化的信息技术手段引入实践教学当中。例如，伴随着网络化和信息技术的迅猛发展，微视频凭借其短小精悍、传播速度快和制作简易的特点而很快流行，"抖音"就是一个很好的例子。新一代大学生是网络的主力军，乐于接受并熟悉各种网络媒体新技术。

让学生结合课程学习内容拍摄微视频，需要学生在前期理论知识学习的基础上对知识进行系统的分析、综合、归纳和整理，才能确定选题方向。选题明确后在教师的指导下收集资料，深度思考寻找切入点，撰写视频脚本文字，也是理论知识内化到学生思想结构中的过程。这种形式使学生的学习从课堂延伸到生活，走向社会实践，以视频的方式记录亲身体验，将课堂所学和内心感悟结合起来，更加增强思政课的实效性。

2. 设计多样化的实践教学形式

可以开展各种形式的实践活动来增强课程的吸引力，力求取得最佳的教学效果。针对当前高职生思想中的一些困惑，例如长江大学学生的救人事件是值还是不值，老年人摔倒了到底是扶还是不扶，大学生恋爱是利大于弊还是弊大于利，女大学生干得好重要还是嫁得好重要，法治重要还是德治重要等问题，把学生划分成小组，团队协作，引导他们积极研讨、踊跃发言，相互辩论，启发思想，形成正确价值观和人生观。在校园里，组织学生讲身边的道德故事，邀请知名法学专家举办与大学生相关的法律讲座，调研校园里的不道德行为、抽烟行为等校内实践教学；针对目前流行的道德绑架进行街头走访调查、组织学生去地铁博物馆社区参加志愿服务、三下乡活动、开展向外来务工子女献爱心活动。学生拍摄微视频等社会实践。课堂上开展的实践活动可考虑建立一个专门的实训室。一些课内实践活动，如辩论赛、主题朗诵、小组问题讨论、演讲、情景剧表演等；同学之间需要合作讨论，相互补充分析，协作共赢。在传统的课堂中受桌椅的局限，没有氛围，学生难以融入，参与程度比较低。而专门的实训室有利于上述活动的开展。

思想道德修养与法律基础课程的校内实践活动由思想政治理论教研室牵头，依托于班级、团校、学生处来协助完成。如利用国家公祭日、雷锋日等这些特殊的节日，由学生讲述革命事迹，加以学生宣誓、表决心等活动，让学生感受到幸福生活来之不易、为人民服务精神永远不会过时等，引导学生形成深刻的情感体会，内化为自己的行动；组织新生参观校园、了解学校和学校发展史，让学生对学校产生荣誉感和自豪感，继而体会到"我"是学校的一分子，为学校争光是"我"的责任和义务。组织专场优秀毕业生汇报会，树立良好的榜样，激发学生学习的动力。

社会实践活动，可组织学生去国家博物馆、卢沟桥等实地参观考察，或部署调研走访活动，撰写报告。社会调研活动以时政为主，选取热点问题或有现实性和针对性的问题为切入点，如全面深化改革问题、"一带一路"建设发展问题、全民小康社会问题、腐败问题等，让学生学会主动关注和思考中国当代重大经济、社会等问题，提高分析复杂社会问题的能力，形成客观全面的正确认识，进一步提高学生综合素质，切实增强思政课的教学实效。

（三）创建系统的实践教学内容

思想道德修养与法律基础课程有其自身的特点，它以高职学生适应大学生活、培养价值观、理想信念、弘扬中国精神和社会主义核心价值观、道德与法律等模块为主要内容。授课教师应按照模块内容设计出相应的实践教学主题，通过实践活动促使学生由知识向能力转化，并潜移默化地使其变成学生自觉的行为。如新时代模块，安排学生结合自己的情况，在课堂上以个人演讲的形式畅谈新时代的特点和变化，形成对新时代的认识；价值观模块，针对学生认识模糊不清晰的地方，如人生自我价值和社会价值哪个重要，安排小组式辩论讨论，针对拜金主义、享乐主义等错误的人生观，用大学生马加爵犯罪的案例分析来让学生认识到其危害；理想信念模块，安排学生收集我们熟悉的成功榜样事迹，如世界首富比尔·盖茨、马云等，课堂上汇报其成功的奥秘，或是邀请我校优秀毕业生来做专场报告，增强说服力，让学生更深刻地认识到理想信念的重要性；弘扬中国精神模块，安排一些具体的活动，如让学生自己讲述近代历史故事、参观革命圣地、拜访老红军或烈士家属，或利用特殊节日等让学生体会到幸福生活来之不易，更加热爱祖国，热爱社会主义制度；社会主义核心价值观模块，安排学生做社会主义核心价值观调查活动，增加对社会主义核心价值观的理解和实际践行；社会公德模块，安排学生调查校园里的不文明行为，组织学生参加志愿服务活动，引导学生遵守社会公德，积极奉献社会；法律模块，安排组织学生法律知识竞赛、模拟法庭活动或到法院直接观看庭审活动，增强对法律知识的认识，做守法的好公民。

　　针对校园里的学生贷款、兼职打工、大学生犯罪等相关的宪法、刑法、劳动法、民法等学生感兴趣的法律，编写法律维权小手册，并开展知识竞赛，让学生掌握身边的法律知识，学会用法律来维护自己的权利。组织学生模拟法庭审判全过程，让学生参与其中，熟悉整个庭审流程，对法律有更直观的感受。以上是创新的实践教学内容体系的有效尝试。学生要成功参与法律实践活动，必须首先收集归纳法律法规来实时更新自己的法律知识，其次还要能准确地阐述自己的观点和立场，最后实现团队的认同。通过参与活动，学生既向社会展现了自己的法律主张，又不自觉地强化了学生自己的法律意识，提高了法律修养。在接下来的实践教学创新活动中以此为鉴，可以尝试探索更多不同的实践活动来充实和扩展教学内容，实现更好的实践教学成果。

　　除此之外，为了使课堂内容不再枯燥无味，授课教师可以采取一些学生喜闻乐见的教学方式。例如，深受学生追捧的视频教学比过去单纯的文字内容更加有声有色，老师还可以在学生观看视频后组织讨论，增强学生的参与感。如播放《不忘初心，继续前进》《辉煌中国》等节目，让学生切实感受到祖国今日的强盛，为自己作为一个中国人而感到光荣和骄傲，感受到今天的幸福生活、中华民族的美好未来。通过观看这些优秀的影视作品摆脱说教式的教学，大大增强了课程的吸引力。组织学生畅谈体会或撰写观后感，使学生进一步深化对新时代中国特色社会主义思想等内容的理解，增强爱国主义情怀，提升思想境界。

针对课程内容，学校可开发一些软件，通过课内电脑操作让学生身临其境去感受，加深对理论知识的学习。如模拟长征路，使学生体会到长征的艰辛，亲身感受到革命理想高于天、伟大的长征精神是我们宝贵的精神财富；如分析真实的大学生犯罪案例，让学生自己去判断一些行为是否触犯了法律，亲身体会知法、懂法的重要性，法律制裁后果的严重性。针对课程将知识点进一步细化分解，针对教学中的一些重点和难点，理论知识相对抽象的、不容易讲解、学生不爱听的内容，如为什么要信仰马克思主义、马克思主义中国化、中国梦等，开发成短小、好看、好玩儿的视频，以微课的形式呈现碎片化的知识，上传到学校法律资源库，使学生可通过网络平台自主观看学习，扩展学习方式，提升了学习效果。

（四）健全考核机制与评价标准

针对如何提升实践教学效果，我们需要探索实践教学的新思路，完善考评准则，明确学生通过实践教学活动所能够掌握的知识和能力。第一步，确立有效的考核方法。以往总评成绩中实践教学成绩所占比重低，所以要提高实践教学成绩在总评成绩中的比重，让老师和学生直接认识到实践教学的重要性，进而提高师生对实践教学的参与度。具体分值构成包括：学生社会实践活动占总评成绩的30%，其余70%的成绩由期末成绩和平时成绩构成，课内实践活动占平时成绩的40%。也还可将学生的好人好事、志愿活动等纳入总评成绩，占总评成绩的3%。第二步，进一步完善考核标准。依据实践教学的具体内容逐项来完善实践教学的评价准则，建立完善社会实践、校内实践和课堂实践的考核评价准则。从文化知识、创新及应用能力及品德素养和法律素养等方面考核学生的成绩，有效细致地了解学生各项能力。比如，进行课堂实践教学时不仅要对朗诵、演讲等制定全面的考核标准，还要对学生在实践中的表现，如相互间沟通协调能力、参与教学时的心态表现、结果的影响等进行客观、合理的考评。其分数由学生相互打分、教师打分共同组成，分别占40%和50%。

随着时代的发展以及思想政治理论课教学改革的深入推进，思想道德修养与法律基础课程实践的重要性日益凸显。为了最大限度地提升实践教学效果，需要形成特色鲜明的实践教学方式和形式，需要采取科学合理的实践教学措施和方法，才能凸显思想道德修养与法律基础课程的教学魅力，才能充分发挥高职思想政治理论课教学的主阵地和主渠道作用。

电子商务数据化运营课程实践教学研究

胡 娟 ❶

近年来,电子商务发展迅猛,各类电子商务交易平台、商家、个人卖家和消费者的数量,以及交易额不断地突破纪录,电子商务已经成为经济发展的重要力量。同时,电子商务行业竞争日趋激烈,通过数据化运营提供精益化、智能化的管理和个性化的服务已经成为行业发展的必然趋势,未来电子商务企业的竞争将是数据规模、运营能力及具备数据化运营能力的职业人才的竞争。这一发展趋势对电子商务职业人才的培养提出了更高的要求,也是电子商务职业教育必须面对的挑战。

一、电子商务数据化运营教学设计和资源建设的必要性

(一)电子商务职业人才需求的变化

电子商务的数据化运营,要求运营者必须掌握各项数据化运营工具的功能,了解各项数据对于电子商务企业运营的意义,能够根据数据分析结果进行正确决策,并及时采取措施确保店铺的健康运行,这样才能让数据更好地为电子商务服务,使企业在竞争中脱颖而出。例如,作为直面消费者的电子商务客户服务领域已然在发生着剧烈的变革,智能客服的应用正在使客户服务成为数据化运营的关键一环,它是获取客户数据的重要渠道,也是提升客户体验、提高运营效率、降低运营成本的重要手段。更为重要的是由此产生的智能客服训练师这一新岗位,需要一批既掌握电子商务业务知识,又能够熟练应用大数据、人工智能技术、分析数据、优化话术和

---

❶ 胡娟,北京政法职业学院信息技术系副教授。本文由北京市教育科学"十三五"规划2018年度一般课题"基于互联网众包模式的教学资源建设与实践教学深度融合研究"(立项编号:CDDB18163)资助。

知识库，并能够为产品、市场提供数据支撑的新型职业人才。

（二）电子商务数据化运营教学过程中的问题和不足

由于电子商务行业发展变化十分迅速，目前的教学和实践内容、教学方法、教学资源和信息技术手段都不能适应这种快速变化的节奏，无法根据发展变化情况及时进行调整，更无法满足企业的人才需求，呈现出一种学校教学和企业实际脱节的情况。例如，淘宝网不断推出量子恒道、数据魔方、运营诊断等各种数据分析工具，如何使用这些工具实现"数据变现"，这在通常的电子商务教材和教学资源中是很难及时更新的。同时，由于从网站推广、网站引流，到营销策略、订单审核、客服、售后，每部分的电子商务业务活动都很复杂，数据化运营需要使用者对每个步骤深入理解才能完成，而目前即使有数据化运营实验，也仅仅只是从数据角度出发，对数据做一些简单的统计分析，并不能以提升销售、降低成本、加快周转为目标，把数据和电子商务的过程结合起来，因而使教学效果大打折扣。

（三）教学资源建设的难点

要做好电子商务数据化运营课程的教学，包括课件、教学视频、练习、项目案例、实验指导、数据等在内的教学资源建设十分重要。当前，虽然电子商务实践教学资源建设方面已经取得了一系列的成果[1]，但仍存在以下问题：

（1）资源和需求不匹配。现有教学资源的组织方式大多针对特定的教学内容设计，提供的是无差别的资源服务，难以及时根据专业的发展变化进行灵活的调整，无法提供能够体现知识内在关联的导航与互动学习功能，因此出现资源和需求不匹配的问题；同时，由于不同的学习者感兴趣的领域不同，对同一反馈结果也有不同的评价，现有模式难以真正满足教学的需求。

（2）资源建设成本高。目前教学资源建设主要依靠建设单位专门投入人力物力进行，需要大量的经费投入，时间也长。

（3）师生参与度低，资源质量和使用效果得不到保证。资源建设过程

---

[1] 孙玉苹："高职电子商务运营课程项目化教学改革的探索"，《辽宁高职学报》，2017年第6期，第46–48页。

中，大部分教师和学生的参与度不高，积极性也不高，导致在后期使用过程中资源质量无法保证教学效果。

因此，如何找到一种适应电子商务企业需求的、低成本的、便于个性化学习的教学资源建设方式是目前教学资源建设的难点。

二、电子商务数字化运营课程建设思路

（一）指导思想

1. 企业实践和岗位需求为导向

人才培养以满足企业和职业岗位需求为导向，课程教学设计、实验和教学资源建设围绕企业实际需求开展，提高企业参与教学活动的兴趣，密切校企合作。

2. 综合素质和数据化运营能力为目标

综合职业能力是在真实工作情境中整体化地解决综合性的专业问题的能力。因此，电子商务数据化运营人才培养的目标是培养具有综合职业能力，能够利用现代信息技术，将运营数据与业务活动相结合，解决运营问题，提升企业效益，实现数据价值的应用型职业人才。

3. 工作过程系统化为教学原则 ❶

电子商务数据化运营课程要基于工作过程来设计，应该满足工作过程要素的全面性和工作过程结构的完整性两个要求，让学生经历从明确任务、制订计划、实施检查到评价反馈的全过程，以此获得工作过程知识并掌握操作技能。

4. 以信息化教学手段为保障

电子商务数据化运营课堂教学、课后实践、教学资源建设以及校企合作都需要运用互联网、人工智能、大数据等信息化教学手段作为保障。

（二）课程开发思路

由电子商务运营岗位职责、工作内容和业务活动流程的"行动领域"导出相关的"学习领域"，再通过适合教学的"学习情境"使之具体化，即

---

❶ 姜大源："工作过程系统化：中国特色的现代职业教育课程开发"，《顺德职业技术学院学报》，2014年第7期，第1–11页。

"行动领域—学习领域—学习情境"。具体流程是与电子商务企业开展合作，对运营岗位进行充分调研，经过人才培养模式改革研讨会、职业行动领域分析、职业行动领域专家评审确认、学习领域开发分析、教学计划开发制订、学习领域与学习情境设计等环节。

（三）资源建设思路

在高职教育领域，专业实践及教学资源具有巨大的用户需求并受到广泛关注，在教学资源建设方面，可以借鉴维基百科、百度百科、百度文库等互联网平台的新的知识服务模式——众包这种方式大大降低了数字资源获取的经济成本和时间成本，也保证了资源的质量和使用效果，从而使大规模数字资源库的建设成为可能❶。

同时，结合网易云课堂等互联网在线教育平台的学习模式，由学习者根据自己的学习兴趣选择和组织学习资源，实现个性化学习。

通过这种众包的知识服务模式将实践教学与教学资源建设深度融合。教师和学生可以利用众包的教学资源开展专业教学和实践活动。

学生在实践过程中所产生的设计方案、素材、程序代码、案例分析、调查数据及统计结果等也可以补充到资源库中。

通过将资源质量评价与实践成绩评价相结合，鼓励师生以完成众包任务的形式参与资源建设并提高资源建设质量。

三、实践教学与资源建设的开展——以电子商务智能客服为例

（一）教学分析

在"电子商务数据化运营——客户关系管理"的教学过程中，学生已经在理论学习阶段了解了客户关系管理的概念、客户满意度的概念；了解了客户关系管理系统的数据类型、数据挖掘技术及数据挖掘流程。但是，学生的抽象思维能力不强，同时职业发展方向也比较模糊，而客户关系管理部分的内容比较理论化、抽象化、实践性不强，极大地影响了学生的学习兴趣，因此，如何引导学生将理论联系实际才是教学的关键。同时，人

---

❶ 任佳佳：“基于工作过程系统化的'网店运营与管理'课程开发与设计”，《人才》，2013年第4期，第86–87页。

才培养也需要与适合的职业定位联系起来以激发学生的学习动力，建立职业发展的信心。

因此，课程的教学设计中增加了"智能客服机器人"的数据化运营实践任务，引入智能客服和大数据技术等信息化教学手段，学习客服数据的采集、分析和应用实践，培养学生将经验转化为结构化知识的能力，旨在培养学生适应新技术条件下的专业技能。智能客服数据化运营能力为今后考取电子商务人工智能训练师等相关职业资格证，进入电商企业打下基础。

（二）教学策略

教学过程中要采用以下的教学策略以保证实践教学效果。

任务引领：以电子商务智能客服机器人的训练为教学实践任务，使学生能够运用客户关系管理理论和数据分析技术，建立智能客服知识库，完成智能客服机器人的训练。课堂教学环节以单个商品的智能客服知识库构建作为特定情境任务，课后练习以来自实际企业需求的智能客服运营作为实践任务。

信息化教学手段：引入在线文本数据分析平台和阿里店小蜜智能客服管理系统，使学生掌握利用大数据技术实现客户服务数据的采集、分析、处理与知识库构建的方法，同时也提高了数据分析的效率，保证了数据分析的准确性。

校企合作：课程学习与企业实践紧密结合，使学生明确职业发展的方向和目标，培养能够适应电子商务智能客服训练师这一新型岗位需求的职业人才。教学中的学习情境来自企业实际需求，学生在实践过程中形成的智能客服知识库可以由企业使用并投入实际运营过程中，真正实现学中做、做中学。

（三）教学模式

课程采用课堂教学与企业实践相结合的教学模式，同时利用众包知识服务平台获取实验数据。

具体来说，教师首先根据企业产品咨询、活动优惠、物流支付等实际场景构建学习情境，完成课堂教学，目的是使学生掌握客服机器人知识库的构建方法。之后，教师布置企业实践任务作为课后练习，学生利用课后时间分组完成完整知识库的构建，最后提供给企业进行 24 小时在线运营实测，企业反馈和运营诊断报告作为学生实践效果评价的依据。学生在整个学期的实践过程中不断收集买家数据、更新知识库，形成教学——实际运营——教学的良性闭环，将教学和企业实践有机结合在一起。

"店小蜜"智能客服这一信息化教学手段的引入是实现校企合作这一教学模式的关键，它成为连接学校和企业的桥梁，学生在校就可以利用企业数据开展实践，实践成果也满足了企业 24 小时客服的需求，提高了企业合作的意愿，化解了教学难点。此外，百度百科、京东问大家等众包知识服务平台也是实验数据的重要来源，从中获取了大量产品相关知识和用户问法数据，经过整理后形成了十分有用的教学资源。

结语

电子商务的快速发展对职业人才的培养提出了挑战，电子商务数据化运营课程教学改革注重解决教学与企业实际脱离的问题，通过引入人工智能、大数据技术，将学校教学与企业需求结合起来，并且尝试利用互联网众包知识服务平台解决教学资源建设的问题。实践表明这一教学模式更加符合新技术条件下新型电商人才的培养要求，学生的学习兴趣、课堂活跃度明显提高，对自己的职业发展也更有信心。

计算机应用基础线上线下混合教学模式的改革与应用

于晓荷 ❶

法律文秘资源库是北京政法职业学院主持，多院校共同建设的国家级项目，该资源库是深化法律类专业人才培养模式改革，解决学生校内生产性实训环节及实操环节的培养难题。其中的计算机应用基础课程是由多年从事该课程教学的老师们共同建设完成。根据多年教学经验和积累，制作了大量微视频、PPT和素材等数字资源并上传到资源库平台上，通过明确知识要点和关键问题将知识碎片化，方便学生自主学习。

为了提高学生的学习兴趣，提升各专业学生的整体计算机应用水平，在教学过程中，我们把资源库作为学习平台，采用线下线上教学相结合的混合教学模式进行教学，在混合教学的前期，通过对信息技术系（移动互联技术、网络舆情分析方向）和法律系（律师事务和行政执法）的共四个班级，两组平行班的学生的访谈、问卷调查，以及对任课教师的访谈，结合本门课程以往的教学经验，发现的问题主要有：学生不能保证足够的线上学习时间，当学生认为教师布置的线上学习任务偏多，学生希望课堂上有更多的自主学习时间，学生课后不主动复习等，我们根据存在的问题不断地对课程进行调整，对课程进行如下改革：

一、线上线下混合教学模式的改革

（一）线下教学

针对学生个性化和差异化进行改革，分为两个方面：在课程基础知识

---

❶ 于晓荷，北京政法职业学院讲师。

部分的教学中，根据学生线上学习过程中的反馈，教师在课堂上集中讲解，引导学生掌握理解所学知识；在课程拓展部分的教学中，教师根据教学内容设计出与实际联系紧密的问题，对学生进行分组，进行组内分工协作，促使学生更好地掌握和运用课程所学知识；在实际教学过程中，使用资源库中的资源进行差异性教学，将资源进行分类，满足不同层次的学生的学习需求。

（二）线上教学

首先进行教学资源的准备，教师将相关的素材，例如文本、图片、PPT、视频等提前准备、分类，将素材上传到平台，在平台中明确学习的重点、难点。学生参考纸质教材以及线上资源自主学习。根据学生提交作业的情况、学生在线学习的时长、线下学习效果的反馈对学生进行评价，同时多增加一些互动的环节，例如讨论、留言、互助等，根据学生的活跃情况给予评价。

（三）混合教学环节设计

首先考虑的是线下教学与线上教学的比例设计，通过计算机等级考试模拟软件进行摸底考试，根据学生的成绩、访谈问卷调查结果调整线上线下教学内容的比例为4:6。其次是线下与线上考核的比例设计，在课堂上及时对学生的学习情况进行考核，调整课堂考核和线上考核的成绩的比例。在具体的考核中，使用过程化考核，主要对应用基础课程的各个模块在学习结束时进行考核，线上线下考核的比例是6:4，加大线上考核的分值比重，使学生充分重视线上学习。

（四）教师角色的转变

教师尝试从单一的知识传授者，逐渐向组织者、管理者、内容提供者、协作者、监督者、问题解决者、引导者等角色转变，教师所承担的任务更复杂。

（五）以学生为主体的线上自主学习

教师在课前布置学生需要在资源库中自主学习的内容，将相关的素材例如文本、图片、PPT、视频等，提前准备、分类，将素材上传到平台，在平台中明确学习的重点、难点。学生线上学习可以在任何时候、任何地点进行，但需要在下次上课之前完成学习任务。教师要在线上积极引导学生使用资源库中的课程讨论等模块，使学生积极地参与到学习中。民同时，教师通过设计在线测验、讨论、留言、互助等模块促使学生提出问题，激发其学习积极性。学生通过课前自主学习，线上观看视频、查阅课程学习资料与知识，完成测试。教师通过资源库平台收集学生学习信息，进行线上指导与答疑及时、有效地为学生提供学习支持。

（六）对线上学习效果总结后进行课堂教学内容的设计

教师在课堂上根据资源库平台反馈的学生的讨论、测验、提问、作业以及学生活跃度等，收集学生线上学习中遇到的问题，对学生学习效果进行总结。

根据学生线下的学习效果，教师应该调整常规教学模式，改进传统课堂教学内容，可以针对重点、难点以及同学们线上学习过程中反馈的有代表性的问题进行讲解，课堂教学中要及时复习并巩固学生线上所学知识，解决学生线上所遇难题。

（七）充分利用资源库进行拓展提升，实现差异性教学

除了对线上学习内容的巩固提高，教师在课上也可以进行资源库中新知识点进行讲解，由于计算机应用基础课程属于操作性较强的课程，学生在学习过程中遇到步骤复杂的案例时，单凭教师的一次讲述不容易理解掌握，因此教师可以讲解重点难点而不是详细的步骤，具体的步骤由学生借助资源库中相关案例的视频演示来完成，教师进行巡回指导。同时教师设计不同级别的案例，基础较好的同学可以在课上自学拓展题目，以满足不同层次的学生的学习需求，实现差异性教学，对学习效果进行差异性评价，提升各个层次学生的学习积极性。针对学生共性问题，教师统一讲解。最后，借助课堂实施评价体系，师生共同参与完成相关评价活动。

教师根据线上线下混合教学模式实施过程中的优势和存在的问题进行教学反思，在后续实践教学中不断进行改进和优化教学方案，进一步提升后续教学效果。在课堂教学阶段结束后，教师对课堂中学生容易出现的问题进行整理总结，并发布到资源库平台中。学生根据教师的归纳总结对知识进行进一步思考、拓展、巩固和提升。同时，教师布置下次课前的自主

学习的内容，进行下一轮的学习，实现螺旋式上升的学习过程。

该教学模式的改革彻底改变了现有的"以教师为中心"的教学模式，实现真正意义上的基于"以学生为中心"的教学模式，同时不摒弃传统教学模式的优势，教师的角色尝试从单一的知识传授者逐渐向组织者、管理者、内容提供者、协作者、监督者、问题解决者、引导者等角色转变。将课堂交给学生，教师在课堂上的角色发生了根本的变化。

二、线上线下混合教学模式的应用

在《计算机应用基础》课程的开设初期使用计算机等级考试模拟软件（如图1所示）对学生进行计算机应用基础水平的摸底测试。测试班级为信息技术系（移动互联技术、网络舆情分析方向）和法律系（律师事务和行政执法方向）共四个班级，两组平行班的学生。总分60分，四个班的平均成绩差距不大。

图1 计算机等级考试模拟软件

在教学过程中，以信息技术系移动互联技术方向和法律系律师事务方向两个班（共72人）为实验班进行混合教学，另外两个班——信息技术系网络舆情分析方向和法律系行政执法方向（共69人）进行传统教学。经过一个学期72学时的学习，两个实验班资源库中相关课程的作业的完成情况普遍较好、资源库中相关课程的课件使用频率以及资源库中相关课程的使用人数及学生活跃度较高。模拟软件最终成绩（总分60分）实验班成绩高于非实验班成绩，两次测试成绩如下表所示。

班级	信息技术系		法律系	
	网络舆情分析	移动互联技术	律师事务	行政执法
学期初平均分	21分	19分	17分	18分
学期末平均分	49分	41分	42分	38分

学期末对两个实验班级的同学做了一份问卷调查，共发放46份，回收46份，有效问卷45份，主要是了解混合学习理论指导下的教学设计对学生学习效果的影响程度，其中认为有很大影响的占54%，有较大影响的占26%，有影响的占11%，认为对自己有影响的人数达到42人，占总人数的91%，而认为毫无影响的仅占9%，通过调查结果可以看出，大部分同学认为这种学习方式对自己的学习产生了影响。

三、存在的问题

在对计算机应用基础课程进行混合教学的过程中，学生学习兴致普遍较高，能积极将线上的学习任务完成，参与度高，学习效果良好。同时也存在一些问题，具体表现在如下。

（一）资源库中的资源需要进一步细化和分层

在对学生的调查问卷以及课堂测验中发现：学生的计算机应用基础水平具有多层次的特点，资源库中知识点简单分层不能满足不同知识水平的学生的学习需求。资源库中的资源是开展混合式教学的前提，因为需要对知识点进行多层次的拓展与细化，以满足不同层次学生的学习需求。

（二）线上和线下的学习过程需要开展评估

无论是线上还是线下都需要给予学生的学习成果及时的反馈，资源库中的在线小测试是反馈学生线上学习效果的重要手段；课堂中的过程化考核又是反馈学生线下学习的重要手段。通过这些反馈让教学的活动更加具有针对性。

（三）不是所有的知识点都需要线上线下混合教学

线上线下混合教学可以有效拓展学生的学习深度，但不是所有的知识点都要用到资源库。对于传统教学模式中很容易解决的问题，线上线下的模式就有些画蛇添足了。对于习惯传统教学模式的教师们来说，新的教学模式的尝试也是一个挑战，需要老师们进一步去探索。

除此之外，由于相关课程开设的系部、班级较多，任课教师数量也较多，许多教师不是资源库的建设者，在教学中使用资源库进行混合教学的积极性不高，理论水平需要进一步加强。

在今后的教学中，教师除了继续丰富资源库中的资源，积极实施混合教学之外，应该将项目的经验进行推广，鼓励并帮助其他课程的教师制作相关的教学资源，的积极寻求优秀的教学平台，提升教学效果。设法打破自然班的概念，在学期初使用模拟软件对学生进行测试，按照成绩进行分班，对于不同层次的班级使用不同的教学方式，兼顾不同层次学生的学习需求。

"互联网+教育"背景下众包模式的教学资源体系构建

李焕春 [1]

2015年3月5日，李克强总理在第十二届全国人大三次会议上提出"互联网+"行动计划。"互联网+"在注重互联网技术的支撑作用时，更注重协作、开放、跨界等互联网思维在传统行业改革中的作用，是把互联网作为创新要素纳入传统行业的改革。[2] "互联网+教育"不是简单地将互联网和教育相加，而是利用互联网思维与信息技术，将互联网与教育进行深度融合，形成教育模式的变革。网络信息技术的发展及其越来越广泛的应用，为教育改革提供了似乎无穷无尽的想象空间和探索空间。[3] 在"互联网+教育"的背景下，利用大数据、云计算、移动互联网、智能终端、虚拟现实技术、增强现实技术等网络信息技术，出现了慕课、微课、翻转课堂等多种新型教学模式。除教学模式的变化外，师资队伍建设、教学资源建设、实践教学模式等都应顺应"互联网+"时代变革趋势实现优化发展。

教育信息化首先要进行的就是数字化教学资源。数字化教学资源的建设是课程建设与教学改革中学习内容的媒介，也是"互联网+教育"背景下开展网络教育的基础和重要组成部分。利用先进的网络和信息技术开发整合各类优质教育教学资源是数字化教学资源的核心任务。虽然教学资源建设在教学改革中具有举足轻重的作用，但目前大多数高校教学资源建设的重点为技术及硬件平台建设，对教学资源中资源的获取与管理研究较少。

---

[1] 李焕春，北京政法职业学院信息技术系讲师。本文由北京市教育科学"十三五"规划2018年度一般课题"基于互联网众包模式的教学资源建设与实践教学深度融合研究"（立项编号：CDDB818163）资助。

[2] 陈丽，林世员，郑勤华："'互联网+'时代中国远程教育的机遇和挑战"，《现代远程教育研究》，2016年第1期。

[3] 严冰："学术勇气与学术理性"，《中国远程教育》，2013年第7期。

教学资源是指为帮助教师、学生达到教与学的目的，被开发利用的资源，包括教学材料、教学环境、教学支持系统等教学要素。本文中的教学资源主要指为完成课程教学目标在教学活动中可被利用的素材，如教材、课件、案例、图片、视频等课程资源。本文尝试使用互联网"众包"模式研究教学资源体系的构建。

一、"众包"的概念及应用

美国《连线》杂志的记者杰夫·豪（Jeff Howe）提出了众包（Crowdsourcing）的概念。[1]杰夫·豪在维基百科上对"众包"的定义：一个公司或机构把过去由员工执行的工作任务以自由自愿的形式外包给非特定的（而且通常是大型的）大众网络的做法。众包的任务通常由个人来承担，但如果涉及需要多人协作完成的任务，也有可能以依靠开源的个体生产的形式出现。

众包模式是个人、组织或机构将要完成的任务通过互联网平台以公开的形式发布给不特定的大众，任何个人或群体都可以参与完成任务。近几年，众包的概念开始受到越来越广泛的关注，亚马逊、标志汽车、宝马汽车、乐高、宜家、阿迪达斯、欧莱雅等全球化企业已经将众包在商业领域进行了广泛地运用。除了商业领域外，档案资源建设、图书馆资源建设、翻译、配音等各个领域也都将各自面临的难题尝试使用众包模式加以解决。

根据大众参与众包的不同形式，众包被分为协作式众包（Collaborative Crowdsourcing）和竞赛式众包（Crowdsourcing Contest）。[2]协作式众包是指无法通过个人能力独立完成，需要大众协作完成。通常情况下，协作完成任务的大众没有相应的报酬和奖励，但他们通过完成任务能够获得社会认可，学习到新的知识和技能，结交新的朋友，表达其自身价值。如维基百科、百度百科、Yahoo 知识堂等众包平台人人都可以补充材料、编辑词条。竞赛式众包是指任务发布者根据任务完成情况与质量对接受答案的提供者

---

[1] Howe J.The rise of crowdsourcing.Wired Magazine，2006（14）：6.

[2] Zhao Yu–Xiang, Zhu Qing–Hua.Evaluation on crowdsourcing research：Current status and future direction. Information Systems Frontiers，2012（11）：1.

支付相应的报酬或奖励。如猪八戒网、微差事、云沃客等众包平台发布的任务大多数是竞赛式任务。竞赛式众包比协作式众包使用范围更广。

众包模式由于其开放式、低成本、创新性等特点在教育方面的应用逐渐增多，如众包模式的网易云课堂。众包模式在实训教学、实训教学基地建设、教学方法中已经有所应用。

二、教学资源建设存在的问题

2010年，教育部启动了职业教育专业教学资源库建设项目。截至2017年，立项建设的项目已包括18个专业大类，覆盖了22个省份，形成了院校、行业企业及其他社会团体多元主体参与的建设路径[1]。除教育部主抓的教学资源库建设项目外，各个学校都对本校课程教学资源建设加以要求，如笔者所在学校，教师要将课堂使用的教学资源上传至三元互动平台。近几年国家和学校对教学资源建设的重视与大力支持使教学资源建设取得了丰硕的成果。教学资源的建设虽然不少，但在教学实践中教学资源的使用率较低，效果并不理想。

（1）教学资源建设成本要求高，导致教学资源的建设周期长，内容更新不及时。

虽然国家近几年加大了对教学资源建设的投入，但目前大多数教学资源建设主要依靠建设院校专门投入人力财力物力进行建设。而院校的经费主要由政府财政拨款组成，能投入教学资源建设使用的资金严重短缺。教学资源建设针对每个知识点都需要有包括教案、课件、媒体、试题库、案例、相关文献资料、常见问题素材等材料的支撑。由于院校对教学资源建设的投入不够，每门课程负责教学资源建设的教师数量有限，为完成建设任务时要求的资源数量，导致有些教学资源质量不高，滥竽充数。在教学资源建设完成后资源更新不及时，导致有些资源与教学内容脱节、与时代脱节。

（2）教学资源建设技术要求高，导致教学资源的交互性差，内容没有

---

[1] 李小娃，莫玉婉：《专业教学资源库建设 从资源的优质共 享到高职院校的优质均衡——基于'职业教育专业教学资源库已立项建设资源库'的实证分析》，《职业技术教育》，2017年第19期。

吸引力。

目前教学资源以 PPT、教案、图片等简单素材为主，对学生的吸引力弱，交互性差。随着"互联网+"时代的到来，新媒体技术迅速发展，智能手机、平板电脑等移动终端在学生中已经普及，通过网站进行教学的学习方式已经不受学生的喜欢。这就要求建设教学资源时借助 App、H5 等新媒体科技技术，建设交互性较强的虚拟仿真类教学资源，建设具有吸引力的视频、微课、动画等资源，可以通过微信、App 等通信工具快速、及时、方便地查看教学资源，提高学生自主学习的意愿。但是新媒体科技技术的使用提高了对制作教学资源教师的要求，大多数教师并不具有这些技能。制作交互性好、质量高的教学资源成为亟待解决的问题。

（3）教学资源建设共享性差，导致教学资源的使用率低，企业参与不积极。

教学资源不能随意堆砌，需要按照教学目标将杂乱的内容进行整合。教学资源的整合不仅仅需要教师的参与，还需要学生、行业专家的参与。项目化教学是现在职业教育改革的一个重要方向。项目化教学是一种以"行为为导向"的教学方法，学生通过完成一个完整的任务掌握相应的知识和技能。项目化教学与传统的教学法相比，教学模式从"以教师为中心"转变为"以学生为中心"，教学评价方式从"以结果为中心"转变为"以过程为中心"，学生通过完成具体任务或项目的整个工作过程，获得未来工作岗位的工作流程与工作经验，有助于培养学生的学习主动性、创新能力、团结合作意识。项目化教学中的"项目"不是零散的案例，而是从工作岗位中抽取出来的具有真实情景的工作任务。这就要求教师了解行业与相关工作岗位，但高职院校大部分教师研究生毕业后即从一个校门迈进另一个校门，直接进入高校工作，企业工作经历较少。可以邀请企业、行业专家与教师共同开发课程，实行校企合作。但现实情况是企业是营利机构，在校企合作中企业无法获利或获利较少，使得企业参与课程开发的积极性不高，导致校企合作深度不够。

三、"众包"模式下数字化教学资源体系的构建

（一）"众包"模式下教师在教学资源建设中构建知识体系

在教学资源建设过程中，教师是教学资源建设的总设计者。为保证教学资源建设的效果，在开发教学资源前，教师首先应该根据专业的人才培养目标、职业岗位核心能力与课程的教学目标构建课程知识体系。教师还需要对教学资源进行管理、内容开发、协调和监控。教师根据课程知识体系所需要的教学资源进行任务分解并发布到"众包"平台上。对"众包"平台上所获得的任务结果进行监控，整合到教学资源库中。

（二）"众包"模式下企业行业人员在资源建设中提供指导

职业教育是跨界的教育，必须吸收行业、企业的参与。[1]在教学资源建设过程中知识点的课件、教案等简单素材可以由教师自己制作完成。对于技术要求较高的动画、视频或者要行业背景的项目资源分解为微观任务[2]，由教师将其面向行业、企业的技术和管理人员将其发布在"众包"平台上。企业行业人员根据自身的经验和能力按教学资源开发要求提供任务答案。

这种在"众包"模式下的资源开发与获取节省了教师联系行业企业专家的时间人力成本，解决了教师企业经验不足的问题。通过"众包"模式获得的教学项目和任务在内容与数量上更丰富，更加符合行业技术特点和职业技术要求。而且通过"众包"模式获得资源需要支付的奖励资金与直接与企业合作所支付的资金相比减少了许多，降低了教学资源开发的成本。

（三）"众包"模式下学生在学习过程中共建教学资源

教学过程中，教师将从企业收集的教学项目、任务或问题发布在"众包"平台上并提供虚拟奖励，学生分组或个人通过学习后将完成的答案或结果提交到"众包"平台上。教师根据回答情况选择最佳答案或用时最短的答案，而学生获得相应虚拟奖励。学生在学习实践过中遇到的技术问题也可以通过"众包"平台向教师与企业行业人员询问。这种"众包"模式下的学习方式更灵活、更能激发学生的学习兴趣，培养学生的团队合作能

---

[1] 姜大源：“中国职业教育发展与改革：经验与规律”，《职业教育》，2014年第9期。
[2] 冯剑红，李国良，冯建华：“众包技术研究综述”，《计算机学报》，2015年第9期。

力，同时除了教师之外的企业行业人员也可以参与到学生的培养过程中，让学生有机会提前了解企业、了解行业、了解市场、了解真实工作情境，提高学生的就业能力。企业的技术问题也可以面向学校教师和学生发布在"众包"平台上，激发教师和学生的科研意识。

　　解决问题的答案或方案或者学生学习过程中提交的答案或结果也可以补充到教学资源中，使得学生不仅仅是教学资源的使用者，还成为教学资源的建设者。通过"众包"模式提高学生使用教学资源时的交互性，吸引学生自主地学习。同时通过"众包"模式完善教学资源的评价功能，记录学生学习的过程，为学生学习结果的评价提供过程化考核方式。

　　针对高职院校教学资源建设中的课程资源获取与使用时存在的企业参与度低、质量低、成本高、技术要求高、吸引力差、周期长等问题。本方探讨了在"互联网＋教育"背景下利用众包模式解决问题，构建教学资源体系。由于教学资源建设是长期的巨大的工程，教学资源中课程资源的基础设施、资源安全、海量数据的管理都是在教学资源建设中亟待解决的问题。

高职院校"四位一体"心理健康教育模式的构建

谢利苹 [1]

一、引言

随着高职教育的深入，高校办学规模不断扩大，高等教育由"精英"教育发展为"大众教育"。作为承载社会和家庭高期望值的大学生，心理发展尚未完全成熟，又面临着学习压力、经济压力、人际关系、情感及就业压力等困惑和烦恼，心理健康状况需要引起持续关注。特别是近几年来，由于心理问题造成的高职生行为偏差的个案不断增多，高职生自杀、犯罪等现象时有发生。"马加爵事件""药家鑫事件""复旦大学投毒案"等一系列校园安全事件提醒我们，关心高职生的心理健康，对高职生主动地进行心理健康管理，已经成为一个刻不容缓的问题。

心理健康教育工作对促进高职生的身心健康发展具有举足轻重的意义。它直接关系到高职生的心理健康水平，同时也在一定程度上影响高职教育质量的高低和社会的稳定。近年来，北京政法职业学院高度重视心理健康教育工作，以"面向全体，助人自助"为心理健康工作的原则和宗旨，以心理健康教育课程为心理健康教育主阵地，营造"人人关注心理健康，人人参与心理健康工作"的氛围。以心理素质训练中心为主要责任部门，充分调动学生处、各系部的积极性，多方位创新心理健康教育工作渠道，进一步规范并落实咨询工作规章制度，构建了"心理课堂、心理测评、个体咨询、团体辅导"四位一体心理素质训练体系，对实践工作具有较强的指导意义。

---

[1] 谢利苹，汉族，籍贯河南，北京政法职业学院基础部主任，副教授，研究方向：教育心理学。

二、以心理课堂为主阵地，营造良好心理教育氛围

（一）立足心理第一课堂

教学是学校的中心工作。在高职院校中，心理健康教育课程是推动全校高职生心理健康教育工作的主阵地。对高职生来说，心理健康教育课程的主要目的在于提高高职生的心理健康水平，挖掘学生潜能，培养学生积极向上的心态，增强挫折耐受力；培养学生客观地认识自我、适应环境的能力，建立良好的人际关系；塑造健康的人格，培养良好的个性品质；对少数需要帮助的学生提供及时有效的指导和帮助，在外力帮助的同时教给学生基本的心理测试和心理调节技术技巧，达到"助人自助"的最终目的。

高职生的心理健康教育课程要根据不同年级学生的年龄特征和心理特点因材施教。近年来，北京政法职业学院根据不同年级学生的需求设计心理健康教育课程的内容。一年级新生刚入校，很多学生是第一次离开家庭独立生活，在环境适应、学习心理、人际交往、挫折应对等方面迫切需要指导。因此，一年级心理健康教育课程的重点是适应性方面的辅导，包括自我认知、环境适应、目标确定、时间管理、朋辈心理互助等专题。二年级学生已基本适应新环境，但随着对环境的新鲜期逐渐消退，随之而来的是生活没有目标、学习动力不足等。因此，二年级心理健康教育课程重点是学习心理、青春期心理、挫折应对、危机干预等专题。到了三年级，面对求职就业的压力，心理健康教育课程的重点转为就业心理指导、职业生涯规划等专题。

心理健康教育的一个显著特征就是实用性，要紧密结合高职生的生活和学习需要，帮助学生及时发现和尽可能地调节心理问题。因此，北京政法职业学院心理健康教育课程不仅在授课内容的选择上采用模块化教学，每个年级的授课内容均由循序渐进的若干模块组成，突出时效性和针对性。在教学方法上也充分考虑到学生的心理需求，采取灵活多样的教学方法，如心理剧表演、角色扮演、咨询场景模拟、小组辩论等，充分调动学生的针对性、积极性和参与热情，使学生成为课堂的主体，教师作为引导者，引导学生在精心设计的心理活动和愉悦的情绪体验中潜移默化地掌握心理

健康基本知识。

教师是影响教学质量的重要因素。建设一支优质的师资队伍是提高心理健康教育课程教学质量的重要保障。北京政法职业学院的心理健康教育师资队伍以专职心理教师为主体，吸收了学院团委、学生处、班主任队伍中具有相关资质的工作人员。同时面向社会招聘心理咨询机构的专业人员作为特邀专家进行定期讲座。这种"走出去，请进来"的方式能够有效促进资源整合，拓展学科视野。

（二）开展心理健康教育第二课堂系列活动

为促进心理健康第一课堂教学成果的深化和运用，全面提升学生的心理健康水平，北京政法职业学院在充分发挥第一课堂教育之余，以丰富多彩的心理健康教育第二课堂为平台，开创了以"健康从心开始"为主题的心理健康教育"第二课堂"系列活动。

活动由团委、学生会号召，在学院大学生心理素质训练中心的老师指导下由学生自发组织和运行。活动形式灵活多样，以班级为单位，结合各班具体情况，由各班心理委员确定主题并组织进行。每次活动从确定主题，到认真筹备的每一个细节，到正式举行，到最后总结，同学们始终全员参与，并成为活动的主人，所以每次活动时同学们都热情洋溢，全身心投入。如有的班级开展心理剧展演，全班同学自愿组合成不同的剧组，选题、编剧本、分角色、排练、演出，直至最后汇报表演和专家点评，每个环节都一丝不苟，受益匪浅；有的班级开展心理知识竞赛活动，全员参与，分成不同的参赛队伍，分为必答题和抢答题两个环节，根据各参赛队伍总分决定最后排名；有的班级开展与心理健康有关的辩论赛，选择与同学们密切相关的恋爱、人际沟通等主题作为辩论题目，双方辩手在唇枪舌剑中受到心灵的洗礼，主题越辩越明朗。

心理健康教育"第二课堂"系列活动始终坚持"扎扎实实为学生心理健康服务"的宗旨，坚决杜绝形式主义。经过多年打磨，该系列活动已深入人心，成为学院心理健康教育工作的有效载体。

三、以心理测评为前提,增强心理健康教育针对性

心理健康教育是素质教育应该具备的内涵之一,是素质教育的奠基工程。一个具有良好心理素质的学生,可以更好地适应外部环境的变化,更好地发挥自身的潜能。因此,心理健康测试对当代高职生尤为重要。近年来,北京政法职业学院坚持每年为全体新生进行心理健康测试,并为每位新生建立心理档案。心理测试对于帮助学生增强心理健康意识,加快新生对校园的心理适应过程,优化学生的个性心理品质,增强学生的人际沟通能力等都具有重要意义。

北京政法职业学院大学生心理素质训练中心利用心理测评软件系统完成了全院五系一部共1626名学生的心理测试。为保证测评顺利开展,心理素质训练中心组织各系相关辅导员和班主任老师进行前期培训和测试部署,详细讲解量表注意事项,并根据各系人数和学生情况进行测评工作的详细安排。会后心理素质训练中心进行学生信息导入、量表选择、学生前期辅导等各项工作。根据学生总分及各因子得分情况进一步用人格量表和抑郁量表进行测查,评估学生们在人格特质、心理健康状况、社会支持系统等方面的心理现状。同时向学生开放了焦虑量表、大学生心理适应诊断量表、父母教养方式、生活满意度测评量表、焦虑自评等量表。心理素质训练中心的集中测评结束之后,学生们也可以通过测量平台随时对自己的情感、思维、生活习惯、人际关系、成长环境等方面进行评估。

与心理测试相配套,北京政法职业学院还充分发挥大学生心理素质训练中心的优势,在全院高职学生中开展学习心理调查。2018年上半年,学院结合学生实际改编成《北京政法职业学院学生学习心理测试问卷》,在全院高职二年级学生中采用分层随机抽样方法,对510名学生进行学习心理测试,并及时对学习心理测试问卷进行回收和分析,以系为单位进行了反馈,以便各系针对本系学生的实际情况和存在问题及时调整工作措施。

四、以个体咨询为手段,实现助人自助

北京政法职业学院大学生心理素质训练中心配置有心理测试软件、音

乐放松椅、宣泄墙、团体心理沙盘治疗系统、心理行为训练教具箱、专注度和放松度脑电训练系统、压力与情绪管理系统等专用设备。中心通过个体咨询（当面咨询、网上 QQ 咨询、电话咨询、心理咨询信箱）对学生进行个体心理辅导，时时关注学生的心理变化，对产生心理危机的学生及时进行心理危机干预，通过个别辅导及时化解他们的心理压力，及时解决学生的心理问题。个体咨询内容主要分为两个方面：

一是为满足一般学生需求而进行的个体咨询。心理咨询师和来访学生在心理辅导室内通过语言、量表、书信等形式面对面交流，缓解心理困扰，释放学习压力。运用心理学的原理和方法，对出现的心理问题进行诊断，协助求助者自己解决自己的问题，起到"助人自助"的作用。个体心理咨询的对象主要有两方面来源，一是自己主动前来寻求帮助咨询的，二是学校、班主任转介的。个案咨询记录显示，咨询对象中主动前来咨询的学生占 83%。咨询内容主要是情感情绪、人际关系、亲子关系、学习焦虑等方面。其中，每学期平均处理"危机情况"5.4 次。其中有暴力冲动或意念者，也有焦虑厌学者，更甚有轻生念头的学生。经过及时的心理干预，这些来访者度过了艰难危险期，情绪由动荡转为平稳。对于不属于心理咨询室咨询范畴的同学，心理咨询师会及时告知家长，建议来访学生进行转介处理，并介绍专业的三甲医院心理医生对其治疗。

二是密切配合学生管理工作，做好特殊学生和家长的心理疏导工作。如结合校园中发生的涉嫌寻衅滋事事件，大学生心理素质训练中心的工作人员密切配合学生处、保卫处和相关系部，疏导涉事双方家长的情绪。涉事学生的家长均由起初的质疑学校工作，发展到对孩子的行为深表歉意，主动向受害学生写了道歉信，表示愿意对受害学生进行经济补偿，并主动为受害学生联系心理咨询师进行咨询。随后，心理素质训练中心工作人员继续对受害学生和家长进行了大量心理疏导。通过到受害学生家里进行情绪抚慰和心理疏导，促进受害学生和家长的情绪由最初的冲动逐渐走向理智，心态逐渐平和，接受了涉事学生家长的道歉信，并对校方的不懈努力和人文关怀深表感谢。心理素质训练中心工作人员及时帮助涉事家长掌握情感认同法等简单的心理咨询技巧，在严格教育的同时让涉事双方学生在学校和家庭中感受到信任、谅解与温暖，从而唤起他们改过的决心。

五、以团体辅导为补充，促进广大学生身心健康成长

北京政法职业学院大学生心理素质训练中心广泛引入优质社会资源，邀请北京市资深心理咨询师为学生每月定期进行两次团体心理健康辅导。如通过松鼠与大树、暗夜布防、心有千千结等心理拓展活动来促进学生心灵共建与成长；通过团体内人际交互作用促使个体在交往中观察、学习、体验，认识自我、探索自我、调整改善与他人的关系，学习新的态度与行为方式，提升适应能力，促进心理发展。同时，利用"5·25心理健康日"开展团体心理辅导活动，丰富学生的心理健康知识，提升学生的心理健康意识。通过"我爱我（5·25），健康从心开始"横幅签名活动、"重温经典"心理影片赏析、"画我想画"涂鸦活动、心理板报评比、心理剧展演等团体心理辅导活动，广大学生受益匪浅，达到了普及心理健康知识、营造关爱心灵氛围的目的。

六、结语

心理健康教育工作是一项长期复杂的系统工程，是对学生心理状况进行"润物细无声"的滋润与渗透。它需要学校、家庭、社会齐心协力，共同为学生营造一个和谐融洽的成长环境。同时，在学校内部也需要各部门高度重视，齐抓共管，共同促进学生的身心全面健康发展。

国际化视角下对外武术发展与教学策略研究
——以非洲四国为例

郭 靖[1]

一、前言

随着国家经济实力的增强，社会发展速度的加快，孔子学院和孔子课堂已遍布世界各地，截至 2018 年年初，共有 135 个国家建立了 525 所孔子学院和 1113 所孔子课堂，开设了汉语、茶艺、音乐、武术、京剧等中国特色文化项目，已经成为中国文化传播和对外建交发展的全球性平台。武术是中华民族发展几千年来的智慧和结晶，在中国传统文化这片沃土上凝结了中华民族精神和传统文化思想，是当今中国传统文化输出的重要文化产品。但是武术课程在孔子学院的开设并未大面积普及，只有挪威卑尔根孔子学院是唯一一所以武术为特色办学，与北京体育大学共建的孔院，无论从影响力还是从师资实力，挪威孔子学院都走在武术特色办学的前列。随着武术文化的国际化传播，许多国家已经引入武术课程的教学推广，工加以近几年武术课程的开设数量呈直线上升的趋势，有些国家虽然并未开设武术课程，每逢有大型文化展示活动或重大国家文化交流活动时会增加武术表演环节，甚至邀请国内武术表演团队进行中国文化的展演和交流。笔者自 2009 年以来多次受邀代表国家出访非洲进行武术文化交流活动，活动之余对喀麦隆雅温得第二大学孔子学院、尼日利亚孔子学院、肯尼亚、基加利教育学院孔子学院做了调查，从当地教师和学生中了解中国武术在当地发展的情况，特别是在中国武术的展演之后，当地学生对武术的热爱程度高涨，反响热烈，但是由于当地培训机构欠缺，硬件设施不完备，各方

---

[1] 郭靖，北京政法职业学院，讲师。

面条件不具备，加之受当地环境的影响，武术课程并未在当地孔子学院开展，所以武术的国际化发展并未达到我们预期的效果。

二、武术课程在对外文化交流中开设的必要性和可行性

（一）武术课程开设的必要性

弘扬中华传统文化、加强世界人民对中国文化的了解，让中国文化走出去，是每一位中国人的愿望和憧憬。对外文化交流机构有孔子学院、国家文化中心以及一些对外交流机构，传播的方式包括对外汉语教学和传统文化学习。语言是文化的载体，是国内外沟通和交流的桥梁，也是外国友人了解中国的基本内容之一，而传播中国文化才是中国对外交流的最终目标。中国茶道、京剧、武术、美食、书法等项目都深受国际友人的喜爱，中国武术历经时间的演变，融合了中国哲学思想，涵盖了中国医学、美学、兵学等文化精髓，已然成为优秀传统文化的中国符号，不仅能够促进中外之间的文化交融，同时也能够满足国内外武术发展的需要。

（二）武术课程开设的可行性

武术套路、散打、导引养生、民族民间项目是武术的重要组成部分，从各专项的功能价值来看，各个项目能够满足个人进行体育运动的兴趣需求。立武术套路能使人们增加对美的认识与体验，散打使人们体会到格斗的魅力和快感，导引养生功能够使人们重新认识慢节奏的运动规律，民族民间项目则能够使人们体验中国不同的历史时期所使用的体育运动活动方式。中国武术在日本、美国以及东南亚地区辐射的范围较广，全球有2亿人习练中国太极拳，其影响力和传播力对武术发展和传承具有重要的推动作用。随着"一带一路"中非合作论坛的推进，无论是政治、经济还是文化方面，中非交融的机会越来越多，大型文化交流活动会日渐增多，中国武术展演的机会就会随之增加，中国的文化交流将会走向新的历史舞台。我们都知道世界各地人民对中国武术的表演很感兴趣，随着这种平台的搭建，武术的国际化传播会获得更多的国际友人的喜爱和推崇，因此无论从武术自身的优势还是广泛的群众基础方面，都能够为其发展提供生存保障。

三、武术课程国际化教学发展策略

（一）对非洲四国武术学习群体及武术认知分析

学习群体是文化传播中重要的主体，同时也在文化传播过程中扮演着重要的角色。在对喀麦隆雅温得第二大学孔子学院、尼日利亚孔子学院、肯尼亚、基加利教育学院孔子学院的受访群众的调查中，因为当地孔子学院以与国内高校联合举办的模式，所以被调查的武术爱好者中以学生居多，四大孔子学院约有武术学习者120人。提及中国武术，大多数受访群众会说出李小龙、中国电影，他们接触中国武术主要的方式是从武侠电影中认识。从学员的年龄分层看，8~50岁不等；从技术水平看，有零基础、初级以及多年坚持训练的老学员。但是学员的坚持度不高，加之训练量和强度不大，班级学员水平的参差不齐。如果教学进度快，学员水平有限，跟不上教学计划，就会失去信心，或者说兴趣减退。如果不断重复教学内容，长期停留在某一训练阶段，则教学没有吸引性。学员学习的目的不同，教学效果也不同，有些学员为了参加比赛就会集中"练"，有些学员对中国文化感兴趣，希望通过学习武术了解中国文化和武术文化。对外武术教学有别于对我国人民进行的武术教学，武术对于大部分外国留学生来说是一种不了解其文化的外来体育，因此就会倾向于理论学习的知识面上。孔子学院定期组织学员参加中国文化节、文化体验、孔子学院日等专场演出体验活动，其中武术表演与体验是活动的重要展示和交流的部分。从喜爱程度上能够看出，学生对武术有着深深的敬仰和崇拜，但是通过技术传播和练习方面来看并不乐观，很多学生喜欢武术但是不喜欢练武术，究其原因如下：（1）武术套路动作数量多、难度大、不好学；（2）想要学好需要的时间较长；（3）武术动作没有电影里的酷；（4）文化内容没有得到体现。在受访的武术爱好者中，有部分学生坚持练习武术六七年，他们对武术的评价较高，武术锻炼了人坚强的毅力，只要坚持就能达到预想的结果，太极拳运动能够使他们回归到生活中的平静中来，能够体验到修身养性的效果。基于此，当地孔子学院也需要根据武术开展的实际情况进行有针对性的调整，减少动作数量，将技术动作分成多个片段，将学习时间分为多个时间版块，在不改变武术自身属性的前提下进行相应的调整与改动。另外，增加武术文化版块的学习可将武术文化部分纳入汉语教学计划中，做到理论与实践的完美结合，从而达到知行合一的效果，最终实现中国传统文化传播的价值。

（二）师资选拔及聘用

当地师资的缺乏与空白是阻碍武术国际化传播的重要原因之一，武术的教学群体主要是当地武术爱好者，仅喀麦隆雅温得第二大学孔子学院有一名中国的武术教师，而其他当地的"武术教师"也只是通过为数不多的机会来中国进行短时间学习，回国后继而进行教学工作，有的则是通过YouTube上的武术教学录像以及在中国音像商店买的视频光盘进行学习与教学，学习的效果并不系统，但是这些武术教师对武术学习的执着与坚持是当地武术教学顺利开展的基础。在师资的引进和聘用上，当地孔子学院可以参考挪威卑尔根孔子学院的招聘方式，每年由外方院长亲自到北京体育大学选拔优秀武术志愿者教师，根据过去一年学生学习的技术掌握情况和学生现有的需求选拔武术教师，以此来延续武术教学的发展。从事物发展的角度来看，做到了以人为本，以学生为中心的发展理念。一般情况下，在职武术教师三人，一名专职武术教师和两名武术志愿者教师，其中专职武术教师从各高校选拔，具有丰富的教学经验和教学资历，在孔子学院任教的时间不低于两年，武术志愿者教师来自北京体育大学武术学院在读硕士，任教时间为一年。每年都会有新的武术志愿者教师交替前来执教，其优势体现在不同的武术教师有自己擅长的项目，将不断为孔子学院注入新鲜的血液和内容。同时也折射出不可忽视的弊端，武术的学习本身是一项长期的坚持训练的项目，流水式的教师团队并不利于学生更好地学习一门技术，因为无法实现技术专一和提高水平，跳跃式的学习方式会降低学生学习的兴趣和信心。另外，挪威孔子学院举办一年一度的武术夏令营活动，至今已举办十届，聘请的武术教师多为中国知名教授和优秀武术教师，吸引了欧洲许多武术爱好者前往学习。除了参考其他孔院的建学模式外，当地孔院还可以通过培养当地师资，为当地的"武术教师"提到中国定期进修的机会。通过长期的发展，将当地武术教师培养成武术发展的长期执教者，一定程度上在交流与传承上会更有利于武术的国际化发展。

（三）教学发展轨迹

喀麦隆雅温得第二大学孔子学院已经正式开设了武术课程，技术教学内容包括长拳、格斗、养生等项目，武术文化内容包括武术礼仪、精神和简单的武术历史概括。没有为学生统一安排对应的武术书籍，仅有一些相关武术的段位制资料，而且是汉语教材，对于不懂汉语的外国学生基本没有用处。教学内容的安排也没有涉及段位制教学，仍然根据教师的自主安排来训练，教学方法多采用讲解示范法、分解与完整教学法、预防和纠错法，属于一般教学程序方法的使用。调查中显示，大部分学员能够接受孔子学院对教学内容的设置和安排，约有一半的学员希望教学方法能够改进，当传统的教学方法不能够满足教学需要时就要去探索新的教学方法，特别是在对外教学中，应结合当地文化特点，因人因地而异。

出版汉英教材和教师语言与沟通方面的反馈比较多。因为武术单项训练课每周安排两节，对于学员来说若想要掌握一项技能，需要课下付出更多的努力，但是并没有一个标准去指导他们完成，因此学员对教材的渴望度较高，关于武术的汉英教材不多，当武术走在国际化大环境下，汉英双语教材的储备是必不可少的。另外，大部分学生认为教师的语言和沟通需要改进，由于对外教学使用的是第二语言，对外武术教学团队中大多数教师来自体育专业院校，并未进行过语言的专业培训和训练，因此语言方面的能力只能靠教师自己课外的补充学习来提高。

四、结论与建议

武术在孔子学院的开设并未普及，还谈不到发展，建议将武术课程引入孔子学院和孔子课堂，通过不同层次的国内外文化交流活动加大宣传力度，引起当地民众及武术爱好者的关注，推进武术课程在孔子学院开展的进程。

武术专业教师的匮乏势必影响武术国际化传播的进程，引进国内专业师资力量培养当地师资的技术和教学水平，以长远和发展的眼光来进行师资力量的引进和调整。

没有系统的课程体系，建议通过调研其他国际孔子学院和专访国内知名专业教师，商讨武术课程体系的构建，将武术课程专业化、系统化、科学化，使武术课程在孔子学院既是一门课程，又能成为中外文化交流的媒介。

浅谈信息化在高职英语教学中的应用

何　静[1]

一、引言

随着社会的发展，计算机技术已经融入百姓的生活，正在悄悄改变着人们的思维方式和生活的方方面面，给人们带来了全新的机遇，也带来了各种挑战。信息化是计算机技术应用于各个领域过程中形成的新名词，是指培养、发展以计算机为主的智能化工具为代表的新生产力，并使之造福于社会的历史过程，包括被誉为21世纪的三大尖端技术之一的人工智能也是信息化发展的新阶段。

信息化已经涉及各大行业，英语教育行业自然也在其中。课上，教师通过各种视频和音频形式的学习资源传播教学内容，还融入了各种类型的游戏来辅助教学。经课后，各种形式的线上辅导如雨后春笋般层出不穷，把有限的课上时间无限延伸，打破了时间和空间的限制，极大地促进了学生学习英语的积极性和效率，促进了优质教育资源共享。可以说信息技术已经和教育融为一体，不可分割。

高职英语教学与信息化相结合，充分利用计算机技术的优势，引入灵活方便丰富多彩的教学方式，是对传统教育的一种辅助方式，给传统教育提供了机遇，有助g于打破英语教学的困境，提升教学效果。

二、高职英语教学的现状与困境

（一）高职学生英语基础差，底子薄，缺少语言环境

高职学生英语总体上基础较差，英语水平也参差不齐。加之多年来教

---

[1] 何静，北京政法职业学院基础部讲师。

育体制以应试为主，过多地偏向理论教学，导致学生的英语多为哑巴英语，掌握了一堆语法和句型，口语能力弱，很多学生学习了十几年的英语甚至连简单的交流也做不到。另外，学生缺少学习英语的语言环境，没有练习这些语法和句型的机会，开口说英语的胆量和勇气也不足。学好英语还有一个非常重要的因素就是学习兴趣，缺乏学习兴趣，会导致学习后劲不足，厌学情绪明显，这样极大地限制了学生自主学习的能力，教师应该根据学生的具体情况制订相应的教学计划，寓教于乐，可以增加学生的学习兴趣，提升学习效果。

（二）高职英语教学方法的缺点

高职英语教学经过多年的摸索与改革已经有了很大的变化，传统英语教学模式依旧占据主要地位。以教师为主导、课堂为中心，教学方法单一，缺乏兴趣引导，课上学生也是被动地接受教师传授的知识，最多也就是学生之间有一些表演形式的互动。这种教学方法注重词汇讲解、语法分析、复杂的句子结构和段落翻译，课堂氛围枯燥，教学成果不能得到及时的反馈，限制了学生自主学习能力的开发，不能锻炼其独立思考的能力，学生一直处于被动学习的状态。由于教学方法缺乏多样性，教学场地和教学时间有限，教师的知识传授只能满足部分学生的需求，互动教学也只能照顾到少部分学生，缺乏趣味性，导致部分学生产生厌学情绪。

（三）高职学生学习方法不当，学习效率低

英语学习方法与学习效率有很大关系。传统教育注重考试成绩，授课内容多为教材当中的内容，很少在文化意识培养方面下工夫，加之很多高职学生更注重专业课在今后从业中的重要性，学习英语的目标就是考试及格，精力主要放在了各种专业考试上面，忽略了英语听说等基本应用技能的培养，大部分时间是在背诵语法和固定句型，时间花了很多，效果不明显。另外，因为缺乏英语学习环境，即使有些学生想培养英语交际能力，但是周围都是开口说汉语的人，听到看到的都是汉语思维的表达方式，练习英语缺少口语环境，我法把理论与实际相结合，这样的学习效率也不高，不能达到预期的效果。

在教学过程中，应指导学生建立明确的学习目标，选择正确的学习策略。让学生在有限的时间里尽可能地提高学习效率是非常重要的，应做到"授人以渔"而不是"授人以鱼"。

三、信息化在高职英语教学中的发展状况与意义

（一）高职英语教学的信息化发展状况

高职英语教学的目标是培养学生的英语应用能力，为社会培养生产、技术、服务、管理等方面的应用型人才，增强交际能力，发展自主学习能力，能够进行简单的口头和书面交流。应该以英语的实用性为导向，秉承"实用为主"的培养原则，重点突出应用能力和实用性，使学生经过学习之后具有与其专业相对应的听、说、读、写、译的基本能力，这样在未来的工作和生活中可以用英语进行有效的沟通。高职英语教学必须与时俱进，反映时下先进的科技成果和社会动态。这点说起来容易，做起来难度不小，因为在校的英语学习时间有限，学习内容涉及面广，包括基础的通用英语、专业方向英语以及对英语应用能力的培养，因此光靠传统的教学方式显然是不够的，必须依托信息化的方法，促进教学过程与实践相互渗透，有机结合，针对性教学，才能够顺应时代发展的要求。

信息化与课堂教学不断融合，已经成为英语教学中非常重要的方法，在教育中应用信息技术手段，集声音、图像、视频等内容于一体，实现教育环节的数字化。课堂上各种多媒体教学工具的交互运用，例如幻灯、课件、音频、动画等各种教学手段，融合图片、文字和声音于一体，丰富了教学内容，活跃了课堂氛围，充分调动了学生的积极性和参与性，把抽象枯燥的理论变得具体生动，增强趣味性，让学生更容易理解和接受。课后各种信息化教学方式也与课堂教学深度融合，利用网络教学资源的开放性和多样性，使用包括课件库、题库、网络精品课、微课、在线实时课堂等在内的各种方式，使教学不局限于课堂，学生可以根据自己的实际水平、学习能力以及兴趣来选择学习内容。信息化融入课堂教学，拓宽了学生视野，打破了传统教学的局限性，让学生从被动接受知识转化为主动获取知识，还可以根据自身情况调节学习进度，充分提现了学生为主体，教师为主导的教学思想，有利于应试教育向素质教育的转化。此外，各种英语学

习应用程序的开发和网络社交工具的应用，使得教师可以利用这些网络平台发布作业，与学生在线交流，学生也可以利用应用程序记单词、练口语、训练听力，节省了时间，达到快速提高英语水平的目的。

（二）信息化的蓬勃发展对高职英语教学改革的意义

信息化建设对高职英语教学改革影响重大，意义非凡。社会发展对高职英语教学提出了新的要求，英语教学要围绕学生素质的培养来进行，不能像过去一样以考试成绩为标准，而要注重提高学生的英语实际运用能力和职业英语能力。

第一，课堂上使用各种信息化教学手段可以优化教学模式，培养学生学习英语的兴趣，快速提高英语应用能力。多媒体教学将视觉、听觉结合在一起，增加了知识的信息量，调动了学生的学习积极性，大大提高了学生的学习效率，增强了学生学习英语的兴趣。课后的信息化教学手段给了学生非常高的自由度，网上的精品课程和电子图书使学生可以不受时空限制，在任何时间和地点学习，方便学生灵活利用课后时间，拓宽学生探索学习的空间；教师也可以通过网络进行收发作业、答疑等教学活动。

第二，信息化英语教学可以促进教学方法以及教学策略的改进。高职英语教学要求学生听说读写能力全面发展，可以快速适应未来工作。过去传统的教学方式以教师为中心，课堂缺少活力，属于"填鸭式"和"克隆式"教学，教师即使想进行教学方法的改革也是心有余而力不足；相反信息化教学可以充分发挥学生想象力和创造力，创造逼真的学习情境，把枯燥的讲解变成直观形象的图文声并茂的学习环境，实现趣味性教学，突出重点，突破难点，教学效果非常好，学生乐意主动地参与到课堂中来，变被动为主动，实现了学生为主体，教师为主导的教学模式。

总的来说，信息化教学信息资源丰富，知识量大，有助于丰富教学内容和增强课堂的趣味性，利于教学工作的开展；信息化教学可以创造生动的教学环境，增强感染力和吸引力，调动学生的积极性，让学生在课堂上主动参与到师生互动，摆脱枯燥的传统教学，提高课堂教学的效率，起到事半功倍的效果；信息化教学可让教师根据学生的具体情况实施个别化教学，因材施教，在课件库、试题库及参考资源库中给不同英语基础的学生分配不同学习内容、习题及阅读材料，还可以在网络平台上给学生布置不同的作业，并及时反馈作业批改情况，促进学生自主学习能力的培养。

四、高职英语教学信息化的发展策略

信息化教学前景广阔，随着互联网的普及，信息化教学呈现了前所未有的蓬勃发展的局面，学生们在网上可以很轻松地获取教学资源，但是我们也必须认识到网络上的教学资源形式多样、种类繁多、良莠不齐，学生缺乏分辨能力，不知道该如何选择，这就需要教师在教学过程中进行总体考量，根据学生的具体情况，采取有效的教学策略，指导学生充分利用网络资源，发展信息化教学。

（一）课堂教学为主，网络教学为辅

信息化推动了网络教学的迅速发展，不但课堂上运用了丰富的多媒体教学手段，还在课下推进"第二课堂"的建设。第二课堂包括各个高校推出的网络精品课程、教师自己录制与高职授课内容相关的微课以及网络平台上第三方推出的培训课程等。学生需要在老师的指导下选择适合自己的第二课堂作为课堂教学的有益补充，解决课堂没有听懂或者课堂时间不充足的问题。但是课堂教学的主体地位不能动摇，课堂教学有助于合理安排教学进度，保证学习的循序渐进，利于学生系统地掌握教学内容；通过面对面的交流，教师能够更准确地了解学生学习情况，进行教学安排；从学生的角度来讲学生在课堂上可以随时提出问题，及时解惑。

（二）分类教学，因材施教

高职学生个体不同，英语基础必然存在差距，要求教师根据学生的具体情况因材施教，分类教学。这个教学理念很早就被提出来了，但是高职课堂时间有限，学生人数众多，一对一教学实施起来困难很大。现在可以利用信息化手段来分层教学，给学生提供课件以及复习资料，让学生在课下有选择性地复习课上没有掌握好的内容；同时给不同层次的学生布置相应的作业，包括通过各种学习软件以及邮件等方式布置作业，并随时进行教学效果的检查和教学难点的解答。这样由学生英语水平参差不齐导致认知差异的问题就比较容易解决。各种网络课程及英语学习的应用程序是高职英语教学的有益补充。

（三）利用网络创造虚拟英语学习环境

高职教育的目标是培养应用型、复合型人才，希望学生在参加工作之后能够用英语进行工作上的交流。而传统教学中的一个突出问题就是应试教育、哑巴英语，课堂时间短。缺少语言学习环境是主要原因。信息化教学可以弥补这方面的不足，利用网络创造的虚拟英语学习环境，实现人机互动或者类似于聊天工具这样的人人互动模式，练习口语、听力和应用文的写作。比如利用当前比较流行的聊天软件，建立英语学习的微信群或者QQ群，把相当一部分的口语练习放在课后，教师可以在群里布置一个练习英语口语的话题，学生可以各抒己见，不明白的地方可以随时提问，学生说出一段英语之后，其他学生来进行点评。挑出不足之处，通过这种方式可以提高学生的参与度，让学生感受到自己的进步，获得成就感，学生也就更爱学习英语了。

五、结语

信息化给高职英语教学带来了广泛深远的影响，促进了高职英语教学的改革和创新。在这个时代背景下，高职英语的教学和学习方式发生了翻天覆地的变化，教师摆脱了传统教学方法的约束，转变了教学思路，学生的学习兴趣、学习能力和学习效果都有了很大的提高，教学氛围和师生关系也发生了变化。但是也要认识到信息化的发展是一个漫长的过程，信息化教学也有一些问题和不足有待解决，我们要顺应时代的发展，在前进中不断摸索，克服困难，合理地利用信息技术的优势推动英语教育以及整个教育领域的全面发展。

参考文献

[1] 冯永平.信息化时代高中英语教学的发展前景与策略[J].中国管理信息化，2017（1）：222-223.

[2] 教育部高等学校大学外语教学指导委员会.大学英语教学指南[G].2017.

[3] 吴亚文.信息化教学在英语教学中的应用[J].校园英语，2016（24）：89.

［4］冷冰.信息化技术与英语教学融合研究[J].网络与工程信息，2016（12）：111.102.
［5］黄敬才.试析教育信息化环境下高校教师面临的挑战与对策[J].山东纺织经济，2012（1）：92–93
［6］刘晓丹，王立欣.信息化与大学英语教学改革[J].黑龙江高教研究，2002（3）87–88.

自我效能感理论与高职英语教学策略的相关性研究

汤冉冉[1]

近年来，随着教学观念的不断改变，教学改革的不断深化，高职公共英语教学改革已经有了较大的进步。但由于高职院校近几年规模不断扩张，学生生源的多样化，导致学生的英语基础与水平参差不齐，以及受到多方面心理因素的影响，高职院校学生的英语学习效果仍不太理想。如何提高高职院校英语教学水平始终是众多一线英语教师在潜心研究的重点问题。班杜拉的自我效能感理论自提出以来，有关自我效能感的研究就一直受到心理学及教育学等领域的广泛关注。经大量研究表明，作为学习者的心理因素之一，自我效能感的提升与学生英语学习能力的提高密切相关。笔者正是在自我效能感理论的基础上进行了研究，并试着探索更加行之有效的高职英语教学策略。

一、自我效能感理论概述

美国的心理学家班杜拉在20世纪70年代提出了自我效能感理论。自我效能感是指个体对于自身能够利用所拥有的技能去完成某项工作行为的自信程度。它是一个人对于自身某方面能力的主观评估，评估的结果将直接影响一个人的行为动机。也就是说，自我效能感是人的一种心理因素，是一种信念。当接受某一个具体任务的时候，个体的自我效能感能够通过认知、动机、情感和选择过程进而影响一个人的形为结果。班杜拉的自我效能感理论更强调个体的心理过程，主张行为和认知的相互结合。自我效

---

[1] 汤冉冉，北京政法职业学院基础部讲师。

能感高，对自我能力认知充分，拥有足够的自信，就会使个体带着更加积极的动机及情感采取行动，从而顺利高效地完成任务。相反，自我效能感低的人，对自我能力的认知较差、缺乏自信，这一心理因素就会直接影响其接下来的选择及行为动机，即使其具备了完成任务的技能，但由于自我效能感的作用和影响，也可能会导致任务失败及完成效率低下。因此，自我效能感对于行为个体的选择过程、思维过程、动机过程及身心反应过程都有至关重要的影响和作用。

二、自我效能感与高职学生英语学习的关系

自我效能感是对自己能够成功地进行某一行为的主观判断，对某项任务如学习过程中的自信心有着极大的影响。作为一个重要的个体情感因素，自我效能感与学生的学习动机、学习成绩、素质提高、能力发展等都有密切的关系。然而，目前职业院校学生自我效能感的平均水平较低，主要受以下因素影响：

（1）在我国现行的教育体制下，选择在高职院校读书的学生大多是由于学习成绩较差没有考上大学本科，学生在升学筛选考试中都有过失败的经历和体验，长期受这种经历和体验的影响，他们自然而然会对自己的学习能力产生怀疑，导致高职学生英语学习的自我效能感偏低。

（2）近些年来，随着高职高专院校规模不断地扩张，高职院校学生的生源也趋于多样化，包括高中毕业生、中专毕业升大专的学生以及自主招生的部分学生。也正是由于生源的多样化，学生的英语基础与水平也参差不齐。因此，在传统的高职英语课堂上，很难让不同层次的学生在同一课堂上都跟上教学进度，学生的情感因素长久地被忽视，许多学生丧失了学习英语的兴趣。

（3）受社会舆论影响，很多人认为高职院校的学生是没有考上大学本科的'差生'，对他们缺少期待，学生很容易受到这种不良的舆论影响形成自我心理暗示，产生自暴自弃的念头，引起消极的情绪，这就更削减了学生的自我效能感，不利于学生养成良好的学习习惯和保持上进的心态。

（4）高职院校的学生入学时普遍学习成绩不理想，文化基础比较薄弱，

导致学校的学习氛围、学习风气不够浓厚，因此缺少同学的替代性成功经验。同时自己又缺乏自主学习的能力，没有体验成功的机会，以至于缺乏挑战精神和战胜困难的信心，消极对待学业。

三、自我效能感对高职学生英语学习的影响机制

自我效能感是如何影响并在学生英语学习过程中发挥作用的呢？自我效能感理论指出：个体在行动前会对自身完成该活动的有效性进行一种主观的预先的评估，这种预先的评估对后续的行为会产生多方面的影响。自我效能感能够通过认知、动机、情感和选择过程进而影响一个人的学习成果。因此，学生的自我效能感对英语学习有着非常重要的影响和作用。

（一）影响学生对学习行为的选择

高职学生由于受到上述很多客观因素及自身心理因素的影响，自我效能感比较低，这会造成其对自己学习能力的认知也偏低，对学习任务的完成没有信心，进而影响学习计划的制订、学习目标的设定等，最终使得学习任务的选择过于简单，无法实现自我学习能力的提升，英语学习成效也不够理想。

（二）影响学生面对困难时的努力程度和坚持的决心

自我效能感不仅影响学生学习目标的设定，还会影响个体的行为方式。自我效能感的高低会影响学生克服困难的决心和毅力。缺乏自我效能感的学生往往会选择逃避困难，在困难面前畏惧不前，遇到困难容易轻言放弃，更无法发挥主观能动性、积极主动地想办法解决困难。相反，自我效能感高的学生会有更坚定的信念，努力程度也相对较高，他们会在学习中更加投入，付出更多的努力，坚持不懈地去完成任务。

（三）影响个体的情绪状态及归因方式

自我效能感会影响个体的情绪状态，影响学生的思维方式以及对于问题的归因方式。自我效能感高的学生往往自信心强，能够愉快乐观地参与到学习过程中，学习效率也会比较高，而且他们会将成功归因于自己的坚持不懈、自身的努力，思维方式比较乐观积极。而自我效能感低的学生通常会在学习中充满不自信和焦虑，导致学习效率低，很容易失败，失败后

又归因于自己的基础差、能力不足,甚至是运气不好等外界因素,这样也会导致学习成效不佳,陷入更加悲观的情绪状态中。

四、基于自我效能感理论的高职英语教学策略

（一）创造轻松愉快的课堂氛围,促进学生自我效能的建立和发挥

自我效能感受环境因素的影响很大,在愉悦的气氛中,学生更容易投入,乐于接受知识,并愿意主动地参与课堂活动。鉴于高职学生英语基础薄弱、缺乏学习兴趣等问题,教师应努力改变满堂灌的课堂教学形式,创造轻松愉快的课堂氛围。教师可以利用多媒体等多种手段增加学生的学习乐趣,提高学生自我探究的欲望,发挥主观能动性。对于学生而言,在轻松愉悦的、充满新鲜感的英语学习氛围下,他们乐于主动地参与、融入课堂活动并享受其中。教师还可以从转变师生关系入手,建立新型的师生关系,拉近和学生之间的距离,减少学生对教师的惧怕心理,增加亲切感,建立和谐融洽的师生关系。这样学生在课堂中会更愿意交流、更愿意接受教师的引导,主动地积极地融入课堂活动中。在好的教学环境的影响下,学生的学习热情和效率也会比较高,自我效能感能够得到很大的提升。因此创造轻松愉悦的课堂氛围能够很好地促进学生自我效能感的建立和发挥,提高学生的学习热情和学习效率。

（二）教学内容与难度合理设计,增加学生个体对成功的体验

教师作为课堂各环节的推进者,是学习任务的策划者,是动态的监控者。鉴于高职学生之间学习基础差距比较大,教师应该更加合理地设计教学内容,区别教学难度,让不同层次的学生都能够在课堂上有不同程度的收获,不会由于太难或过于容易而失去学习的热情。因此,教师需要对教学内容进行统筹规划、整体设计,分级设计教学内容,授讲内容难易结合、层层递进。同时利用多种教学法,比如任务型语言教学法,引导学生"通过做来学"。教学的中心由教师和教科书转到学生,教师引导学生在各种活动中学习。这样既丰富了课堂活动,又可以使学生在多种活动中找到不断体验成功的机会。由于自我效能感也影响学生学习动机的激发和维持,缺乏学习动机,自然导致自我效能感低,久而久之学习效能的动机就会更加

削弱，逐渐导致学生的学习动力不足。而有了设计合理的课堂活动及内容，能够让学生都有机会获得良好的个体成功体验，自然有助于激发学生的学习动力和积极性，建立个体效能信念，提升自我效能感。

（三）优化评价机制，通过鼓励及增加替代性经验来改变自我效能感

教师可以采取鼓励式的教学评价机制提高学生的自信心和学习热情，激发他们的自我效能感。传统的评价机制都是以教师为评价的主体，这种机制有时候会过于片面单一，无法起到很好的鼓励作用。有心理学家认为：在合作的过程中，学习者能够通过协商、共同分析、共同交流来重塑自信心，增加自我成就感。因此应转变教师在评价中的主导地位，优化评价机制，采取教师评价和学生评价相结合的方法。学生采取合作式小组学习及评价的方法，小组活动后由小组成员进行小组内的评价，每个学生都可以变成评价的实践者，在小组评价中每个学生都有平等的发言权发表自己的见解和观点。这样学生由被动变为主动的评价者，由被动地接受评价结果变为主动地参与评价的整个过程。同时，在小组合作的过程中，成员能够在互助的基础上共同分析问题，小组内的优秀同学也可以成为榜样，起到榜样的示范作用，以此增加替代性的经验。此外，教师可以辅助小组成员建立一种相互帮助相互鼓励的评价体制，小组评价中互相给予鼓励式的评价，通过听取别人的评价并观察别人的成功之处，以此增加自身成功的替代性经验。在有了小范围的更多的体验成功的机会后，学生学习的动力也会加强，对自信心的提升也有着积极的作用。优化后的评价机制不再是教师的一言堂，可以有效地拓展学生学习的实践方式，增加成功的替代性经验，这样更有利于学生自我效能感的改变和提升。

（四）培养良好的积极乐观的心理状态，提高自我效能感

情绪和心理状态都会对学生的学习行为产生影响。积极乐观的心理状态对学生的英语学习有着积极的作用，而焦虑、悲观的心理状态则会降低学生的自我效能感。由于高职学生的心理问题相对比较突出，他们缺少自信，遇事缺乏正面、积极的思维方式，容易自暴自弃，因此教师应该重视对于学生心理健康方面的教育与培养，多与学生交流，了解他们的真实感受，培养他们对于英语学习的热情。在教学过程中努力让学生处于平和、

轻松、愉悦的环境下，注意调节学生紧张和焦虑的心理状态。课堂教学内容中还可以适时地融入情感教育。由于思想和心态能够决定个体的行为走向，因此要着重培养学生积极阳光的思想和心态，提高他们的自我效能感。这样学生即使遇到学习困难也能不被消极焦虑的情绪影响，主动地发挥自己的主观能动性，用更加乐观积极的心态去思考并采取有效的方法应对，进而提高学习效率，提升英语学习能力。

五、结语

自我效能感作为能够影响高职学生英语学习的一个重要心理因素，应该受到高职英语教师们更多的关注。只有努力培养和提高高职学生的自我效能感，增加学习乐趣，培养学生的学习动机，提升学习效率，才能最终实现提高学生英语应用及实践能力的目标，培养出具有综合能力的高素质的技能型人才。

参考文献

[1] Bandura A. Self–efficacy: Toward a unifying theory of behavioral change[J].Psychological Review, 1977.
[2] 班杜拉. 社会学习理论[M]. 长春：吉林教育出版社, 1989.
[3] 班杜拉. 自我效能：控制的实施[M]. 上海：上海外语教育出版社, 2004.
[4] 高申春. 论自我效能感的主题作用机制[J]. 外国教育研究, 1998（6）：5.
[5] 龙君伟. 自我效能感与学习：从理论到实践[J]. 现代教育论丛, 2005（3）：37–41.
[6] 闫琪. 通过增强自我效能感提高大学生英语口语能力的研究[J]. 课程研究, 2016（3）.
[7] 肖海燕. 自我效能感理论与大学英语教学[J]. 三峡大学学报, 2007（5）：216–217.
[8] 吕岩. 基于自我效能感的高职英语自主学习策略[J]. 北京工业职业技术学院学报, 2016（1）:102–105.

构置优化警务管理专业方向的必要性与可行性

孙建安 [1]

我国日益重视职业教育，职业教育改革永远在路上。2014 年 5 月，国务院印发颁布《关于加快发展现代职业教育的决定》。2014 年，6 月在全国职业教育工作会议上，习近平指出：要牢牢把握服务发展、促进就业的办学方向，深化体制机制改革，创新各层次各类型职业教育模式，坚持产教融合、校企合作，坚持工学结合、知行合一，引导社会各界特别是行业企业积极支持职业教育，努力建设中国特色职业教育体系。为贯彻落实国务院决定，教育部制定了《高等职业教育创新发展行动计划（2015—2018 年）》，为完成"体系结构更加合理"的主要目标，提出任务与举措之首是：提升专业建设水平；加强高等职业院校专业建设，凝练专业方向、改善实训条件、深化教学改革，整体提升专业发展水平；支持紧贴产业发展、校企深度合作、社会认可度高的骨干专业建设。

北京市教育局联合多家机构颁布的《北京职业教育改革发展行动计划（2018—2020 年）》中也以"坚持需求导向，注重服务功能；坚持问题导向，注重优化调整"为基本原则，提出紧密对接人才市场和产业发展对职业教育的需求，明确职业教育在促进城教融合、满足人民日益增长的美好生活需要和促进经济社会发展中的重要作用。该计划文件中提出以"对接产业，服务北京；产教融合，校企合作"为主要目标，把"强化内涵，提高质量"作为重点任务之一，更加强调提升专业建设水平：针对限制和禁止发展产业，撤并一批面向低端产业的专业；针对调整转型产业，改造升级一批传统优势专业；针对高精尖产业，优先发展一批新兴专业；针对城市管理服务、社会建设需求，重点建设一批紧缺人才专业。

---

[1] 孙建安，北京政法职业学院安全防范系教授。研究方向：刑事侦查、安全保卫、风险管理。

一、组织调研论证设置警务管理专业方向

为了贯彻《高等职业教育创新发展行动计划（2015—2018年）》，结合北京政法职业学院安全保卫专业群的设置情况，从2015年起开始调研论证在安全保卫专业下创建设置警务管理专业方向事宜。调研论证分为三个阶段。第一阶段，召开公、检、法、司系统部分警务部门领导参加的专家座谈会，了解特警、巡警、法警、狱警、辅警的岗位需求和招考录用基本情况。第二阶段，教师赴公安系统调研，包括市局巡特警总队、公安分局巡特警支队、派出所；到检察系统调研，包括市高级检察院、各分院、部分区检察院；到法院系统调研，包括部分区级法院法警处、队；到有北京政法职业学院毕业生就业警务岗位的处、所、队，组织学生座谈，谈就业体会、需求和建议。第三阶段，对调研材料概括、提炼、总结，整理出调研报告提供给院系领导作为决策专业调整的参考依据。

通过对公安系统（北京市巡特警总队，大兴等2个区巡特警支队，金星等5个派出所）、检察系统（北京市检察院二、三、四分院，西城等6个区检察院）、法院系统（北京市西城区法院）调研，初步掌握了公、检、法系统相关警务岗位的招录途径、职位要求、薪酬待遇等情况。北京政法职业学院安全防范系毕业生（主要是安全保卫、安全防范技术等专业）在警务相关岗位就业，受到用人单位的普遍欢迎。尽管薪酬待遇差别较大，但还是有很多青年学子怀着头顶"国徽"肩扛"盾牌"的从警梦，选择在警务相关岗位就业。公安巡特警等部分特殊警种招录已经列入公务员考试范畴，由于北京市对学历要求是专科以上，每年安全防范系都有数名毕业生考试合格被公安特警、公安文职警察岗位录用，其中特警薪酬待遇优厚，培训机会也比较多，毕业生反馈满意度、成就感较高。北京政法职业学院毕业生就业到公安民警及其他警种岗位者，大多是毕业后在相关警务岗位工作一段基础上到参加考试被录取录用。

公安局、检察院、法院等用人单位对公安辅警、检察法警、法院法警招录的希冀是招得来、留得住、干得好，而顾虑到研究生、本科学历的警务相关专业学生难以在此岗位踏实久干，因此更青睐高职、专科层次的相

关相近专业学生。近几年北京市法院法警辅警岗位为实行军事化管理均从外地部队退役士兵中招录，尽管从招录、管理、成本方面具备一定优势，但从城市疏解和增容限制政策来看很难长远下去。多年来公安机关辅警、检察院辅助法警没有正式编制、薪酬待遇较低，这成了招录、使用、管理的主要瓶颈，2000元的月薪与工作任务重、劳动强度大、经常加班加点、具有较大危险性的岗位特点形成强烈反差。近两年检察机关试行员额制，大幅度提高法警辅警人员工资待遇，部分检察院已经把法警辅警薪酬提高到4000~6000元。公安体制及警务改革方案呼之欲出，公安辅警薪酬待遇也必将大幅提高，这为有志于从警的学子提供了难得的机遇。

二、构置警务管理专业方向的必要性

警务管理专业方向是设置在安全保卫专业群下的专业方向之一，着重培养公安机关、检察机关、法院机关、监狱管理机关专科层次的警务人才。这有别于公安院校开设的公安管理本科专业的相关专业方向。公安管理专业着重培养在公安机关综合、政治、法制、后勤保障等部门从事管理工作，在公安业务部门从事警务指挥、组织管理、信息调研工作以及在相关领域从事教学、科研工作的高级复合型专门人才，一般下设公安管理、公安法制、警务保障等方向。构建警务管理专业方向有无必要性呢？从以下论据看在专科层次的职业教育范畴，在安全保卫专业群下构置警务管理专业方向具有充分的必要性。

（一）不断优化凝练专业方向的需要

《高等职业教育创新发展行动计划（2015—2018年）》和《北京职业教育改革发展行动计划（2018—2020年）》都强调以"提升专业建设水平"为主要举措和任务。构置警务管理专业方向既是优化专业建设、凝练专业方向的具体体现，也符合北京政法职业学院"面向社会、服务政法"的发展定位。

（二）更进一步拓宽招录口径的需要

近年来，北京政法职业学院安全防范系以"一保（安全保卫）两防（安全防范技术、消防工程技术）"专业为基础，不断调整专业方向，逐步拓宽招录口径，诸如国际安保与风险管理、公共安全与风险管理、海外安全官、涉外安全信息分析与管理、消防工程技术、智能消防管理、航空安全保卫、空中乘务、空中安全员、航空服务、犯罪预防技术、民航安全防范技术等。置构置警务管理专业方向能够进一步拓宽招生录取口径，以突破招生日益困难的不利局面。

（三）与就业岗位更紧密衔接的需要

职业教育的需求导向决定了优化专业凝练方向的落脚点在于与毕业生就业岗位紧密衔接。公安巡特警、公安辅警岗位的日常警务工作离不开刑事侦查、治安管理、交通管理、查缉战术、监控视频等警察业务；检法机关法警岗位主要履行押解、值庭、看管、警卫、送达，参与执行、搜查、扣押及现场保护等职责；就业比例最高的安全保卫岗位也面临着越来越多的治安案件、刑事犯罪案件甚至恐怖犯罪案件的早期预防和前期处置任务。警务管理专业方向在人才培养目标和学科课程设置方面可以做到更加有的放矢。

三、构置警务管理专业方向的可行性

北京政法职业学院安全防范系在安全保卫专业群下构置警务管理专业方向，无论从历史积淀还是现实条件看都具有切实的可行性。尽管安全保卫专业和国内安全保卫专业培养口径比较宽泛，适应性比较好，但还是不能完全适应警察勤务相关职务岗位的业务知识、专业技能、素质养成。创新构置的警务管理专业方向，在人才培养方案和课程设置上，公安业务学科和安保业务课程相结合，基础理论知识、岗位应用技能、专业必备素质相结合，既适合公安工作及警务辅助工作岗位、司法警务及辅助工作岗位，也适合就业安全保卫工作的管理岗位。这样不仅能真正拓宽招录口径，在增加招生吸引力的同时也能更好地帮助部分同学实现警察梦。构置此专业方向从以下几方面看也具备可行性：

（一）有充足师资力量，具备专业建设能力

安全防范系作为北京政法职业学院的最大系部，曾一度保留着警察工作部的名称，教师中有多名公安大学毕业的本科生、研究生，教师群体中不乏公安司法岗位工作经历、具备丰富的警察勤务经验的教师，甚至拥有刑事侦查、治安管理、公安法制、刑事执行等公安及相关学科的专业教师。教师年龄结构老、中、青相结合，职称结构高、中、初级完备，具有较高的使命感和责任感，具备较强的专业建设能力和课程创建能力，能够顺利完成创新构置警务管理专业方向的教改任务。

（二）人才缺口比较大，毕业生有就业市场

北京政法职业学院安全防范系与多家招录警务工作岗位的机关、公司有合作基础，如北京市公安局大兴公安分局多家派出所、北京市检察院各分院及多区检察院、北京市公安局公共交通安全保卫分局、北京富盛科技有限公司等。每年都有十几名至几十名同学就业于公安、司法各警种及辅警岗位，近几年成功报考公务员被巡特警及其他警种招录为在编警察的学生逐渐增多。检察院每年都参加毕业生就业双选会，甚至组织法警招录专场。公安机关警员普遍短缺，仅一个派出所辅警每年就亟待补充10~20人。就业市场职务岗位充足，为毕业生就业打开了出口。

（三）警务改革透露出薪酬待遇利好讯息

2018年度被称为公安改革年，中央全面深化改革委员会3月召开第一次会议，审议通过了《公安机关执法勤务警员职务序列改革方案（试行）》《公安机关警务技术职务序列改革方案（试行）》，标志着公安改革序幕拉开，公安体制改革方案呼之欲出。公安民警、检察法警、相关辅警工资待遇将会大幅度提高，部分省市已为辅警配备警衔，辅警人员甚至有望被纳入编制管理。另外随着北京新机场建设，民航、交通等行业公安机关也会扩编招警，这些对招录、培养警务管理专业方向学生都是利好消息。

四、警务管理专业方向招录情况及优化取向

警务管理的专业内涵是安全保卫专业之警务管理方向。经过论证北京政法职业学院安全防范系从2016年开始招录警务管理专业方向学生，与民政部门合作首先试点招录部队退役士兵两年制班。由于就业渠道畅通，该班学生在公安司法警务岗位就业比例较大，在就业单位很受欢迎。实习期间一名毕业生在检察院法警岗位成功预防了一起突发事件获得通报表彰。

2017年继续招录警务管理专业方向退役士兵两年制班。具有警务工作岗位的招工单位都以招录警务管理专业方向毕业生为主要生源。

警务管理专业方向人才培养目标以就业于公安刑事侦查、治安管理、交通警察的辅警岗位，报考巡防特警、监狱警、检法法警、公安文职人员等工作岗位为重点，照顾到部分学生可能还会转向寻求到航空安全保卫、安全防范技术岗位等就业，在课程设置上充分考虑宽基础以满足企业安保主管、海外安全官等岗位的需求。专业核心课程设置以岗位核心技能为导向：刑事侦查实务、治安管理实务、防卫控制术、司法警察执法实务、高危人员识别与控制、危情沟通与谈判、安保项目管理、安保风险管理等。

进一步优化、凝练警务管理专业方向，2018年开始招录参加高考的社招三年制学生。专业优化取向：追踪公安警务改革和政法司法改革的步伐，不断修正人才培养方案和课程设置计划。邀请警务实战部门专家参与论证修订人才培养方案，逐渐加大专家授课比例。例如接受建议：增加警棍盾牌操、机动车驾驶训练等职业拓展课程。考虑到对接高层次公安专业学历教育，增设了公安基础知识等课程，为报考公安专业的专升本及接受更高学历教育提供可能、疏通渠道、奠定基础。

微时代背景下的"3+2"对口贯通实践化教与学

李 峣[1]

微时代以数字化网络为依托,传播呈扁平化趋势,每个移动终端的个体都是一个节点,人们进行传播活动更加便捷、高效、平民化。微时代使得人人在对话中实现决策参与,成为传播活动的主体,传播的长尾效果更加明显。"3+2"对口贯通培养的目的在于一体化规划职业人才的培养,该模式的高职段定位为技能型人才,本科段定位为高端技术技能型人才,如此分段的目的在于能使学生的能力有计划地提升。高职院校只负责前者,即技能型人才的培养。若前一段的规划不合理、不科学,会直接影响后一段的教学。实际上是强调教学或学习两个方面,教与学这两个方面只有科学配置才能达到目的。

一、实践性课程

实践性课程体系由内容体系、教学保障体系、教学质量评价体系三部分组成。实践性课程是建立在实践性知识的基础之上[2],如果二者无连接,那么仅是一个概念而已,教师与学生都体会不到职业的刺激与快感。现在的高职教学历经多年的改革,多数院校对学生的实践教学太过注重,如此,会出现过犹不及的特点[3],这会导致学生对专业理论知识学习上的欠缺,就会出现一生中的智能层次上的偏低的情形,而在技能上也仅能达到技术工

---

[1] 李峣,北京政法职业学院应用法律系讲师。
[2] 参见刘霞:《高职与本科"3+2"对口贯通培养创新应用型实践教学体系的研究》,《教育现代化》,2018年第8期。
[3] 相关数字表明,理工类高职多数实践性课时占60%;我院的法律教学多种课程是36课时教学,实践类占6课时,笔者授课的劳动法原理与实务、养老与失业实务等多门课程在实践课就是如此布局的。

人的水平[1]，概括地说是所谓的重实践、轻理论而导致的知识储备的不足。与此相反，如果重知识、轻实践，就是所谓的实践上创新力不够的局面。有时，也会有实训设备与学生能力不相匹配的难堪情状。

实训教学通过模拟实际工作环境，采用来自真实工作项目的实际案例，教学过程要求的是理论结合实践，更强调学生的参与式学习，能够在最短的时间内使学生在专业技能、实践经验、工作方法、团队合作等方面得到提高。北京政法职业学院有实训楼，用于实训教学，每个学生一台电脑，适用于学院集几年之功多人之力完成的法律类教学资源库的教学，但课堂上学生有电脑挡在面前，如果老师失察，则学生可能会耽于睡觉、游戏、电影等。

实践化教学的一个必要前提是实践性课程，但每个高职院校都或多或少地存在实践性课程缺乏的现实，而实践性课程的开发依赖于教师的实践性知识或对此种知识的认知水平以及对于此种事业的观点。笔者从 2015 年接受应用法律系的任务，主编《劳动争议处理实务》，该教材两个特色：一是结合笔者多年教学经验而设计内容；二是项目化、模块化、任务化教学。

（一）与课程目标相匹配的课程

北京政法职业学院或者说应用法律系各专业的课程体系构建因子有公共基础课程、专业基础课程、专业核心课程、专业拓展课程、集中实践课程等。

实际上课程设置须与学生的培养目标和学生要达到的专业能力相匹配，3+2 相应法律专科层次要求的学生专业能力有专业基本能力、法律运用的实践能力、法律事务的管理能力、法律要求的协作能力、基础上的法学科研能力、职业心理素质等。在此能力要求中，贯穿于整个课程体系的是能力本位教育观念，以培养学生可持续发展能力的目标为特征。从北京政法职业学院的专业要求来看，重在评判性思维能力、法律事务的管理能力、处理人际关系方面的能力，同时还要具有较高的文化素养和科学精神，有较强的创新意识，有突出的法条运用能力，与专科阶段的培养目标相符。

---

[1] 张晶：《应用型人才培养典型问题的调查》，中国财富出版社 2017 年版，第 25 页。

笔者认为，与现在的微时代相适应，课程设置须遵循"课程性质＋课程群＋模块"的思路逐步构建课程体系，从以适用法律规范为中心的职业理念出发，以培养职业能力为主题，构建符合技能型人才培养目标和岗位需求的课程体系，且该课程体系是基于工作过程的知识递进关系的课程体系。

（二）锻炼学生基本能力所需的课程

与前述我国所需的学生能力类型相比，在西方国家，法律职业教育特别注重法律诠释能力、法律推理能力、法律论证能力这三种从事法律实务的基本能力❶。简单地说，诠释能力就是解读法律，推理是将知识与案件相联结导出裁判结果的能力；论证是将学识应用于案件得出结论的能力。

实际上北京政法职业学院的课程设置虽然不同于1998年及后来的2012年教育部制订的法律专业目录要求的14门课程❷，但大体上依据该要求设置。该课程重在知识传授，仅可以满足学科与专业的基本理论所需，法学思维和法律实务训练方面则存在欠缺。那么，非常有必要培养学生运用法学理论和方法去分析问题、解决问题的能力，特别是运用法学知识和方法解决实际法律问题的能力，以达到法科学生的专业实践能力。笔者曾尝试着在课程不变的情况下只进行课堂知识传授方式及内容上的变革，经过几年的尝试始终有力不从心之感，当下的捷径只能是实践性课程的开发。简单地说，授课素材突出一种综合搭配，即解释、推理、论证、利益衡量等法律思维能力的培养。

（三）"去中心化"的教与学实践需要的课程

微时代的特色是各类移动便携的终端使用广泛，数字技术使传者与受者位置互换、重叠并且逐渐变得模糊，知识的传播活动逐渐"去中心化"。可否借用该时代术语，课堂教学也"去主导化，去中心化"，特别是后者，为什么？联系到北京政法职业学院实际，如何以学生为中心？

---

❶ 赵玉增："法律方法课程开发的路径选择：从施瓦布的课程开发理论谈起"，《法律方法》，2013年第11期。

❷ 参见《普通高等学校专业目录》（2012年版）规定，要求设置法理、宪法、民法、商法、知识产权法、刑法、民事诉讼法、刑事诉讼法、行政法与行政诉讼法、国际法、国际私法、国际经济法、环境资源法、劳动与社会保障法等14门课程，删去1998年版里法制史与经济法，换成环境保护法与劳动与社会保障法。

或者说，在学院的教学中能否让课堂呈现一种"无限中心化"的趋势？课堂教学在本质上来说就是一个知识传递，或者说是知识共享，抑或者说是知识交互使用的过程，课堂的每一位都视为一个主体，那么每一个主体都是传播学上的一个节点，而此节点都可能是一个传送或接收的中心，传播活动早已不再是自上而下的单向式传播，而是呈现知识动态运行的网状结构、双向结构。也就是说，教师和学生都是一个知识的接与收的处理站，都是对话者，需要在这场45分钟的对话中实现决策参与，成为知识交流活动的主体，使得知识的教与学的长尾效果更加明显❶。

二、实践化教与学

《北京职业教育改革发展行动计划（2018—2020年）》的第四部分提出七大类十五小项重点任务，其中的"构建体系与畅通渠道"标题下有"高职+应用型本科"贯通培养（3+2）的主题，具体施教及学习方式以有趣、有用、有效的课堂教学，以小班化、模块化、项目式、案例式、混合式教学和探究性、合作性学习为主要特色。上文提到实践类课程建设，那么，建成课程体系之后，则是学生选课与教师授课的问题。

（一）学生选课与教师授课

笔者建议打破当下的专业划分授课模式，以应用法律系为例，法律课程的法学学科划分成两种，即必备专业基础课程与法律技能自助课程（拓展课程）两种，前者包括法理、民法、刑法、三大诉讼、合同法七种，后者包括证据法、公司法、劳动法、保险法、婚姻法、国际公法、经济法、知识产权法、管理等课程。七种必修课旨在了解法学基础知识，合理分配在两年时间内完成；自助课包括至少十种课程，让学生自由选择，可根据自身兴趣选择，在两年时间里至少选八种。这样做的目的在于让各专业学生选择属于自己的科目，将传统上"教师认为重要的东西，学生就必须学"的被动模式转变为"学生认为有兴趣，教师帮学生学"的主动模式，倡导将以"教"为主导转变

---

❶ 长尾理论是网络时代兴起的一种新理论，注重的是成本和效率的因素。联系到课堂教学，一是老师正在讲授的课程，与学生的需要是否成正比，学生不感兴趣、与专业能力不相称等都可以视为需求低的课程或课堂内容。这种课程占据整个专科教学多少时间份额，需要花很多工夫去做调研。

为以"学"为主导。

（二）模块化、项目化与任务化教学

课程的开发以"厚基础、重实践、强应用"为理念。那么，如何进行课程的模块化、项目化及任务化设置？笔者的模块化设置通过课程、技能、必修课、自助课等要素的科学配比来完成教、学、做一体化，同时可以与用人单位的需求相结合。

1. 模块化

我国职业教育行业采用的是适应国情的"宽基础、活模块"教育模式。该模式关键词是"以人为本、全面育人"，简言之就是从人文素质、基础从业能力做起，进而培养学生的专门职业能力。该模式有模块化本位教育与模块式训练两种，前者以知行能力为教学目标，后者重在职业技能的训练。

以仲裁法为例，将课程设计为如下几个模块：（1）仲裁法概述，通过此模块的实训掌握仲裁定义、特征、与民诉的区别等知识，以仲裁特征及与民诉的区别为关键。（2）仲裁的原则及制度，通过该模块的实训掌握仲裁领域的自愿、独立等，并就回避、一裁终局等制度做出特别说明。整个过程与民诉相对比，故此模块内容的有效学习方法是比较学习法。（3）仲裁协议模块，该模块是整个仲裁法的灵魂，是仲裁法的"任督二脉"，因为没有协议就没有仲裁法及仲裁事业。通过实训将仲裁协议与合同法的普通合同相区别，进而掌握协议的启动性、独立性（特别是独立性，是特别难理解的）等功能。（4）仲裁程序，该模块内容多、杂，但是简单，与民诉的整个程序相似。（5）仲裁裁决，该模块以裁决种类、效力、裁决与调解的区别三方面为重点，主要是将程序上的裁决理念灌输给学生。

之所以称为模块化授课，是要达到以下目标：第一，每个模块间的联系；第二，淡化教、注重学，方法上是注重教与学的平等；第三，将每个知识点具化或物化。例如裁决种类上，一个学生身份是"最终裁决"，一个学生身份是"中间裁决"，一个学生身份是"合意裁决"，三个学生比拼，引出自己所属裁决所携带的信息，谁列出的多谁赢得比赛。

2. 项目化

给你45分钟，你能造一座桥吗？这是一个最能说明何为项目化教学的小故事，教学过程可以概括为：由教师点明本堂课主题、学生围绕主题讨论，每位学生自己列出与主题相关的学习方案，选择几个学生演说自己的方案及所涉及的知识点，师与生共同评估。那么，在法学课堂上，不妨进行如下的修正：①上一节课结束时由教师预留下节课研习的题目；②全班划分为几个学习小组；③上课由每小组汇报本组的学习方案；④进行总结与评价；⑤教师补充本课知识点。以养老与失业保险实务课程为例具体说明。

2018年10月24日，劳保专业"3+2"二班的学生左超对企业年金主题进行陈述，见表1。

表1　企业年金主题

项目名称	陈述学生	学生参与：提问	教师参与：质疑
企业年金	左超	董瑞朴、史淼等	质疑
筹集来源	年金来源	没钱，个人怎么办？	人死后，所余的政府补贴归入哪类？
只能放银行里？	如何市场化	投资国家实体行不行	股票不是市场化？
也是满15年，按月领取吗？	待遇如何计算	一次性发放的问题？	是否和职工养老适用同一公式？
评估			

左超制作了PPT，在陈述过程中两名同学走上讲台与其辩论，教师也不时以平等的身份参与到辩论中。虽然课堂上的学生对这些辩论表现出羡慕、肯定、质疑、不屑、不理等不同态度，但至少延后90%的学生参与进来，结果，两节课很快过去，只能将评估环节。在这个过程中，左超大部分陈述与主题相符，他的瑕疵是将两个主题外项目引进来，即定金与基金，一个错误陈述是：股票不是企业年金的市场化运作。

3. 任务化

把法律课堂的任务化简单处理为具体的案件操作，简单的办法是进行角色的理解和扮演，一个班三十几个学生，每人都会参与和体会到至少一个角色。

任务化教学在设计之初应注意以下几点：（1）每个教学任务训练学生的一种能力，如仲裁概念训练学生的法律思维能力，且与法理相联结；再如仲裁协议，学生至少要学会起草一个仲裁协议书，甚至学会起草商事合同，至少要知道商事合同的一些常见和必备条款。（2）每个任务所训练的能力是当场直接解决实际问题。（3）每个任务的能力都要求由多个直接的技术因素构成，将该技术因素用图画出，交给学生至少保存到本课程结束。（4）每一任务能达到以下目的：让学生在学中或学后至少能提出问题，并加以研究。

模块化、项目化、任务化教学不是知识点的罗列，而是将教与学平等化且互相兼容；不是程式化地走过场，而是力争每个模块、项目、任务都呈现不同的实操环境，每个任务都要训练不同的专业能力；不是平铺式推进课堂，而是用问题导向来助力课堂；不是案例的简介与处理，而是师生一起寻找案件的症结，并对症下药。

（三）走班教学法（一个建议）

走班教学是一种动态教学法，因学生的认知、知识、能力、需求及兴趣的差别而分组，择取不同的授课内容，实施相异的教学方式，从而让不同层次的学生都能得到充分发展。就北京政法职业学院实情而言，该种形式须基于以下几个条件：第一，分组以兴趣为主要参考，但要建立在一定的评估之上；第二，以不打乱原行政班为前提，可以采取双向选择，即学生与老师互选，把同一层次的学生组成班级进行授课，实行流动式分流教学；第三，结合前边提及的必修课及自助课分类选择，一种课至少有两个教师授课，这样学生才有得选，如劳保专业的刑诉法、劳动法、保险法、民诉法、证据法等，多数课程都是两个或两个以上教师授课；第四，从学校实情出发，可以考虑实行分层走班、兴趣走班、职业方向走班，特别是后两种。

走班教学的理论支持是孔子提倡的因材施教，但不是一种补偏救弊，而是针对学生对不同学科的兴趣为基点而实施，让学校的教学设施、教师的施教方向等都以瞄准和贴近学生"最近发展区"为目标而设计教学目标，标明学习任务，与各兴趣层次学生的学习欲望点相契合，让他们都能"跳一跳，而摘到自己最想吃的果子"。

三、智能课堂教学简介

这是近几年兴起的一种全新的教学模式。利用手机上的App，基于移动互联网和位置服务技术路线，覆盖课前、课上和课后各教学环节，具备学生自动签到、课堂提问和互动、实时在线课堂、课下资料共享和交流等智能教学功能，把课堂教学带入一个全新的境界。师生对此类App多持点赞态度。例如以下评价：能够提供便利，激发学生积极参与，并将学生参与的情况有效地记录下来，同时给学生回答问题的结果给予及时的评价，这样一学期下来，一个学生参与课堂的情况也就一目了然；对App的抢答功能，每个学生答了多少道题，加了多少分在软件里变成了关于排行榜，对学生特别有激励作用；有学生说用了课堂App，产生了强烈的学习兴趣；也有学生说，这是比较有趣味性的课堂，尤其选人和抢答环节，回答得不错还可以加表现分。

四、结语

《北京职业教育改革发展行动计划（2018—2020年）》要求做精、做强、做特职业教育，此为宏观的指导，就师与生、教与学而言，只能借助微观的教材、课堂两种载体去打造精、专、准的教与学本身。模块化、项目化、任务化教学和走班教学都体现了师与生的双向互相关注，如果只是单向，则意味着是失败的教学。在此双向过程中，笔者提倡平等的教与学理念，这会起到与圆桌会议一样的效果，无形中就将学生推向了课堂的主体，实现交流讨论、分组合作的聊天式、交互式教与学。

"翻转课堂"在高职法学课程教学中的实践探索

秦宏宇 [1]

互联网时代,学生的学习方式多样化,能够通过网络获取信息,丰富知识结构;同时,教师在教学中所扮演的角色也发生了变化,教师不再是唯一的知识提供者。在这种新的环境下,高职法学教育必须探索新的教学模式。

一、翻转课堂的含义

"翻转课堂",也被称为"反转课堂""翻转教学""颠倒课堂"等,源于英语"Flipped Class Model",是"反转课堂式教学模式"的中文简称。"翻转课堂"通过将知识传授和知识内化两个阶段的顺序颠倒,"先学后教",重新调整了课堂内和课堂外的时间。原本应该在课堂上由老师讲授的内容转移到课下自学,原本应该在课下完成的作业由学生在课堂上完成,实现知识的内化。

二、高职法学课程引入翻转课堂的必要性分析

(一)社会经济发展的大环境要求改变传统的课堂教学理念

2012年,中央政法委、教育部联合推出《关于实施卓越法律人才教育培养计划的若干意见》(以下简称《意见》),开启了我国高校法学专业人才培养的新阶段。《意见》提出,培养应用型、复合型法律职业人才,是实施卓越法律人才教育培养计划的重点。[2]

这一文件的出台对高校法学专业的教学和人才培养质量提出了新的要

---

[1] 秦宏宇,北京政法职业学院应用法律系讲师。
[2] 教育部、中央政法委员会:关于实施卓越法律人才教育培养计划的若干意见。

求，培养高素质法律专业人才，提高学生解决实际法律问题的能力，法学的课程设置与教学方法改革成为不可回避的问题。

《教育信息化十年发展规划（2011—2020年）》指出：教育信息化的发展要以教育理念创新为先导，以优质教育资源和信息化学习环境建设为基础，以学习方式和教育模式创新为核心。高校应以此为契机，深化教学改革，改变目前法学人才培养的手段与目标不匹配的状况。

（二）传统法学教学和近年来法学人才培养面临的困境

第一，长期以来，多数课堂教学是以"教师为中心"的思维，尤其是在法学课程中，灌输式教学方法仍然占据主导地位，这种模式强调教学的单向传输，即教师单向地向学生灌输知识、学生被动接受。在教学方法方面，主要以讲授为主、辅之以多媒体、案例讨论，学生在课堂的主要活动就是记笔记和回答问题。法学是注重理论与实践结合的一门学科，这种"填鸭式"教学忽视了学生个性的发展和主观能动性的发挥，不利于提高法学专业素养和实务能力，同时，与社会对法律人才的要求也差距很大。

第二，课程内容较多，然而课堂学习时间较少。由于在传统教学模式下，教师处于主体地位，对教学过程起主导作用，知识的传授主要由老师进行，学生学习的内容取决于老师。但是，目前高校的法学类专业的课程数量非常多，学习任务比较繁重。高职院校的法学课程设置也基本延续了本科院校的课程体系，只是在讲课内容的深度、课时分布等方面有所区分。与繁重的学习任务形成反差的是课堂学习时间非常有限，传统课堂每节课只有45分钟的时间，每个学期教学周数一般为18周，时间紧、任务重，因此教师要么会加快教学进度，要么就是对教材内容进行取舍，然而前者不利于学生对已学知识点的掌握和消化，后者不利于知识体系的连贯性。所以，如果只依靠教师在课堂上讲课的方法来掌握法学知识，学生的学习效果并不理想，常常会出现"实际掌握的知识不足以在工作中使用"的困境。

第三，传统课堂教学内容比较枯燥，方式单一。如上所述，课程设置"大而杂"，这种体系对于高职院校来说是不够科学的，因为职业院校的特点是强调对学生实践能力和职业技能的培养。由于课程设置缺乏针对性，从而导致讲课内容也缺乏针对性。老师讲，学生听，加之法学理论课本身就比较抽象和深奥，经常出现课堂气氛沉闷、讲解内容枯燥等现象，学生的学习兴致不高，学习效率偏低，达不到教学目的。尤其是高职院校，学生水平参差不齐，多数学生缺乏自主学习的意识，自我约束力不强，如果对课堂内容不感兴趣，很容易出现玩手机、说话、睡觉等情况。

（三）翻转课堂的特点

翻转课堂与传统教学方法相比有着较大的优势。

翻转课堂改变了"教师课堂讲授、学生课后复习和完成作业"的模式，通过将知识传授活动"前置"到课前，在课堂中通过协作学习将知识内化，实现了教与学顺序的"翻转"以及教与学时间的优化安排。

翻转课堂强调学生的自主探索，是整个教学过程的主动构建者，先自主学习教师录制的视频，然后在课堂上与教师面对面地讨论，实现知识的内化。在这一过程中，教师的角色是"学生学习的辅助者、指导者"，实现了主体地位的"翻转"。

引导学生主动探究问题，从而突破"理解""记忆"等低层次认知，培养学生的"应用""分析""评估"和"创造"等高层次认知能力。[1]同时，每个学生能够根据自己的情况合理安排学习进度和内容，真正做到因材施教。

对学生的考核注重对学习过程的评价，是结合其平时的自主学习情况、课堂表现、解决问题能力、团队协作、沟通表达等多方面进行综合评价，转变了考核评价机制。这种多元化的评价模式使学生学习的主动性和积极性得到提升。

翻转课堂模式的实施可以提高学生独立思考和解决问题的能力，提高团队意识和协作精神，符合应用型、复合型法律人才的培养目标，也为学生今后从事法律实务提供了锻炼的机会。

三、翻转课堂教学方法的实施步骤

翻转课堂强调课前主动预习与课堂互动合作，通过课堂教学与网络资

---

[1] 邵将："基于微课的'翻转课堂'教学设计与应用研究——以经济管理类专业《经济法》课程为例"，《公民与法》，2016年第6期。

源的结合，打破了传统教学在时间与空间方面的限制，提高学习效率，激发学生的学习兴趣。

（一）课前学生自学

明确学习目标。教师根据教学大纲和教学任务设计教学内容。具体来说，教师在备课时需要明确哪些内容要重点讲解，哪些是由教师引导、学生可以通过自主学习来完成的，哪些是需要学生讨论和分析解决的。

比如，就法理学课程来说，其学科理论性强，又非常抽象，对于一些基础性内容，如概念、原则等，可以视频微课的形式呈现；而对于一些案例资料比较丰富的知识点，则以课前预习、课堂探究与讨论的方式解决。

制作教学课件和教学视频，课前向学生布置任务。这是很关键的一个步骤。教学资源包括课堂讲授视频、课件以及教学案例等。老师在课前录制关于某一章节的基本知识点的教学视频，微课时间一般为10分钟左右。然后将视频、相关法条和案例材料上传至网络平台，学生可自行安排学习时间，通过观看微视频、结合法条分析案例，让学生对下一堂课内容的一些基本理论与知识有所了解。

需要注意的是，微视频的讲授时间比较短，因此教师在准备课程时应避免出现内容提炼不到位、重点内容表达不清等情况；视频的内容应根据教学重点和难点进行设计，注重理论性和趣味性结合；在案例的选择方面应选择有时效性、有探究价值的经典案例，或者比较热门的社会热点事件，还可以让学生在生活中寻找案例，提高学生的学习兴趣。

学生自主学习。学生登录网络教学平台学习。在这一过程中，教师要进行引导，并辅之以答疑，培养学生的学习能力。学生完成课前任务之后需要总结：不能准确把握的法学概念和法律条文有哪些；自己在哪些地方存在疑惑；案例分析结论是什么；自己感兴趣的问题是什么。这一步骤要求学生去主动发现问题，以此来确定课堂探究的主题。

比如：在法理学"法与道德"这一课，教师可以将录制的"十恶不赦中的道德与法"的讲解视频以及"乘车时该不该给老年人让座""老人摔倒无人扶"等热点事件以视频或文本形式上传至学习平台，并提出学习任务"你是如何理解法与道德的联系"，让学生提交自己的学习结论。

（二）课中解决问题与知识内化

由于学生在课前已完成对基础理论知识的学习，因此，这一环节教师不再按照以往的教学逻辑讲授某一章节的全部知识点，而是密切联系课前任务，课堂上教师主要是对学生在视频学习中记录的问题，以及重点和难点问题进行有针对性的答疑解惑、总结和归纳，或者对有争议的问题开展小组讨论或辩论，启发学生找到解决问题的思路和答案，指导学生梳理知识体系。

教师可以将学生进行分组，以案例为中心，小组互动讨论，每一位学生都要在组内发表观点，通过这种合作探究式学习调动学生的参与积极性，并通过讨论纠正自己理解有偏差的地方，实现知识内化。经过协作学习之后，以小组展示的形式呈现学习成果。这一阶段有助于培养学生的团结协作意识和独立思考能力。同时，教师也要根据实际教学情况适时地对教育策略进行调整。

比如：法理学"法与道德"这一部分内容，在学生完成了课前学习任务之后，教师要登录教学平台，收集整理学生的作业完成情况以及学生记录的主要疑问点，将其中比较有代表性或共性的问题带到课堂。上课时根据学生的不同特点进行分组，分配特定的任务，比如以案例为主题进行分组，每个小组讨论不同的案例，或以问题为依据进行分组，学生之间相互交流、补充和借鉴，并将讨论结论在课堂上进行汇报与展示。以此锻炼学生运用基础理论和相关法条分析案例、解决问题的能力。

（三）课后总结与反思

学生在完成课前任务、小组合作探究式学习之后，通过同学之间的讨论，以及教师的引导和启发，对知识的掌握程度进行反思，自己总结出学到了什么，以及还有哪些问题仍有待解决。

四、翻转课堂教学模式的适用条件

（一）对于班级规模的限制

笔者认为这一模式更加适合于小班授课。"翻转课堂"需体现差异化，"知己知彼，百战不殆"，教师在实施教学活动前需对学生特征进行分析，包括其原有知识水平、学习进度等。因此，如果班级人数非常多，会影响教学效果。对于成绩好的学生可适当安排其学习一些拓展内容，而对于成绩较差的学生，主要完成基础内容。通过设置难度不同的课程内容做到因材施教。

（二）翻转课堂的应用范围

翻转课堂教学模式可以提高教学效率，但并不是所有内容都适合运用翻转形式进行教学，或者不急于全盘采用。一方面，学生应该具备一定的法学基础。另一方面，这取决于课程的性质：第一，难度要适中，如果难度过大，学生不能够很好地学习和领会，将会阻碍课前预习，影响"翻转课堂"的教学效果；第二，笔者认为，对于网络资源比较丰富、案例较多的法学应用学科，如民法、刑法、刑事诉讼法，可尝试使用翻转课堂模式；而对于理论法学，可在有些章节或者某一个片段采取这一模式，以点带面，渐进式引入。

例如，法理学中讲述"法系""法的演进"时，可指导学生阅读一些课外书籍，既可丰富知识、开阔视野，也为课堂上的讨论与探究提供了素材。

（三）翻转课堂对教师素质提出了更高的要求

与传统法学教学相比，翻转课堂对教师提出了新的挑战。翻转课堂的实施要求教师在具备专业知识和教学水平的基础上，还需具备一定的教学视频制作水平、对于课堂整体的掌控能力，以及灵活应变能力，这样才能对课堂讨论进行积极有效的指导。同时对课程还要进行整体规划，保证知识点的连贯与衔接。因此，与传统教学模式相比较，教师需要付出更多的时间与精力。

五、结语

法学教学和人才培养的目标是要服务于社会，通过学习能够解决法律问题。人才培养模式的改革必然体现于教学模式的革新。"互联网+"时代给教育发展带来冲击的同时也带来了机遇。"翻转课堂"作为一种全新的教学理念与教学模式，借助于网络平台将教师的积极引导与学生的自主学习相结合，便于学生更好地吸收知识，锻炼法学思维，更有利于提高学生的实践能力和法律实务水平，培养应用型和复合型法律人才。

信息化实训教学设计的实践与思考
——以智能楼宇系统集成课程之任务为例

陈 瑶[1]

一、引言

当今社会正处于信息技术高速发展的时代,各行各业都在以不同形式融入计算机技术和网络技术。这种融入,大大促进了其自身与时代的共同高速发展,教育行业亦是如此。2012年,《教育部关于印发〈教育信息化十年发展规划(2011—2020年)〉的通知》中指出,"以教育信息化带动教育现代化,是我国教育事业发展的战略选择。""建设覆盖城乡各级各类学校的教育信息化体系,促进优质教育资源普及共享,推进信息技术与教育教学深度融合,实现教育思想、理念、方法和手段全方位创新,对于提高教育质量、促进教育公平、构建学习型社会和人力资源强国具有重大意义。"这是国家为教育信息化建设指明了发展的方向,同时也对教师的信息化教学能力提出了更高的要求。我们应在教育教学中整合教学内容,有效地融入多元化的信息化元素,通过合理的信息化教学设计优化教学过程,提高教学质量和效率,促进自身教学能力的提升、教育理念的根本性改变。

二、信息化教学设计的内涵

信息化教学设计是由上海师范大学黎加厚教授提出的。信息化教学设计是运用系统方法,促进以学为中心的学习方式的转变,充分、恰当地利用现代信息技术和信息资源,科学地安排教学过程的各个环节和要素,以

---

[1] 陈瑶,北京政法职业学院,讲师。

实现教学过程的优化。❶

信息化教学设计有别于传统教学，它以信息技术为支撑，以学习者为中心，教学内容丰富、生动，更符合学生的学习需求和特点。

三、信息化实训教学设计的实践

本次实训教学任务选自《智能楼宇系统集成》课程，该课程是安全防范技术专业的"专业素质与职业技能"课，融合了建筑、计算机、通信、综合布线、自动控制、安防、消防等多方面的先进科学技术，具有很强的理论性、实践性和系统集成性。该课程的教学与实训环境为"THBAES-3型楼宇智能化工程实训系统"。该系统在结构上以智能建筑模型为基础，涵盖了出入口控制（对讲门禁）、入侵报警（安防）、视频监控、消防、综合布线、DDC等系统，各系统既可独立运行，也可实现联动。在教学中通过使学生在模拟情景中完成真实任务来实现教学目标。经过整合，课程内容设计5个实训项目：对讲门禁及室内安防子系统的安装与调试、消防子系统的安装与调试、视频监控及周界防范子系统的安装与调试、网络及综合布线子系统的安装与调试、DDC自动控制子系统的安装与调试。

下面将以"实训项目三 视频监控及周界防范子系统的安装与调试"中的"子任务二 系统报警联动"为例，浅谈一下信息化实训教学设计的实践。

（一）教学分析

教学内容："子任务二 系统报警联动"实现了视频监控系统与入侵报警系统之间的联动控制，构建了一个高效、安全的模拟安防体系。在教学中，我以视频监控和入侵报警设备的安装使用、功能调试等应用技术为主要教学内容，采用"任务驱动"的教学方法，在教会学生"系统报警联动"的系统安装与功能调试的基础上培养学生的施工、调试、运行等综合职业能力。

教学目标：根据课程标准，确定本次实训教学的教学目标。知识目标为掌握视频监控及周界防范子系统中"系统报警联动"部分的系统组成原

---

❶ 黎加厚："教育信息化环境下的教学设"，《中小学信息技术教育》，2002年．

169

理；掌握主要设备的功能和主要性能参数。能力目标为能熟练识读系统接线图；能熟练掌握主要设备的安装、接线、布线及参数设置的方法；能根据工程实际需求进行系统施工、集成和功能调试；能分析系统故障并排除。素质目标为培养学生综合应用专业知识分析问题和解决问题的能力；培养学生严谨细心、认真负责、遵守国家规范的工作态度；培养学生良好的团队协作意识。

教学对象：本课程的教学对象为安全防范技术专业二年级学生。他们已经学习了相应的前导课程《视频安防监控系统应用》和《入侵报警系统的原理与应用》。学生已经基本掌握了相关设备的功能、工作原理及使用方法，他们具有很强的好胜心，但操作不够严谨，缺乏规范操作的意识，发现和解决问题的能力有待提高。

教学重点和难点：根据前面的分析（教学内容、教学目标、教学对象），确定教学重点为"系统报警联动"的系统安装和功能调试，教学难点为功能调试及故障排除。

（二）教学设计思路

根据以上分析，本次实训任务的教学重点和难点是以理论为基础，以培养学生实际操作能力为主。无论理论还是实操都需要有实物参照、环境展示、教学演示，而且实操过程具有一定的复杂性，学生不能一次性全部掌握知识和技能点，因此在实训过程中需要经常、反复向老师询问，老师就需要一一指导、反复演示，这就可能会出现教学效率低、教学效果不够理想的问题。这些问题主要是由实训教学内容的呈现形式比较单一、使用方式不够灵活引起的。

在信息技术高速发展的时代，在教育信息化改革的大背景下，我们可以通过结合网络环境、以多种信息化形式呈现实训教学内容来解决问题，进而改进并提升教学效果。如以多媒体课件介绍实训任务、背景知识；以虚拟仿真软件呈现仿真实训环境、设备实物、安装位置及端子说明，展示系统结构及布线方式；以视频演示实训操作过程；以网络（三元互动学习平台）承载以上所有内容，并提供互动交流环境等。这种信息技术的融入既可以使教学内容呈现形式多样化、形象化、生动化，提高学生学习的兴趣、积极性和主动性；也可以方便地反复呈现教学资源和实训操作，有利于学生的技能习得，提高教学效率和教学效果；还可以实现线上线下的混合式教学，拓展教学的时间和空间，使教学形式更加灵活、多样。因此，将信息化技术融入本次实训教学中是可行且必要的。

下面将以《智能楼宇系统集成》课程中的实训任务"系统报警联动"为例，尝试信息化实训教学设计。该实训任务需要4课时完成。

在教学设计中，将从整体上进行系统规划，以"任务驱动"和"问题解决"作为学习和研究活动的主线，在整个教学过程中以学生为中心，注重培养学生的学习能力、动手能力、解决问题的能力，教师作为学习的促进者，引导、监控和评价学生的学习进程；细节上科学安排教学过程的各个环节，充分利用各种信息资源支持学生完成自主学习和协助式探索，如三元互动学习平台、多媒体课件、视频、虚拟仿真实训软件等，使学生在仿真的教学环境中通过完成真实的实训任务实现知识与能力的构建。

（三）教学过程

在课堂教学的基础上，借助三元互动学习平台拓展教学的时间与空间，实现线上线下的混合式教学。将本次教学过程设计为三步：课前准备、课堂教学、课后讨论。课前在线上实现教师任务发布、学生课前准备；课堂上在线上线下利用多种信息技术进行现场教学和实训；课后在线上完成评价和讨论交流。

1. 课前准备

课前通过三元互动学习平台和各种网络资源为学生提供信息储备，为顺利有效地开展课堂教学做好准备。

教师在课前借助信息化平台——三元互动学习平台，上传教学资源，包括教学视频、任务书、课件等其他相关文档，供学生课前预习。根据学生能力差异，按照组内异质、组间同质的原则进行分组，组内指定一人为组长，并将分组情况公布在该信息化平台。

学生在课前通过三元互动学习平台了解任务需求、任务内容、分组情况。根据任务需要，学生通过前导课程、三元互动平台以及网络资源（如北京安防行业网、安防企业门户网站等）获取熟悉相关设备信息（如功能、工作原理、接口参数、系统功能调试实训的操作等）及相关国家标准（GB 50348—2004《安全防范工程技术规范》），为课上学习做好充分的知识准备。

学生根据任务要求观察校园内的视频监控及入侵报警设备。

2. 课堂教学

细化课堂教学，将其设计为六步：情景导入、明确任务、分解任务、分步完成任务、教学考核与评价、小结与布置任务。在课堂教学的各个环节中，通过恰当地运用多种形式的信息技术，丰富教学形式，提高教学效率，改善实训教学效果，实现教学目标和教学重点，解决教学难点。

（1）情景导入

首先，教师通过多媒体课件创设情景：在校园的重要区域，同学们可以观察到：视频监控设备——对布防区域实时巡视录像；入侵报警设备——对非法进入的情况进行监测。

教师提问：当有人非法进入布防区域时，管理中心如何能够及时收到报警并能自动实时观察和记录下入侵区域的现场情况呢？

在教师的引导下，学生分组开展讨论，并提出解决方案：通过两个系统的联动工作来实现。那么如何实现这种联动工作呢？由此激发学生学习兴趣，为后面引入新课做好准备。

（2）明确任务

教师通过多媒体课件明确任务：针对我们的实训平台，当有人进入"智能大楼"时，需要立即触发红外对射或门磁探测器，并有声光报警器报警，同时高速球机实现预置点联动录像，即实现视频监控与周界防范子系统的系统联动报警。

（3）分解任务

为完成本次实训任务，学生们在教师的引导下，分析、分解任务，将其细化为五个子任务：系统认知、系统设计与组建、设备安装、接线与布线、通电功能调试。其中系统设备的安装、接线和功能调试是本次教学的重点，借助多元化的信息形式为学生提供可以方便、灵活、反复访问的信息化线上学习资源。

（4）分步完成任务

在完成实训任务的过程中，以小组为单位开展探究式学习，强调组内协作学习。学生们在教师的组织和引导下，在组长带领下分组讨论、细化分工、动手与动脑相结合，逐一分步协作完成任务，实现整个学习群体的知识构建和技能习得。

1）系统认知：通过虚拟仿真实训软件，认知系统相关设备及安装位置。

2）系统设计与组建：通过多媒体课件演示和虚拟仿真实训软件引导学生完成系统设计与组建，并绘制系统结构图，在虚拟仿真实训软件中线上填写设备及材料清单。

3）设备安装：根据实训任务需求，准备设备、工具、材料，并根据组内分工进行设备安装。由于在前期课中已经完成所有视频监控设备的安装与调试，因此本次实训任务中只需要完成周界防范设备的安装和接布线。

4）接线与布线：在设备安装完毕后，学生通过虚拟实训软件识读系统接线图；并根据接线图和国家标准组内分工协作完成接线与布线。

5）通电功能调试：在完成所有设备的安装、接线后进入最后一步——设备通电调试和功能调试，它也是本次教学的重点与难点所在。为此教师可录制功能调试的实操教学视频，并将其上传至三元互动学习平台，供学生反复学习。在这个环节中，学生根据任务和学习的需要，通过线上访问三元互动学习平台（多媒体课件、实操视频、任务说明、实训指导等）和虚拟仿真实训软件，主动获取所需信息和技能；教师则根据实训情况进行适当指导。获得其他信息化教学资源。

① 设备通电调试：通电后要保证设备能正常工作。如有设备不能正常工作，则组内通过讨论、查询线上资源、分析问题原因，（先断电）排查接线及设备，并解决问题。这个过程可能需要反复进行，直至所有设备能正常工作。其间教师应进行适当指导。

② 功能设置调试：学生借助线上资源（浏览课件、播放教学演示视频等），完成系统联动报警的功能设置及调试，实现技能习得。在这个环节经常会出现各种故障，这也是本次教学的难点。教师鼓励学生在反复观看教学演示视频的基础上组内开展头脑风暴，成员之间热烈讨论，发现问题、

分析问题、解决问题，实现探究式学习。通过这个过程培养学生严谨细心、敢于实践、团队协作等综合素养。

③故障登记：各组根据具体实训情况，在虚拟仿真实训软件中填写故障记录表。

最后，各组展示实训成果，完成本次实训任务。

（5）教学考核与评价

为了更全面地评价学生对相关知识及技能的掌握情况，应注重学习过程的评价，注重实际操作能力的考核。在实训过程中进行组间比赛，根据完成的时间及质量调整得分，并将考核结果课后上传至三元互动学习平台。评分项目如下表：

教学考核与评价

评分项目	任务完成情况（小组）				职业素养与安全意识（小组）	图与表（小组）	组内互评（个人）	合计
	设备安装	接线与布线	功能调试	接布线工艺				
分值	5	15	35	5	10	10	20	100

（6）小结与布置任务

小结：在授课结束前，教师总结实训情况，并抽取一组同学介绍实训经验，鼓励同学共同分享、共同进步。

布置任务：巩固与拓展——请学生依本次课所学，设计并实现网络环境下的系统联动报警；预习——利用三元互动平台和虚拟实训软件等信息化资源预习新的实训任务。

3.课后讨论

课后教师通过三元互动平台公布实训成绩，在线讨论交流、辅导学生，为其答疑解惑。

四、教学反思

在教学设计过程中，我根据设定的教学内容，围绕解决怎样教和怎样学（做）的问题，将"做"的工作过程转化成"学"的过程，充分体现了教师主导、学生主体、教学做一体化的教学组织特色。

通过合理且有效的信息化教学设计，能够有效地提高学生的学习兴趣和实践能力，促进学生自主学习，提升学习效果和教学效率。本次教学设计中，通过三元互动平台开展混合式教学，拓展了实训课堂的时间与空间；通过虚拟实训软件将抽象的理论教学直观化，帮助学生掌握原理；通过实训教学视频及课件将操作步骤分解，有利于操作的反复呈现和学生的技能习得，提高了学生的实践能力。

通过采用教、学、做、训、评一体化的教学模式，任务驱动、混合式的教学方法，以层层递进的实操训练不断激发学生的学习欲望，使学生在仿真工作情境中掌握真实工作岗位需要的职业能力，实现教学目标。

在实训效果的考核评价指标中，注重学习过程的评价，注重实际操作能力、发现解决问题能力、团队协作意识、执行行业标准的严谨度等多方面考核，注重安全意识、思维能力、团队合作等非操作能力和职业素养的培养。通过以评促训，提升教学效果，促进教学目标的达成，努力培养社会需要的职业技能型人才。

信息化教学设计对教师的教学能力提出了更高的要求。在教学中，教师必须转变思想，充分认识到信息化教学发展的必然趋势；教师能够有意识地在教学实践中有效且合理地融入信息技术，提升自己的信息化教学设计能力；同时，能够根据教学活动的发展和变化随时调整教学设计及相关教学环节。

五、结束语

在信息技术飞速发展的时代，信息技术与教学相融合已经成为必然的趋势。作为一线教师，我们应借此契机在信息化教育教学改革中改革创新，提升教学能力和科研能力。在教学实践中充分发挥信息技术优势，优化教学设计，创新教学内容，为社会培养出更多高素质技能型人才。

现代职教体系下高职人才培养模式的改革研究
——以数字媒体艺术设计专业为例

仇 宁[1]

《北京职业教育改革发展行动计划（2018—2020年）》（简称《行动计划》）是为贯彻落实党的十九大及市委第十二次党代会精神，落实《北京城市总体规划（2016—2035年）》《国务院办公厅关于深化产教融合的若干意见》《教育部等六部门关于印发〈职业学校校企合作促进办法〉的通知》《北京市人民政府关于加快发展现代职业教育的实施意见》而制定。《行动计划》的重点任务之一就是"进行人才培养模式改进"。本文从根据区域市场需求明确人才培养目标、现代学徒制人才培养模式的探索、加强信息化教学提升教学质量、以赛促教以赛促学开展课程教学改革、积极发展与产业孵化一体的职业教育五个方面，以数字媒体艺术设计专业为例，在现代职教体系下对高职人才培养模式进行改革研究。

一、根据区域市场需求 明确人才培养目标

北京市委市政府在2005年就已经提出大力发展文化创意产业，并制定出台系列政策支持。"十二五"时期文化创意产业发展成为北京的支柱产业，取得了突出成就。《北京市"十三五"时期文化创意产业发展规划》进一步明确目标，到2020年，文化创意产业增加值占北京市GDP比重力争达到15%左右，成为支撑首都经济创新发展、构建"高精尖"经济结构的重要引擎，努力把北京建设成为具有国际影响力的文化创新、运营、交易、体验中心和最具活力的文化创意名城。

立足区域、服务行业是高职专业的办学方向。服务地方和服务行业的

---

[1] 仇宁，北京政法职业学院副教授。

能力是高职教育不可替代的标志性体现。根据区域市场需求进行精准、清晰的人才培养目标定位，首先要明确行业需要高职输送什么样的数字媒体专业人才。

以阿里巴巴集团设计师能力模型分析为例：

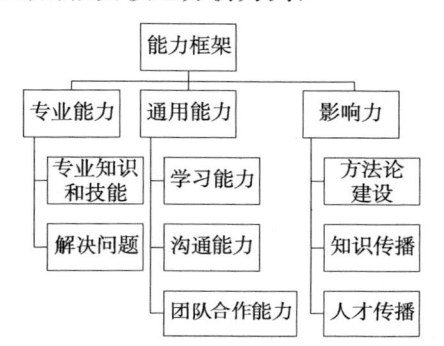

```
                    能力框架
           ┌──────────┼──────────┐
         专业能力    通用能力     影响力
           │           │           │
        专业知识    学习能力    方法论
        和技能                   建设
           │           │           │
        解决问题    沟通能力    知识传播
                       │           │
                    团队合作能力  人才传播
```

能力框架中专业能力和通用能力是在职业学校的学习中可以培养的，而影响力是在职业生涯中逐渐养成的。

（一）培养专业能力，具备商业逻辑

阿里巴巴 BBC UED 总监汪方进提出"这里所说的专业能力，并不是指传统意义上设计师的手头功夫，比如色彩感觉、造型能力、软件熟练度等，我们衡量的这个专业能力，是设计师为业务带来的价值。从这个角度出发，设计师个人能力主要体现在两个方面，一个是设计过程，另二个是设计结果。"

目前数字媒体专业人才培养存在一定问题，比如重书本知识、缺乏实践；重课堂过程，轻工作流程；重成绩、忽视成果转换等。注重如上所讲设计师的手头功夫，即色彩感觉、造型能力、软件熟练度等，而不是设计师为社会创造的价值。现在的人才培养缺乏商业逻辑、商业实现和社会责任心。专业基础固然重要，专业能力和解决问题的能力却是现阶段高职教育比较薄弱的环节。

（二）重视通用能力，学会自我输出

在互联网时代，设计师的表述能力是加分项中最重要的一项，因为懂得输出是十分重要的。越是成熟的大型公司，内部的分享和展示机会就越多。一个只知道埋头工作，不能将自己的设计理念准确表达的设计师，是很难得到认可和提升的。

坚持以学生为主导，根据北京市场及企业需求，深化"立足首都＋立足行业需求＋专业能力＋通用能力＋商业逻辑"人才培养模式。培养具备专业能力（专业知识和技能、解决问题的能力）和通用能力（具有学习能力、沟通能力和团队合作能力）的高素质技能型专门人才，是现阶段高职数字媒体艺术设计专业的培养目标。

二、现代学徒制人才培养模式的探索

"职业教育是指让受教育者获得某种职业或生产劳动所需要的职业知识、技能和职业道德的教育。"把职业教育定义为职业技能的培训是错误的观点。国外对高等职业教育人才培养模式进行了很多探索，成熟的模式有其相同之处：以学生为主体、以职业能力为培养目标、注重实践活动、注重整合校内外教育资源、重视建设师资队伍。

行动计划倡导我国职业教育借鉴德国双元制办学理念，探索现代学徒制，通过学校和企业的深度合作，教师和专家共同策划，对学生进行职业技能培养为主的现代化培养。现代学徒制更加注重职业技能的传承，由学校和企业联手共同进行人才培养，根据岗位职责和工作流程建立规范的专业设置、课程大纲和考核方案等，实现深度的校企合作。

现代学徒制自 2014 年教育部提出后已确定三批共计 362 个试点单位，高职的数字媒体艺术设计专业改革可以从以下几方面着手。

（一）专业设置对接行业需求

做到专业设置准确对接行业需求，首先要积极开展企业走访，深入了解行业需求、岗位和用人规格；然后聘任行业专家、企业管理者或骨干为学校的校外专家，参与人才培养方案的制订。由学校和企业共同进行专业设置的打造，专业设置立足于行业需求才是职业教育的根本。

（二）课程内容对接职业标准

根据行业需求，明确企业对岗位能力的要求，明确企业用人必须具备的职业能力，构建适合学生发展的课程体系。在学校课堂内就以企业职业标准要求学生，通过工作过程的规范化和考核，提升学生的职业能力和职业素养。

还可以组织学生参加国家（行业）认证，将课程内容与国家（行业）职业标准规范相衔接，培养企业需要的人才。现在高职教育普遍实施"双证书"模式，即学生毕业时要同时获得学校的毕业证书和国家（行业）的职业资格证书。通过调查，高职学生对行业认可的职业证书还是非常认可的。

（三）教学过程对接工作过程

目前，职业学校的教育以课堂教学为主，实习、实训偏弱；重视专业理论的讲授，缺乏职业技能实践；教学环境以学校为主，组织的校外实习活动少。可通过项目式教学、案例式教学将企业已经完成的项目分解成若干个小的任务，以职业技能培养为主，结合专业理论，引导学生在校内根据工作流程逐渐完成，到校外实习环节时再将已有工作经验进行检验并完善，将教学过程与工作过程进行较好的衔接。

（四）教师身份对接企业专家

高职教师大多从高校毕业直接进入学校，虽具有扎实的专业知识，但缺乏企业工作的实际经验，符合国家对高职教师"双师型"教师标准的不多。为提升教师职业技能、丰富实战经验、熟悉设计的发展趋势和了解企业对用人的需求，大力鼓励和支持教师到企业挂职，将理论与实践更好地结合，从而更好地指导学生成为行业需要的人才。同时，邀请行业专家和企业骨干到学校兼职，从事实践教学，将在实际工作中总结的经验和技能传授给学生，同时为企业培养所需人才，从而实现校企互利双赢。

现代化学徒制在现阶段能有效地提高人才培养质量，并有针对性地解决人才培养中的问题，有利于促进行业、企业参与职业教育人才全过程培养，是适应当下有实效的人才培养模式。

三、加强信息化教学 提高教学质量

传统的教学方式有其优势，但也存在一些弊端和不足，譬如：教师为主导，学生被动学习，教学环境单一且时间固定，教学内容不够丰富直观，评价形式单一，教学资源不足或使用不够直观，影响教学质量的提升。在信息化时代，根据高职学生的特点，为加强信息化教学，可以从以下几方面进行教学改革：

在课堂上，利用信息技术，教师—学生—专家之间共同参与学习任务。以学生为主导，在专业知识、职业技能、职业标准等方面将理论与实践有机结合。学生从被动学习变为主动学习，学习的手段也由视频、虚拟现实、网络代替传统的课本、黑板，培养的能力也更全面。信息化教学从以人为本的理念、共同参与的形式、全面发展的角度构建"行业—学生—学校"的桥梁，形成新的人才培养模式。

在课堂外，借助信息化资源平台，教师根据企业需求及岗位和职业标准进行信息化教学设计，不再把精力放在重复备课上。学生根据自己的特点和兴趣，利用各种信息化教学形式主动学习和思考。学生的个性化学习基于人才培养方案中设置的课程，即第一课堂的集体学习，通过信息化手段实现第一课堂与个人选择深化学习结合、集体学习与个性化学习结合、学生主动学习和教师辅助指导结合。

在实训环节，可以通过虚拟仿真的学习环境，让学生体验真实的工作环境进行职业技能实践；可以体验某个环节，深挖细挖课堂中的某个难点；也可以团队协作完成整个项目，体验完整的工作流程及以工作为职责，为学生搭建出达到工作效果的非现实仿真环境。

教学评价体系比传统评价体系更科学合理。

通过信息化教学平台的课程安排，对学生进行课前考核、课中考核、课后考核；从课堂表现、专业能力、自我展示及团队协作等多维度进行评价；评价形式多样化：自我评价、师生互评、学生互评、企业评价，让评价更客观和科学。并将评价结果及时地反馈给学生、教师和企业，及时有效地发现问题，进行改进总结，从而提高教学质量。

通过信息化教学平台进行课前、课中、课后教学，包括备课、课前调研、微课、虚拟实训、作业、考试、问题反馈等教学形式，以学生为主导，打通线上线下的时空限制，借助信息化手段更好地使用教学资源，让评价体系更科学合理，使教学有用、有效、有趣。

四、以赛促教、以赛促学开展课程教学改革

学校鼓励师生参加各级职业技能大赛。将大赛项目转换为教学载体，

结合大赛模块进行课程设置，基于比赛规程及评分标准进行专业知识与技能的学习与实践训练。

以世界技能大赛平面设计为例，该竞赛项目考核目的：考核参赛选手是否具有独特的创造力，是否掌握色彩、字体、图形和版式设计知识，是否注重细节，是否具有生产过程的知识和熟练的电脑软件操作技术，并能在规定的期限和压力下，完成广告设计、编辑设计、企业和信息设计、包装设计四个模块的工作任务。❶

每个模块都有详细而明确的内容及要求，都有对应和相关的课程。见下表。

模块内容及要求

职业技能大赛模块	专业对应课程	强相关课程	基础课程
广告设计模块	海报设计 标识设计	字体设计 版式设计 插画设计	图像处理软件 矢量插画软件 桌面出版软件 图形创意 构成设计
编辑设计模块	书籍设计		
企业和信息设计模块	UI设计 企业标识设计		
包装设计模块	包装设计		

职业技能大赛与行业密切相关，人才培养模式改革的核心是课程改革，参考比赛项目，以评价标准为依据，及时调整课程设置，广泛开展"有趣、有用、有效"的课堂教学。

技能大赛一方面为我们提供了项目化教学改革的切入点，在项目训练中巩固和升华理论知识，提升学生职业技能，培养良好职业素养；另一方面激发学生的学习热情，通过备赛参赛提升主动学习能力，树立坚定的专业自信和创新意识。

五、积极发展产业孵化一体的职业教育

就业是高职教育的重点工作，毕业后能顺利到成熟大型企业工作是大

---

❶ 第44届世界技能大赛平面设计技术项目全国选拔赛技术工作文件。

多数学生的理想选择。在北京这个重点扶持文化产业的文化中心，自主创业也不失为一种有吸引力的选择。可以通过以下三种渠道进行实践。

（1）学校专业教师导师制

在第一课堂即计划学时内，由专业教师在开展专业教学时，采用项目式教学，按照工作流程开展教学：接受任务—市场调研—提出方案—设计制作—意见反馈—设计修改—设计完成—汇报。进行专业技能训练的同时，兼顾思辨创新能力、商业能力及表达能力的培养，对现有专业课程教学模式进行改革。

在第二课堂即课外时间，由专业导师根据学生职业规划进行有目的的专业训练，拓展学生专业领域并进行深度学习，培养学生扎实的专业技能和良好的职业素养。

（2）聘请企业专家到学校兼职

聘请成熟企业中经验丰富的专家到学校承担实习实训课程，结合企业项目开展教学，让学生进行实践体验成熟的项目经验，在理论教学的基础上实践，并将项目成果进行商业运作。

（3）引进专业大师工作室

专业大师工作室也是现代学徒制的一种形式。采用"小班化"教学将企业的真实设计项目、专业赛事等引入教学，在大师工作室或校内外实训场地，由大师、企业专家、学校教师共同指导完成项目的策划、设计制作、推向市场。充分发挥行业精英的引领示范作用，弥补传统人才培养模式的不足，引导学校教师的良性发展，选拔优秀学生通过项目实践建立创业信心。

结语

进一步深化北京职业教育改革是《北京职业教育改革发展行动计划（2018-2020年）》的核心，新时代职业教育在不断地发展，还需不断努力和探索。

高职实训课堂提问策略软件与实现

张跃军 [1]

一、高职实训课学生情况分析

高职教育是一种新型的适合我国经济结构发展的教育模式，高职院校主要是培养应用型、技能型人才的地方，所以高职实训课就成为实现培养目标的主要环节。[2] 很显然高职院校的教育教学应该最大限度地发挥学生的主体作用，引导学生把强烈的自我发展意识转化为本身努力获取知识、掌握能力的实际行动，优化心智模式正是其中至关重要的内容。[3] 目前高等职业教育的接受者，即高职学生，他们的总体高考成绩呈现下降趋势。由于社会的发展，我国当前的高等教育已经进入大众化的教育阶段，高职院校招生的学生成绩普遍较低。[4] 虽然高职学生的高考成绩较低，但高职教育不能由此降低对学生的要求，要想尽一切办法提高他们的能力，让学生能够按照既定教育目标完成学业，顺利快速地走上工作岗位，这才是符合当今时代要求的高职教育。在实训课堂上，由于每个学生的学习水平不一样，一部分学生跟不上老师的教学节奏，学习陷入被动局面，作为现代教师应尽量想方设法扭转这种局面。[5]

高等教育原本是精英化教育，而随着社会的发展，逐渐步入大众化阶段。我国高等教育出现了三大问题：第一，地区之间的差别；第二，城乡

---

[1] 张跃军，北京政法职业学院信息技术系讲师，研究方向：一电子商务，计算机应用技术等。
[2] 方健："浅谈如何上好高职院校的实训课"，《科技风》，2017年第26期，第240页。
[3] 吴俊杰："高职院校学生心智模式特征及其优化——以教育教学评价为中心的考察"，《北京政法职业学院学报》，2018年第3期，第124–127页。
[4] 张瑞敏，赵艳芝："浅谈在实训课中建立高职学生的自信"，《科技与创新》，2017年第4期，第133页。
[5] 陈昌钦："关于汽修专业教学模式改革的几点思考"，《科技资讯》，2015年第13卷第6期，第170页。

之间的差别；第三，贫富之间的差别。❶ 而以北京政法职业学院学生为例，分析目前北京高职学生的情况，呈现出以下特点。

第一，学生基础知识不均衡。北京生源的学生有通过高考和自主招生两种途径过来的，加上最近几年北京高职招生困难，大多院校有招生不满的情况，导致学生情况较复杂，部分学生在中学时就没有学好，基础知识不牢固。而外地生源都是通过高考招生过来的，基础知识掌握普遍较好。

第二，学习动力不均衡。学生学习态度两极分化较严重，有的学生自上学第一节课开始，就有自己的学习目标，例如专升本、创业、找份不错的工作。而有的学生则漫无目标，就像没有掌托的船在海中随意漂流，跟随大伙随意玩耍，偶尔学习，甚至个别学生也不关心是否能够顺利毕业。

第三，受家庭环境影响学生心理期望不均衡。每个家庭的情况都不一样。有的学生家庭非常富有，个别学生开跑车上学，这样的学生心中常常期望如何玩、如何开心，学习和考试对他们来说似乎很遥远。而大部分学生家庭条件一般，有的学生日子比较拮据，这样的学生心中想着如何通过自己的劳动多挣点生活费，还有的学生参加学校的勤工俭学或者在校外兼职。

针对北京政法职业学院学生的现状，要想上好每一堂课，需要教师设计一套行之有效的方法，调动全班同学上课的积极性。

二、提问策略分析

提问是指在一定的情境下，教学的一方为促进另一方学习而向其抛出解决问题的任务，期望学生积极反应并作答的一类教学行为，是教学过程中不可缺少的环节。有效的提问有助于教师组织和检查实训课堂教学情况，在课堂教学过程中，针对本课堂的学生，侧重某个方面教学，进一步优化教学效果。同时能够加强实训课堂的互动，激发每位学生的兴趣，使得学生从被动变为主动，提高学生上课的积极性，培养学生良好的思维习惯。❷

---

❶ 杨玉泉：“坚持'四个服务'的高等教育发展方向"，《北京政法职业学院学报》，2017年第3期，第105–109页。
❷ 杨宁宁：“高职大学英语课堂教师提问策略研究"，《学周刊》，2018年第27期，第6–7页。

在进行课堂提问时，教师选择提问对象时需要以不偏不倚的态度同等对待所有学生，将所有人都作为提问的目标，但通常教师在上课时，总会习惯性地根据自身喜好或学生的情况或者教师的喜好把大部分回答问题的机会留给部分学生，而忽略了其他学生的需求。❶这样一来，大部分学生就失去与教师沟通的机会，课堂就变成小部分学生的课堂，这肯定不是我们教育的初衷，如何解决这个问题呢？大部分教师非常希望有一款互动性的教学工具。❷本文就这个方面展开分析，运用有一定规律而又随机的方法来解决均衡提问的问题，利用现代信息技术的手段，通过一套合理的算法，并用程序设计成一个系统，通过此系统实现均衡提问。❸

三、提问策略计划

均衡提问是为了让全班学生都能够积极参与课堂学习，不让一个学生掉队。可以指定分组策略，一般来说，4~6 位学生为一组比较合适。一般学生会寻找同一寝室的或者关系比较好的同学为一组，同学之间较为熟悉，减少了团队各成员相互了解适应的过程。❹

分组之后需要确立一名组长，组长负责本组的学习情况，保证每一位学生都掌握好课堂知识。每组成绩由每一位学生在课堂上获得的成绩构成，这样一来，本组学生的平时成绩就绑定在一起了，共同进退。任何一位学生不管成绩好坏，大多都不想因为自己而影响其他学生的成绩，也能更积极配合教师上课。在确定规则后，采取随机找组、本组随机提问的方式提问。针对这种方式取名为分组随机提问模块，如图 1 所示。

首先，把全班学生分组的数据按照组别导入相应的文件中，每一组一个文本文件，每个学生由字符"N"和姓名及学号组成，每位学生占一行，字符"N"将在程序判断的时候用到，以说明该学生没有被抽到提问。第一

---

❶ 郑西贵："高校互动式教学课堂提问策略及创新方式"，《管理观察》，2018年第15期，第141-143页。
❷ Mimio and Rand McNally "Map Out" plans to teach geography through interactive technology, anonymous, journal of technology, proQuest[J], 2009.
❸ D. Inikhov, Y. Kolesov, Y. Senichenkov. Rand model designer in manufacturing applications[J]. IFAC proceedings volumes, 2013, 46（9）.
❹ 张逸："浅谈分组教学法在成本会计教学中的应用"，《会计师》，2018年第10期，第72页。

行为组长，对应的文件名为组的名称。把这些存放各组信息的文本文件集中存放到一个文件夹中，可以取名为"分组库"。

其次，随机找组，把每一组看成一个整体，在"分组库"中利用随机函数随机抽取一组作为提问的对象组，把这组的文本文件剪切到"抽中库"文件夹中。如果没有找到，则把"抽中库"中所有的文件拷贝到"分组库"文件夹中，重新找组。

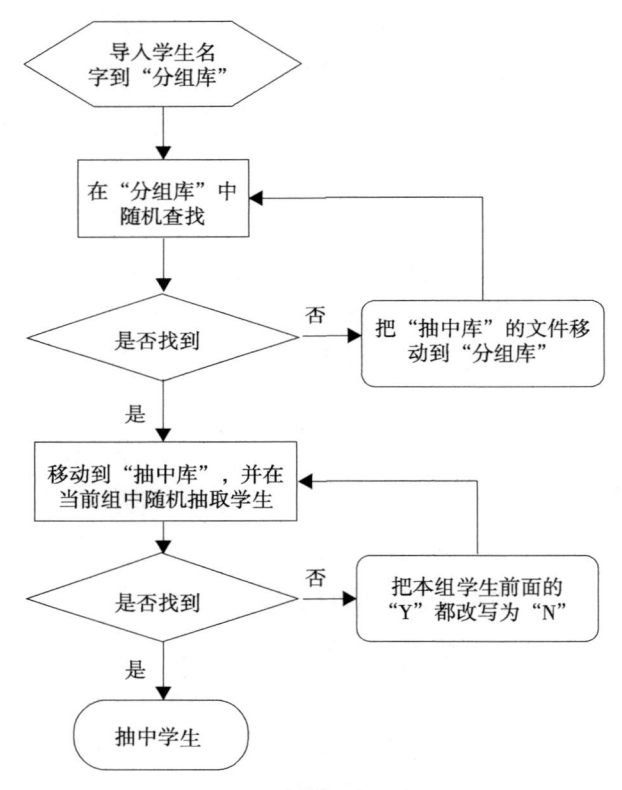

图1 分组随机提问模块流程

最后，在当前抽中组中先判断本组是否有学生未抽中过。姓名前面是"N"的说明未抽中过，前面是"Y"的说明已经抽中过。在未抽中过的学生中随机抽取一名学生提问。如果没有找到，则把所有学生前面的"Y"改为"N"，重新抽取学生。

通过上述算法过程，能够分组随机均衡地提问到每个学生，但是也存在不利吸引学生注意的问题。有的学生已经回答过问题了，会在课堂上有所放松，以为教师不会再提问到自己就万事大吉了，甚至不听课了。为了防止这种情况发生，需要再加一个全班随机提问模块，就是把全班学生存放到一个文本文件中，系统只要选中这个模块，每一次提问，全班学生被提问的概率一样，在提问时先不要告诉学生采用哪种模式提问，让学生感觉都有可能被提问的感觉，具体流程如图2所示。这样两种方式结合起来能达到不错的效果。

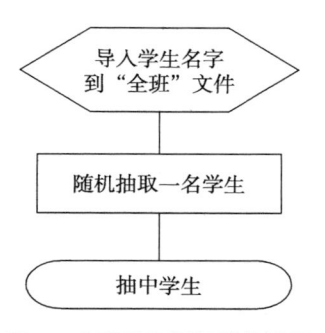

图2 全班随机提问模块流程

通过上面的算法实现了提问学生的获取，获取学生后，针对学生回答的问题需要给一定的评价。评价可以分为三种形式。第一种为传统的形式，即教师主管判断评价打分，这里不做详细叙述。第二种为软件随机打分，即通过一个随机系统随机给学生打分。可以设定最高分为5分，最低分为1分。因为随机打分有很大的不确定性，每个学生都关心自己回答问题的得分，同时也关注其他同学的得分，学生的注意力能更集中。没有认真听讲，甚至不知道问题的内容的学生，肯定是不能回答出问题的，教师可根据此种情况随机扣除学生的得分，分值也是1~5分。第三种为学生投票打分，每一组作为一票，组长负责收集意见并执行举手投票，所有组都投票，则取满分5分，少一个组投票则扣除1分，或者扣除0.5分，视本班分组的组数定，直到0分。这样一个问题一个学生回答，全班学生参与评分，大大增强了课堂互动性，寓教于乐。最后得分分值填入对应学生的平时成绩册中。

四、提问策略的实现

提问策略中的提问系统采用 C++ 语言实现。在开发提问系统时，用 MFC App Winzard（MFC 应用程序向导）创建一个基于对话框的应用程序。开始先建立一个对话框，对话框面板上放一个静态文本，内容为"为了祖国人民请同学回答"，增加了对学生的爱国主义教育。同时放五个按钮，按钮内容为"分组抽取""全班抽取""扣分""得分""退出"。程序界面如图 3 所示。

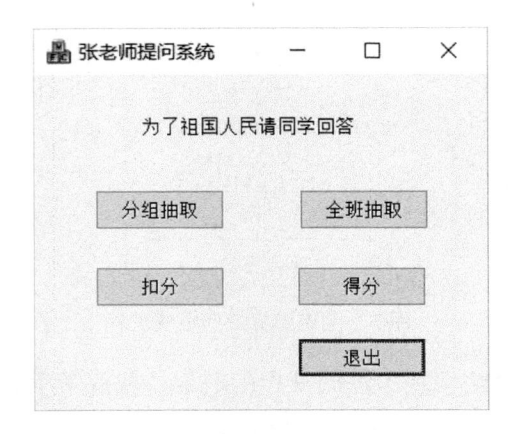

图 3　程序主界面

单击"分组抽取"按钮，触发分组随机提问模块运行。在这个模块中，将调用的文件夹如图 4 所示。

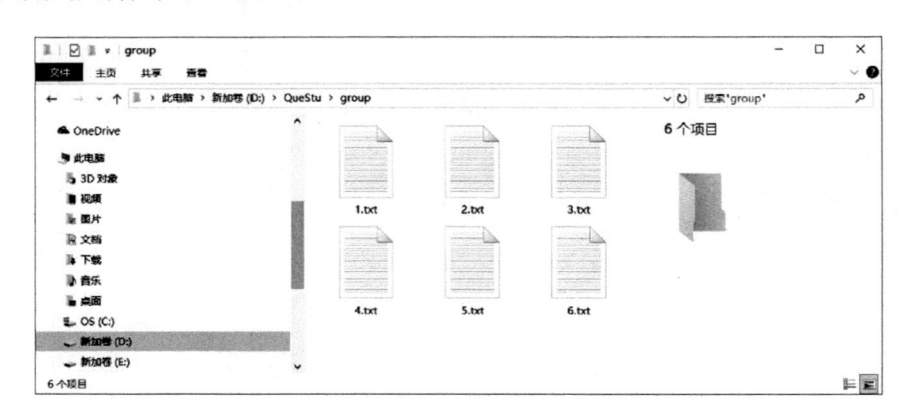

图 4　程序调用文件夹

图 4 中的 6 个文件按照分组抽取，每一组存放一个组的学生名单，每个学生占一行，这样便于数据处理。在代码中需要用到两个函数"_CRTIMP void __cdecl srand（_In_ unsigned int _Seed）；"和"_Check_return_ _CRTIMP int __cdecl rand（void）；"通过运行程序得到相应的结果，如图 5 所示。

图 5　程序分组抽取结果

单击"全班抽取"按钮，触发全班随机提问模块进行。在该模块中只调用一个名字叫"stu.txt"文本文件，存放全班所有学生的信息，每个学生占一行。运行结果与图 5 类似。

学生回答问题后可单击"得分"按钮，获得该学生回答问题的得分，得到类似图 6 的结果。

图 6　得分界面

五、展望

上述实训课堂提问策略软件应用于实际课堂操作过程中,经过 2 年的教学实践,涉及 12 个班级,极大地提高了学生上课的积极性。几乎每次在课堂上使用提问系统时,班上都非常安静,同学们都静静地等待抽取结果。同时在抽取分值的时候,同学们也是非常关注的。有一次某位学生回答问题只得了 1 分,这位学生非常不服气,不一会儿他就主动抢答问题,最后获得了比较满意的分值。此策略软件的应用也得到了同行和专家的好评。

综合分析这个提问系统,好处是:能够随机提问同学,不受教师的主观性影响,被提问和未被提问的学生心理都是平衡的;通过随机评分,既能提高学生学习的兴趣,也不至于让学生感到不公平而抱怨。需要提示的是:扣分策略在不得已的情况下尽量不要使用,教师的本职就是教书育人,从正向引导学生掌握知识,但惩罚机制是必要的。在分组人数不均衡的情况下,每个人被提问的概率可能有一定的差值,但是最后的成绩按照每组的平均分来计算。软件的设计和运行过程还有待改进和美化,在后续的工作中将逐步改进。同时希望广大同行和专家多批评指正,不断解决和优化教学过程中的种种问题,为国家的高职教育事业尽微薄之力。

北京高职网络安全类专业群建设分析[1]

张 博[2]

一、专业群的建设要求

（一）专业群与产业群

专业群式发展，是职业教育发展到一定历史时期出现的群化现象。专业群的概念借鉴的是产业群的理论。产业群指特定产业中互有联系的企业（公司、机构）聚集在特定空间的现象。产业群的形成可以使群内企业享用共同的基础设施，产业分工更精准、更合理，相互之间的交易更高效，合作更便利，信息和技术传递更快捷，更便于激发新思想、新技术等，其优势在于减少成本、提高经济效益、增强核心竞争力。往往一个行业领军企业也是以群的形态开展业务。

专业群是指在某一特定时空中相关专业形成的集合，它是服务于区域经济某一领域中的产业链，当然一个学校的专业群很难覆盖产业链中的所有环节，只能对应产业链中的某些环节，面向环节的不同其实也是院校专业群差异化特色的体现。

专业群是高职教育发展到一定阶段的产物，它符合职业教育发展的趋势，顺应区域经济发展的必然，是21世纪以来特别是近5年来职业院校专业建设发展的一个重要特征。

（二）专业群的建设

1. 建设思想

---

[1] 本文为北京政法职业学院教改课题"校企共建'网络安全工程师学院'的实践与探索"（项目编号：JGYB20191105）成果。
[2] 张博，北京政法职业学院信息技术系副教授。

专业群建设的主要核心思想就是共享，包括共享校企合作、师资队伍、课程体系、教改科研、实习实训基地、技能竞赛、学生就业、社会服务等方面的优质资源，巩固集群内专业共性基础，突出集群内专业个性发展，加强专业群与产业链的对接，促进地方经济发展。

2. 建设思路

专业群建设是一个逐步推进、完善、发展的过程，需要从区域发展产业链的需求出发，确立目标，设计好思路。做好系统规划设计，发挥品牌（重点）专业在专业集群中的龙头作用，实现集群内专业建设资源的共建共享、优势互补、协调发展，从而带动专业群内专业建设水平的整体提升，形成专业群的集聚效应，发挥专业集群服务经济社会发展的综合能力。

在总体建设思路上以组织机制建设为前提，以产业链岗位及人才需求分析为切入点，以核心专业为建设龙头，以课程体系构建为支撑，以队伍建设为抓手，以信息化教学共享资源建立为载体，以实训基地建设为落脚点，将专业群打造成符合区域经济发展的支柱。

二、北京网络安全人才需求

网络安全作为国家基础性战略要求，已渗透于各行各业，不断推动着技术进步与产业发展，国家也多次强调要建设"一体化"的国家信息中心、安全中心。习近平总书记提出的"网络强国"战略目标将培训高素质的网络安全和信息化人才队伍作为重要任务之一。教育部也成立了网络空间安全指导委员会。

网络安全涉及的行业也极其宽泛，从企业到政府机关、国家安全部门、银行、金融、证券、通信领域的各类信息安全系统、计算机安全系统的研究、设计、开发和管理等工作岗位都对网络安全人才有需求。IT信息技术和互联网行业对网络安全问题的重视程度明显高于其他行业，其次为通信行业，生活服务、金融等排在其后。

网络安全技术已经成为推动生产力发展的重要技术之一，一个庞大的网络安全新兴市场正在悄然形成。从地域范围来看，网络安全人才，无论是需求还是供给都高度集中在北上广深等一线城市。北京地区聚集了较多党政机关、大型国企总部和网络安全公司,其需求的网络安全人才更是占到全国的32.9%。《北京城市总体规划(2016—2035年)》明确了北京城市战略定位是全国政治中心、文化中心、国际交往中心、科技创新中心。2017年,北京市对建设全国科技创新中心做出具体部署,其中对于网络安全领域人才提出了更高的新要求。

北京作为环渤海区域的中心,已是网络安全产业发展最为迅速的地区,其网络安全产业链更是日趋丰富完善。产业链的形成又加剧了对网络安全的多维度能力人才的需求,更加迫切地需求网络安全人才,北京也因此成了网络安全人才缺口巨大的区域。

三、网络安全类专业群建设及优化

专业群的发展与网络安全产业发展汇合,互相给予了巨大的发展潜力。面对机遇,如何建设与优化符合首都功能定位、培养符合区域人才需求的网络安全类专业群,来满足未来北京网络安全产业链中对网络安全人才的需求呢?

(一)网络安全类专业群建设

1. 人才需求分析

产业的竞争最终是人才的竞争。网络安全是发展最为迅速、技术含量最高和社会最热门的领域之一,用人需求持续走高。计算机科学相关专业的人才需求和就业竞争力持续增长,领先的互联网公司已成为网络安全科研和人才培养的重要基地。2018年,北京地区计算机科学相关专业应届生的就业竞争力普遍较2017年同期增长10%及以上,其中高居第一的是网络安全类专业如图1所示。

2. 岗位需求分析

散布在网络安全产业链各环节中的岗位人才不可能通过一个专业就可以培养出来,需要建立以网络安全类专业为核心的专业群进行联合培养。高职类院校网络安全类专业群培养学生的定位是在应用层面,而北京区域影响网络安全产业发展的因素恰恰是市场应用型人才的短缺,安全运维与应急响应等岗位与高职院校网络安全类专业群培养人才层次一致。2017年,用人单位对本科毕业生的需求占比与对大专毕业生的需求占比相差不大，均接近 50%；此外，用人单位对硕士和博士毕业生的需求仍然占比很低，安全企业占比分别为 1.4% 和 0.1%，政企机构占比为 3.7% 和 0.2%。

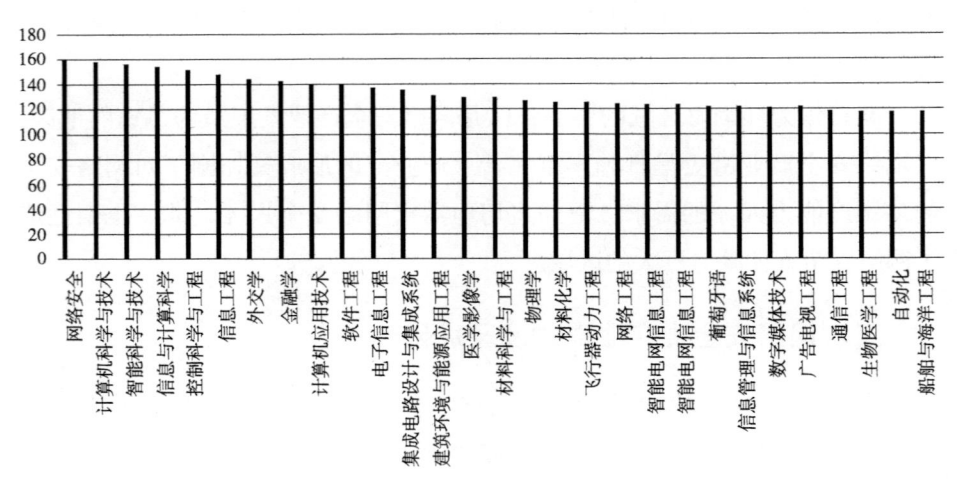

图 1　2018 年北京地区网络安全人才就业竞争力

3. 专业集群定位分析

根据网络安全核心产业链构成情况及行业产业背景调研、企业调研、职业岗位调研结果，确定北京高职院校网络安全类专业群定位于网络安全产业链中的运营服务等应用领域，以网络安全技术为核心，以经济运行、基础设施和金融服务等领域的系统应用与维护为重点。

4. 培养目标分析

通过岗位及人才需求分析，北京高职院校网络安全类专业群应面向网络安全产业群，顺应首都区域经济发展，人才培养目标是拥护党的基本路线，德、智、体、美、劳等全面发展的，掌握网络信息安全、网络攻击与防御、渗透测试与安全加固技术，具备网络安全设计、网络硬件组网与调试、信息网络安全监察能力，网络安全运维及评测能力的高端、优质、特色的技能。

5. 确立核心专业

对应区域中某一个支柱产业的产业链或相关技术（服务）领域，整合学校现有专业，组建相应的专业群，形成集群式专业结构，首要完成的就是核心专业的确立。

遵循比较优势原则选择相应专业作为专业群的核心专业，发挥核心引领作用。遵循以下几点：一是具备良好基础的优势专业；二是一定符合区域经济发展，人才定位面向朝阳产业，面向具有发展潜力及持续性的岗位；三是具有交叉学科属性，存在与相关专业的天然联系。

6. 机制建设

专业群要利用各行业领域背景相近的特点，校企联合甚至共建和共享师资队伍、课程体系、教学改革、实训基地、创新创业、学生就业等方面的优质资源，巩固群内专业共性基础，突出群内专业个性发展，加强专业群与产业链的对接，促进地方经济发展。

高职教育是教育领域中与经济社会发展和产业转型升级关系最密切的部分，高职院校要更好地对接产业经济发展方式，不断提高办学水平，就需要突破固有专业概念的局限，借鉴集群发展的思想，探索专业群式发展，创建符合本院校、本专业群特点的规范、制度等相关机制，从而保障专业群建设的顺利开展。

另外，专业群参与人员及专业构成远比单个专业复杂，如何保障建设的高效进行，及时反馈、解决问题，使得专业群建设的各项工作顺利开展，保质保量地完成工作目标，单独设立相应的组织机构及建立相应的运行机制是非常必要的。机制建设中涉及的对象主要是企业、专家、教师，如何建立有效的激励机制，提升参与对象的积极性，也是要重点考虑的问题。

7. 专业群资源库建设

在明确网络安全类专业群核心的基础上，需要实现专业间资源共享，必须合理进行资源库建设，包括师资、课程、科研、企业、实训基地等方面的建设，才能让专业群真正落地进行，实现对人才的联合培养，否则只是形式上的集合，并未形成集群。

（二）网络安全类专业群优化

1. 避免资源浪费

避免重复建设、资源浪费，也避免每个院校专业群涵盖过宽，结合本院校实际及所处地理位置，确立自身在北京网络安全产业链中的覆盖环节，院校之间既能差异化发展又能相互合作，避免同质竞争带来的损耗。

群内专业间的建设，要彻底执行群建设思想，必须以核心专业为龙头，优化组合，集中优势资源；抽取专业共性，明确差异性，既需打破专业间壁垒，同时也要避免专业间出现相似性竞争所造成的资源浪费。譬如，重复建设实训基地、课程的重叠开发、教师技能培养的同质化等问题。

2. 寻求优化支点

所谓专业群的优化，是在明确核心专业的基础上实现结构上的优化，更为有效地提供符合专业群定位的覆盖产业链相关环节的优质人才。

作为核心专业的信息安全与管理，或者设置方向为网络安全的计算机网络专业，交叉学科的属性是专业群核心专业的重要属性。合作企业集群化是重要的支点，通过将合作企业集合实现集群化，对集群内企业进行多维定位与优化组合，可以为专业群的发展提供优秀的外部资源。技能竞赛也是网络安全类专业群优化的重要支点。专业群的优化还体现在内部专业间的组合优化，在网络安全类技能竞赛中，竞赛内容涵盖电子、网络、云计算、人工智能、大数据等多方面，这就需要吸纳计算机应用、计算机网络技术、大数据、信息安全与管理等方向专业参与其中，在竞赛中相互共享资源，联合育才，不断明确各自专业定位，促进专业间的融合，求同存异，去除重叠部分。

四、结语

网络安全类专业群的建设，既与北京信息化发展要求一致，又顺应首都经济发展趋势，同时也符合北京高职教育规划，是北京高职院校专业发展的必然。在网络安全类专业群的建设中，不仅要发展核心专业，还要兼顾群内各专业的平衡发展，既需要实现合作企业群的优化组合，也需要实现群内的专业优化组合。

手机 App UI 设计课程高职教育教学改革思考

徐 园[1]

UI 是 user interface 的缩写,包括交互设计、用户研究与界面设计三部分。好的 UI 设计不仅会让软件变得有个性有品位,也会使软件的操作变得更加舒适、简单、自由,具有更强的可操作性、更好的交互性。随着互联网行业的飞速发展与智能手机的广泛使用,手机 App UI 设计出色与否直接影响 App 用户的体验,用户对手机界面设计的要求也与日俱增、不断提高,使得手机 App UI 设计师在短短几年内成为岗位需求巨大的新兴职业,有着广阔的就业市场和光明的发展前景。各大高职院校纷纷开设移动 UI 设计课程以满足社会的需求,用人单位对手机 App UI 设计人才的专业技能要求也越来越高,如何通过手机 App UI 课程培养出更多更优秀、更符合企业需求的 UI 设计人才,是当前迫切需要解决的问题。

一、高职院校手机 App UI 课程教学存在的问题

笔者多年从事高职院校教学工作,并于近年一直开设手机 App UI 课程,在具体工作中,结合教育教学实践,注重观察学生反馈及学习情况,总结出高职院校手机 App UI 课程教学存在的一些问题:

（一）传统教学方式重理论轻实践,实用性差

传统的高职教育方式注重对理论知识的学习,而对实践操作缺乏必要的重视,对技术能力的培养远远不够。理论教学的过程比较枯燥晦涩,无法激发学生的学习兴趣。比如,课程中 Axure 中函数的介绍部分,若逐一个介绍每个函数的定义、用法,将十分抽象,复杂难懂,学生不易理解,学习兴趣也不高。课堂上的"填鸭式"教学方式下,学生对于课本上的理论

---

[1] 徐园,北京政法职业学院信息技术系讲师。

知识点主要是死记硬背，表面好像掌握了书本上的知识，实际学得并不深入，而且实践能力、动手能力比较弱，无法将所学的知识应用到实际工作中，导致很多学生毕业后很难胜任专业相关的工作。

（二）信息化教学不足

传统的教学方式注重以教师为中心，主要在于要求学生对教师讲授的内容的了解和掌握，内容、形式过于单一、枯燥、乏味，学生被动地接受知识。传统的教学方式信息化教学不足，没有充分利用网络信息的丰富性和计算机技术的高效性；无法建立一个信息量大、知识丰富的学习环境，无法满足学生积极主动学习和探索的需求。

（三）缺乏对学生创新能力的培养

当前，高职院校的学生大多学习成绩一般、基础知识薄弱、总体创新能力差。他们习惯于老师的"填鸭式"教学，完成老师指定的固定任务，不善于思考如何做能够做得更好。也有部分学生有创新兴趣、创新愿望，但却没有创新能力与方法，创新能力亟待培养和提高。

传统的教学以软件操作技能为课程重点，不重视培养学员的创新能力，常常只是教学生临摹作品。比如，手机App UI设计教学中关于App图标的制作课程，一般只是教学生如何制作指定的图标案例，对仿照课本上的案例按既定步骤完成，学生机械性地照本宣科，无须对案例本身没有太多思考。上述情况导致高职院校学生创新能力不足，个人发展受限。

（四）教学内容与具体岗位需求相脱节

职业教育的目标是培养技术技能型人才，高职院校的学生毕业后将直接服务于企业，要求毕业生的职业能力必须满足企业的具体岗位要求。传统的高职教育方式与具体岗位需求相脱节，造成学生在学校所学内容与岗位工作具体需求脱节，教学内容理论化，无法满足企业的实际岗位需求。学生完成相应专业课程的学习，虽然对所学的理论知识掌握得较好，但大都浮在表面、流于形式；学生在学习的过程中对企业的岗位需求、能力需求也不了解，学习没有针对性。因此，学生毕业后走上工作岗位时很难有效地把所学知识运用到工作实践中，难以独立担当完成企业要求的具体项目设计，既给自身进步提升带来阻力，也不利于用人单位具体工作的顺利开展。

二、高职院校手机 App UI 课程的改革措施

要培养具有社会竞争力的专业手机 App UI 设计人才，高职院校应针对当今行业市场对手机 App UI 设计的需求、企业对手机 App UI 设计师的要求、用户在手机 App 使用中的习惯，对具体课程做出相应的改革。教师要尤其注重提升学生的专业技术水平、创新方法及社会学习与融合能力，促进学生走向社会后职业生涯的可持续发展。在此，笔者结合工作中的经验体会，提出几点建议：

（一）以强化实践能力培养的教学方法改革

高职教育手机 App UI 课程要打破传统的教学模式，开展"有趣、有用、有效"的课堂教学。通过引入项目教学、过程化教学突出学生在课堂上的主体地位。具体教学中，以企业需求为目标，贯穿创意思维，以实训项目驱动课程，根据市场需求开发手机 App 界面设计教学项目。学生和教师共同参与全过程，包括从 App 图标设计到操作界面整体风格设计、按钮风格设计、局部元素设计、UI 控件设计，及交互设计等；通过参与整个设计项目，学生不仅能掌握课堂上学习到的所有知识点，还能了解设计项目的全部开发过程，培养学生的团队意识、合作意识，使学生真正做到在项目实践中学习，专业能力在项目操作中得以真正提升。

（二）"互联网+"背景下的信息化教学

当今的教学现状正处在多媒体教学向信息化教学转变的过程。信息化教学模式为学生提供了更为灵活、个性、自主的学习机会，使学生的学习资源变得更加丰富。

因为手机 App UI 设计师是新兴职业，相应课程也是新兴学科，现阶段的高职院校还没有非常健全的 UI 课程教育教学体系。为了更好地培养学生的 UI 设计能力，需要为其创建良好的学习氛围，学生通过学习大量的优秀的 UI 设计作品可以迅速提高设计能力。

在互联网上有许多优秀的设计实例可供学生学习。在此，笔者特意挑选了一些优秀的 UI 设计平台推荐给学生，供学生们学习、参考，开拓视野和思路。例如"http：//www.uisjxy.com/（见图 1）""http：//www.uisheji.com/""http：

//www.uimaker.com"等网站都提供了大量的优秀 UI 设计作品,这些网站还提供了大量的设计素材和资源可供学生们下载,便于学生在日常的学习、设计以及实践中使用,同时可以及时了解行业前沿设计技术。。

图 1　UI 设计平台示例

在教学工作中,笔者要求学生使用 UI 作业网"http：//www.xueui.cn/"(见图 2)。UI 作业网是 UI 设计师作业点评及教程平台,专为 UI 设计新人、零基础、初级 UI 设计师提供免费作业点评解答服务。网站上有大量面向各行各业、各种类型、各种风格的设计题目。学生可以根据自己的兴趣挑选完成网站上的作业题,并上传到网站；学生还可以通过"最受欢迎作业题""点赞最多作业""作业达人"等查询自己的作品排名情况,这样能充分激发学生的学习欲望、创新欲望和实践热情。

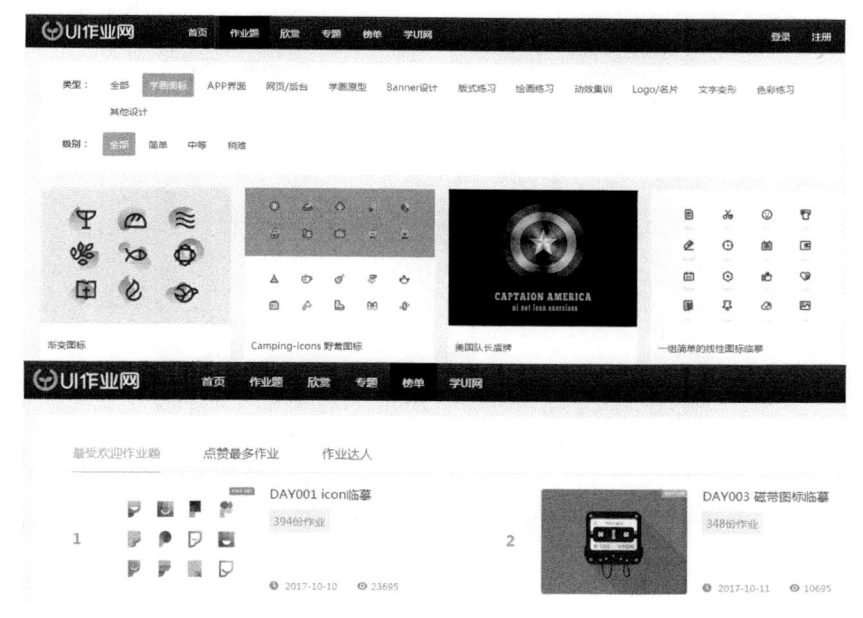

图 2　UI 作业网

（三）加强学生创新教育

将学生的创新意识培养和创新思维养成融入手机 App UI 课程教育教学全过程中，注重启发式教学，以创意思维贯穿教学，以实训项目驱动课程。在项目实践过程中，充分鼓励和肯定学生进行创新设计，并完善考试评价体系，在成绩组成部分中增加创新分数，培养学生的创新意识，激发学生的创新动力与热情。

教师在实际教学过程中可以挑选出优秀的、有创意的学生作品，让学生分享他们的设计思路和设计过程，其他学生可参与分析、评价，共同学习，从而开拓学生的眼界和思路。

教师可以要求学生把每次的作业都通过 Axure Share（见图 3）上传到服务器，每个同学都可以随时通过自己的手机 App 欣赏其他优秀的设计作品。因为手机 App 的便捷性，学生可充分利用碎片时间学习。

图3　作业分享平台

（四）以职业需求为导向的培养模式

为了更好地开展教学活动，真正了解行业对 UI 设计人才的职业需求，笔者曾经深入企业调研，比如央美未来设计公司、时代创新 UI 设计公司、耐思设计公司等。通过了解企业案例、分析行业需求和客户需求，高职院校可以制订出更符合企业需求与学员发展的设计课程体系，以培养出更优秀、更符合企业需求的 UI 设计人才。

通过分析企业案例及市场需求，笔者认为学生需要达到以下能力：能够对产品的整体美术风格、交互设计、界面结构、操作流程等做出设计；能够负责项目中各种交互界面、图标、LOGO、按钮等相关元素的设计与制作；具有团队意识，能积极与开发人员沟通，推进界面及交互设计的最终实现；具有创新意识，能根据各种相关软件的用户群提出构思新颖、有高度吸引力的创意设计。同时，在教学过程中注重将上述能力的培养经全部融入课程的教育教学过程中。

三、总结

社会在不断发展，技术在不断进步，高职院校教学活动也在不断变化发展与提高。作为一门实践性、创新性、灵活性很强的课程，教师在手机 App UI 设计课程教育教学过程中要注意引导学生活学活用，充分发挥学生的创造力、主动性和积极性，使学生自主地分析问题、解决问题，真正做到"授人以渔"。

随着用人单位对手机 App UI 设计人员的专业技能要求不断提高，毕业生不但要具有专业技能，还要有综合技能。受用户喜爱、具有艺术性、具有创新性、美观实用的设计是 UI 设计行业的终极需求。不同客户的要求也越来越高、越来越多样化，缺乏创新精神、不能与时俱进、不能紧跟市场步伐的设计师迟早会被淘汰。因此，教师要积极对接企业，认真研究企业的需求，从自身做起，从基础做起，关注教育教学活动中的每一个细节，持续开展课程改革，从培养单一技能型人才的传统思维中解放出来，寻找市场对人才要求的根本和核心，注重实践，注重创新能力的提高，培养符合市场需求的综合性手机 App UI 设计人才。

合作学习模式下高职生自主学习能力培养探究

李 迎[1]

作为一名教师,除了对课程本身的研究,还要面对强大的手机功能对课堂教学的影响,如何结合学生实际、课程内容设计合适的课堂就是现阶段我们要完成的重要工作。良好的课堂设计是要使学生在课堂中积极主动地进行学习,并且在学习过程中激发学生的学习兴趣,引导学生由浅入深地进行学习转换。

著名的教育心理学家布鲁姆在教育目标分类中提到,学生具备的分析、应用、创新等能力主要来自自主学习。高职教育的理念是以学生为中心,能力为导向,开展"有趣、有用、有效"的课堂教学。两方面观点结合,教师总的教学目标就明确为让学生自主学习实现高职课堂的有效教学。如何在课堂上提高学生的自主学习能力,充分体现学生的主体性,是我国高职教学改革中面临的新问题,结合笔者在高职院校教授计算机专业课程的实际情况和当前所主持的关于在课程中培养学生自主学习能力的教改项目,从以下三方面对此次改革进行描述。

一、合作学习模式的理解

合作学习很早前创始于英国,后来在美国被著名教育家帕克和杜威积极倡导并取得很大成效,现在也是很流行的一种学习方法。合作学习是指学生为达到共同的目标,通过互相帮助,在明确责任的过程中共同学习。合作学习的教学模式大力倡导、鼓励学生为合作组共同利益、个人利益而共同完成任务,在这个互助合作的过程中实现个人的理想。合作学习的教学模式下,是以学生为中心,通过小组共同努力以完成各种任务,实现学

---

[1] 李迎,北京政法职业学院讲师。

生在课前知识准备的自主学习、课上知识内化部分的自主学习。合作组合适 4~6 人，教师可以根据实际情况调整，合作者间一定要遵照合作原则，每个人为共同的、个人的目标进行全方位配合。在合作过程中组员通过向其他成员学习、共同促进学习等方式来弥补自己的不足，实现自己在知识、技能、情感、心理等多方面的提高。

很多中小学校已经进行合作学习的课堂教学改革，高职院校较少。以上理论理解为构建高职院校学生自主学习培养模式提供了新视角和新方法。

二、合作学习模式的特点

（一）培养高职学生合作和交往能力

职业教育的目标是培养技术应用型人才，高职院校每一门课程的设计都应该以这个目标为出发点，强调以能力为本位，重视学生实践能力的培养。高职学生的教育不但要注重科学文化知识、专业知识的培养，还要注重职业能力的培养。其中最基本的四种职业能力有：社会适应能力、动手能力、竞争能力、创新能力。合作学习可以促进学生职业能力养成。

在合作过程中会出现很多问题，例如意见不同、推卸责任、成员间竞争等，这时候合作的工作就要转化为解决这些弊端或问题，而解决问题的过程也促进了成员间建立融洽、良好的合作伙伴关系。同时也使成员之间学会包容，发挥各自特长为小组目标、个人目标的实现达到最优状态，将原来小组中的弊端或问题转化为最优合作、小组间竞争的关系，也将课堂中单纯学生和老师的交流转变为老师和学生、学生和学生的多方位交流。在合作学习过程中，提高了学生对学习的自我调控能力，提高了课堂教学效率，促进了学生心理健康发展，锻炼了社会适应力、竞争能力，也培养了学生在合作中的创新能力

（二）吸引学生在课堂中主动参与学习，挖掘学生创造能力

在传统学习中往往会出现少数学生积极配合，多数学生做陪客的现象，仅靠教师讲授很难调动所有人学习的积极性，在高职课堂里就更难上了。教师有时候感觉就是给几个人讲课，其他学生也觉得教师不重视自己，任由自己开小差，导致课程学习环境恶性循环，其实这些都不是教师和学生

想要的，相比之下，在合作学习过程中，小组就是一个小班级，人少任务重容不得任何人偷懒，为了共同的成绩，小组成员会朝这个共同的目标一起学习，整个课程的学习活动变得积极有意义，课堂也因此变得高效。

在小组合作中，成员可以根据自己兴趣选择研究方向，勇于承担自己的一部分任务，随着合作的深入，成员的参与度也逐步深入，学生获得新知识的同时创造能力也得到挖掘。

（三）成员相互学习、共同提高

学生更喜欢听学生们讲的内容，因为学生间的特有"语言"，交流时更顺畅。在合作学习过程中，通过对知识点的讲解，对问题的解决，学生会把原来的知识内化为自己的知识，并通过多种方式传授给他人，影响别人的同时也实现了自我提高。

（四）突出展现每个学生在课堂中的主导作用

除部分教学任务需要继续采用教师讲课、学生完成任务的方式，其他大部分任务都是在教师设定的一定范围内，由合作小组自定研究内容的题目、研究方案、研究方法。具体实践过程是学生和教师商量达成一致意见后，按每个小组设计的实施方案进行，基本都是小组成员共同的意愿，教师的控制和干预降到最低，只有在实施过程中遇到问题或者老师觉得有问题时才会提出异议、引导转化。

三、合作学习教学模式的构建

在实际教学合作中经常会出现这样的现象：合作中任务松散，学生完成时间太长；合作任务大，思考和完成时间太短；分工不明确，或出现一个小组只有一个人的情况，那么如何更有效地将合作学习落到学生中间，这是本文要研究的重点。本文以舆情专题实务课程为依据进行合作学习设计，目的是使全班同学参与到课堂教学中，能够主动学习，合作学习会贯穿整个课程。

（一）需合作小组完成的工作

第一次上课时提出分组要求：每 4~6 人一组，结合自己特长、兴趣，组员自由结合，推选小组长，组长半学期轮换一次。

小组综合成绩等于小组成员成绩的 90%，提前会明示小组需要完成的任务案例是什么，需要如何结合才能更顺利地完成。

小组长的任务要求：分配工作任务，确保每次任务小组中每个人都有相对应的工作安排，并记录在任务记录表中，确保时间进度。

任务记录表的内容包括小组总任务、组员分配到的任务、组员实际完成的任务，每次任务都要认真填写上交作为考核凭证之一。

（二）需教师完成的工作

教师需要准备：了解学生情况；设计内容教学目标及相关资料；预测相关问题；总结合作任务中学习的知识点；考虑任务用在课堂上是否合适、能否删掉，确定任务开始时间；考虑任务是不是适合所有小组。这样准备就会提高合作效率、提高课堂学习质量。

1. 设计适合且有必要的工作任务

任务是教师要提前设计好的，有了合适任务，组员再共同参与、研究，从而完成小组合作。要把握好任务的难度，完成任务的时间根据任务的难易和多少安排，使学生有充分思考的时间又不至于空闲无聊。

有人问合作是不是就可以互相依靠，组里有一个能力强的学生就可以解决问题？当然不是！教师不能给学生这种合作的机会，如果只是互相依靠，那么合作的目的就完全没有达到。在合作过程中独立思考占很大部分，只有小组成员能够独立思考并完成一部分任务才能促成合作，逐步进行更深层次的学习，在任务中学会交流、讨论，从而达到有效的合作目的。

2. 选择合适的时机安排工作任务

合作的时机可以选择在课初、课中、课尾，要根据工作任务性质来定，导入复习类的任务可以安排在课初，对课堂内容难点的理解锻炼可以选在课中，对整个课堂内容的应用、内容扩展可以选择在课尾。高职生基础知识薄弱、自制力薄弱，因此不能在一门新课的开始留大量合作任务，要随着课程的深入逐步进行。教师根据自己所授内容进行课堂设计，合理安排合作学习的时间。

3. 任务中老师要随时明确自己的位置

当学生准备共同合作完成任务时，教师在自己准备工作的基础上引导学生完成任务方案。学生深入合作后，教师对每个小组提出深层次的问题，促进学生深入研究合作。在这个阶段教师也应该置身于每个小组中，以小组成员的身份和学生探讨问题，用自己的思考和行动感染学生。但教师不要过多地干预学生合作学习过程，不要用强硬的语气和学生交流，不要对不参与的学生袖手旁观。同时教师需要倾听合作小组的想法和疑问，给予及时的反馈和建议。

4. 全方位关注、激励合作小组

每个小组有各自的特点，有的小组成员能力比较强，有的小组比较能力弱，有的小组擅长分析，有的小组擅长表达，教师要全方位地观察、记录每个小组组员的特点，了解任务分配情况，并有重点地引导，加以目的是使所有学生有更多的机会参与到学习中，体会学习的快乐，有所收获。杜绝出现这种现象：小组活动时，只有一个人在做事，其他人看着。

合作学习中教师的引导尤为重要，具体做法如下：

首先，经常对小组任务完成情况开展评比学习。教师的评价除了传统的面向个人，还可以完全面向小组，学生之间也可以互相评价。通过对已完成环节和结果进行评价、评比，学生在小组中也能找到各自的问题或弊端，成员之间互相帮助、互相学习。通过对任务成果的展示、评比、点评，给小组成员创设一种衡量目标的情境。通过衡量目标、建立目标、实现目标来达到合作小组由浅入深的学习转化。

其次，注重和组长的沟通。合作小组每半学期推选一次组长，组长要清楚每次任务的主题、要求，根据组员的情况分配任务，或者提前指派组员负责相关任务。

最后，关注小组组员情感需求。教师在教学中充分注意并合理满足学生的情感需要，会大大促进学生自主能力的培养。尽可能让学生在课堂中体验被关注的快乐，在合作学习过程中，利用指导的机会，和平时不怎么沟通的学生交流，了解他们的情况、需求。对不爱参与合作的学生，教师要用"放大镜"寻找合作机会，和组长商量为其合理分配任务，促成小组合作。

四、结语

综上所述，本次研究在舆情专题实务课程中有多次实践，学生在课程中需要完成的作业尽量全部转化成合作任务。这样教师更能充分调动学生的课堂参与积极性，逐步引导学生自主学习，提升学生综合分析能力、创新实践能力，最终实现学生自主学习的教学实践改革。学生从中感受学习快乐，积极主动地完成工作任务、上交成果。

"互联网+"背景下高职院校信息素养教学现状及提升策略[1]

顾 苗[2]

为培养适应 21 世纪现代化建设需要的社会主义新人，1999 年国务院印发的《关于深化教育改革全面推进素质教育的决定》将高职教育明确为高等教育的重要组成部分，明确高职教育以适应社会需要、培养技术应用人才为目标。基于目标导向，全面、持续加强高职院校教学质量十分关键。在信息技术快速发展的推动下，互联网已经进入 Web3.0 时代，在此背景下为实现高职院校教学质量与时俱进的发展，需要不断改进和提升信息素养教学方式，促进全面完成高职院校教育目标。本文将对"互联网+"背景下高职院校的信息素养教学现状进行初步探究，并据此提出进一步提高高职院校信息素养教学水平的建议。

一、"互联网+"对高职院校信息素养教学提出新的更高要求

2015 年 7 月 4 日，国务院印发《关于积极推进"互联网+"行动的指导意见》。"互联网+"是指基于互联网的创新成果与社会各领域深度融合，新在于"云计算、物联网、大数据"，是一种新的理念，也是一种新的社会生产力。[3]信息素养的本质是人们通过学习必须掌握的一种基本素质和能力，包括判断信息需求的能力、检索获取信息的能力和评价信息利用的能力。在信息化程度越来越高的现代社会，信息素养逐渐成为考察、评价一个人

---

[1] 本文由北京市教育科学"十三五"规划 2018 年度一般课题"基于互联网众包模式的教学资源建设与实践教学深度融合研究"（立项编号：CDDB818163）资助。

[2] 顾苗，北京政法职业学院助理研究员。

[3] 余来文、封智勇、林晓伟：《互联网思维：云计算、物联网、大数据》，经济管理出版社，2014 年版。

综合素质的重要指标，已成为高职院校人才培养各环节的关键特征，发挥着重要作用。可以说，在"互联网+"时代，信息分辨、取得和捕捉能力对于接触新的社会环境、进入新的社会角色有着决定性的作用。《中华人民共和国高等教育法》也明确要求大学生必须具备信息素养。

在高职院校开展信息素养教学，不仅是进行技能型培训，更是以此为平台和依托，积极有效地促进高职院校学生提高学习、分析、思考能力，特别是创新、创业能力。因此，提升高职院校的信息素养教学水平非常必要，也极为重要。

（一）提升信息素养教学水平是教育观念不断发展的要求

放眼世界，近半个世纪以来，教育观念更新引人注目，在新时代教育观念下，教育的本质是促进学生的全面发展，学科本位发展让位于能力本位，再进一步上升为素质教育。在这一全新的教育观念引导下，高职院校应当积极引进有助于教学发展的各类要素和资源。在"互联网+"背景下，信息技术，特别是多媒体技术，如图片、视频、动画、PPT制作等在教学中引入，能够丰富教学资源，促进教学方法以及教学模式的发展，能够对教学水平的提升起到强有力的推动作用，体现了素质教育理念的要求。特别是在高职教育中引入"互联网+"思维理念，可以在第一时间引导高职教育的正确发展方向，使得高职院校在教学工作中能够始终紧跟时代潮流，握准时代脉搏，增强高职院校教学的针对性、实效性和吸引力。

（二）提升信息素养教学水平是学生素质全面发展的要求

互联网时代的社会发展日新月异，对高职院校培养学生提出的要求也越来越全面，越来越深入，特别是当前国际流行的能力本位教育思想要求高职教育必须不断加强学生的基本实践能力与操作技能、专业技术应用能力与专业技能、综合实践能力与综合技能的培养，其中一个不可忽略的方面就是人才的信息化利用和发展能力，这也是当前高职院校教学工作的重要方向，必须通过全方位的信息化教学，促进学生综合素质和能力的提升，特别是信息素养的提升。而且，为了促进学生发展，成为真正适应社会需求的人才，更好地在"互联网+"背景下实现自身的价值，也应当不断地加强信息化教学，使学生加深对信息技术的认识并熟练掌握。

（三）提升信息素养教学水平是高职教育进一步改革创新的要求

在"互联网+"时代，信息技术高速发展，深刻影响着人们的生活，影响着人们学习的方式，也影响着高职院校的教学方式，但是无论如何变化和发展，高职教育的重要性并没有降低，只是需要根据新时代的要求不断地改革创新以保持活力和吸引力。这就要求必须学会运用网络、多媒体等新型教学工具，慕课、微课教学等各种方式，让学生可以接受更好、更便捷的教育。如果高职院校不具备信息素养教学能力，对现今的趋势信息无法得到及时的感知、处理与传播，学生的视野便无法得以打开，面对一些新型问题也无法及时解决。故而对于现今的高职院校而言，要想发展，要充分利用信息化技术，积极拥抱"互联网+"时代，再一次经历改革创新，提升信息素养教学水平。

二、当前高职院校信息素养教学现状

通过对高职院校信息素养教学实践进行分析，发现高职院校教师群体已经出现年轻化、高学历化的趋势，因此对信息化教学方式的接受程度、主动运用信息技术的能力均在不断提升。而且，教师群体已经基本普及手机、平板电脑等智能终端，网络带宽持续提速，教室一体机配置也已经达到较高的标准，这都为高职院校开展信息素养教学提供了较好的基础条件。但不容忽视的是，仍然客观存在信息素养教学未能及时、有效跟进等突出问题，必须认真应对并加以解决。

（一）主动利用信息的意识不够强

信息意识是指人的头脑能动反映客观信息和信息活动的一种思维活动，通常表现为人对自身周边事物所展示出的敏感度、观察力和分析判断能力，以及进一步创新和创造的能力。信息意识是人因为对某种信息产生需求，进而形成需求导向，不断发现信息、挖掘信息和充分利用信息的一种自觉和兴趣。信息主动意识较强的人，由于重视信息的获取与利用，能从众多的信息中发现对自己有用的信息，能够抢先捕捉良机，从而取得成功。[1] 在

---

[1] 李晶："大学生信息素养教育现状及对策"，《教育教学论坛》，2014年第35期。

"互联网+"时代,信息呈现爆炸式发展和膨胀,如何面对和处理信息,要求高职院校在信息素养教学中必须采取积极的态度,具有更加自觉、主动的信息意识,还要具有很强的洞察力和分析判断能力。然而有些高职院校关于信息素养的教学理念滞后,甚至对信息素养的含义不太清楚,主动获取、利用信息的意识较差,以至于在专业教学中遇到实际困难和相关问题时不知道也不能及时、有效获取相应信息来解决。

(二)信息运用能力不适应发展实践

各高职院校数字图书馆资料丰富,可以说是资源宝藏,目前主要有万方电子资源数据库和中国知网电子资源数据库等文献资源库。要使用这些资源,可以设置检索条件,就能很快找到需要的信息资源,从而获取信息,进而加工信息和创造信息。从有些高职院校的教学情况看,教师获取教学资源、专业信息的途径比较窄,习惯于通过网上搜索引擎获取,直接运用图书馆电子资源等优质资源平台获得信息的较少,能实际利用的更少。而且,一些高职院校在教学设计中使用信息技术工具的比例不高,信息技术与教学的融合水平较低。

(三)信息教育培养体系尚未构建

我国至今尚未制定高等院校学生信息素养培养标准,这就直接导致各高职院校信息素养的教学目标不精准、有缺失,任课教师对于培养学生的信息素养也缺乏动力和指引,总体关注不多,重视不够。与此同时,相关课程建设进展缓慢,虽然开设有计算机基础知识等方面的课程,但仅满足于完成任务或者是浅尝辄止,并没有形成一套科学、完整、有针对性的课程体系,因而对于后续专业知识的学习帮助不大,主要还靠学生自我摸索和个人兴趣。

三、进一步提升高职院校信息素养教学水平的建议

2018年4月教育部提出《教育信息化2.0行动计划》,贯彻落实这个计划,到2022年就要基本实现"三全、两高、一大、三变、三新",所谓"两高"即信息化应用水平和师生信息素养普遍提高。为实现该目标,高职院校必须坚持问题导向,不断提升信息素养教学水平。

（一）培养良好的信息主动意识

重点是要培养高职院校教师具备较强的信息主动意识，可以通过讲座、研修、考核等多种形式提升教师自觉获取、利用信息的意识，使得他们能够时刻关注与自己密切相关的信息，能够积极主动发现并获取信息，充分使用前沿信息来解决自己所授课目中的各类问题。一般来说，教师的信息主动意识越强，培养出的学生信息素养也会较高。培养教师的信息主动意识应当从教师入职时开始，而且应当成为一种终身教育式的培养。

（二）充分利用好图书馆的资源优势

各高职院校都建有图书馆，包括电子图书馆，其中信息资源丰富，定期更新，而且人力资源同样丰富，在探索性、创新性开展信息素养教学方面具有特殊优势。图书馆工作人员既可以给学生开展文献检索方法、图书馆数字资源导航等专业课程，同样也应当经常给教师举办相应的专题讲座，帮助任课教师熟练使用本校图书馆的数字资源，及时更新专业知识，不断提升专业素养。当然，图书馆工作人员也应不断提高自身的信息意识和综合素养，更好发挥在高职院校信息素养教学中的特殊作用。

（三）创建高职院校信息素养教育课程体系

根据素质教育要求和社会专业需求，各高职院校在制订人才培养计划时，应把信息意识和信息素养作为必须具备的基本素质，探索建立相关课程培养体系。一方面要注重内容的层级性和教育的阶段性，可以将信息素养作为大众化的通识课程来开设，如可以开设计算机应用基础、信息素养导论等课程；另一方面也应根据专业特别需求，适时开设现代信息检索、数字图书馆、电子文献检索等课程，有针对性地提升学生的专业信息素养，更好地服务于专业知识的学习和研究。

（四）加强信息素养培训和技能培训

提升高职院校信息素养教学水平，基础和根本还在于提升教师的信息素养，因此，应当经常性地对教师开展信息素养培训和教学技能培训。可以组织教师体验网络环境下的远程学习模式，亲历并感受在线教学和学习系统。可以让教师学习如何应用信息化教学资源，体验课堂教学中与学生的合作学习等，让教师对信息化教学、网络化教学有直观的认知。还可以组织教师学习优秀课例，帮助其分析自身教学方法，找到信息技术与自身学科深度融合的科学路径和方法，不断提升教师开展信息素养教学的技能。

（五）建立信息素养教学反馈机制

目前，高职院校信息素养教学还是一种创新实践，既有成效，也暴露出一些问题，需要及时解决。为了发现并解决问题，要建立相应的反馈机制，不断收集信息素养教学情况，有针对性地进行优化改进。比如可以通过调查问卷或者个别座谈的形式收集学生、教师等对于信息化教学的意见与建议，在问题收集的基础上集中处理问题，出台相应的解决措施，实现信息素养教学的改良发展。还可以开展教师信息素养考核评价，通过观摩课、访谈等方式评估教师的信息技术应用能力、信息化教学模式运用水平和课堂教学效果，以评促学，激发教师持续提升信息素养教学水平。

网络管理工具的使用课程项目化教学与应用[1]

高 松[2]

一、课程概述

（一）课程定位

《网络管理工具的使用》为计算机网络技术专业（网络组建与网络攻防）的专业素质与能力课程，是一门理论与实践相结合的专业课程。

计算机网络技术相关专业的学生毕业后择业的首选是网络运维人员，他们不仅要学习相关的网络知识和技能，更要熟练配置网络设备、管理网络并诊断和排除网络故障。但是由于学生接触网络设备的机会比较少，而网络知识比较抽象，这门课程的操作性都很强，学生理解起来很困难，遇到网络故障更是无从下手。因此熟练使用一些网络管理工具，有助于更好地掌握网络技术，以及组网、管网、用网等都能起到事半功倍的作用。

该课程是在学生具备基本网络基础知识的基础上，利用学过的网络技术和网络知识，对常用的网络管理软件进行调试使用，旨在让学生掌握这些工具的使用方法并熟练调试网络中出现的一些问题，为后续专业课程的学习提供良好的理论和实践基础。

（二）课程整体设计思路

该课程以项目为导向，以任务为驱动，通过项目化教学方式，对相关的网络管理工具进行资源整合，对常用的网络运维软件进行功能性分析与使用方法研究，并结合典型案例对工具的使用进行探讨，使学生对工具的使用得

---

[1] 本文为北京政法职业学院2018年教改课题"网络管理工具的使用课程项目化教学"（项目编号：JGYB20180701）的研究成果。

[2] 高松，女，汉族，山东菏泽人，博士研究生，讲师。北京政法职业学院信息技术系教师。研究方向：计算机网络技术、物联网技术。

心应手。同时对该课程评价体系进行了相关改革，以便使学生有效地掌握计算机网络知识和实际应用能力，更好地掌握网络运维知识与技能。各个项目的设计尽可能独立，既包含对网络基本知识和概念的理解，又可以在任务实施过程中通过使用网络管理常用软件来掌握每个知识点，全面提高学生的动手能力和解决实际问题的能力。

（三）教学内容

该课程主要内容包括IP/MAC地址、IP链路测试、局域网查看与搜索、网络监管、网络性能测试、流量监控与分析、服务器监控、网络安全、公司监控软件使用等。通过该课程的学习，使学生具备网络运维中简单桌面运维的能力，能够解决网络管理过程中的常见问题，在课程中有效地培养学生的动手实践能力，逐步提高学生的职业技能和职业素养。

（四）职业能力目标与职业素养目标

1. 职业能力目标

使学生具备熟练使用常见网络管理工具的能力，具备调试简单网络故障的能力，具备监测整个局域网的能力，具备网络抓包分析的能力，具备网络性能测试的能力。

2. 职业素养目标

该课程注重培养学生理论与实践相结合的应用能力，培养学生独立分析问题、解决问题的能力，培养学生对新知识的自学能力和对技术的创新意识，培养学生良好的工作习惯，培养学生团队协作和统筹管理的能力。

二、课程教学方法和教学组织

（一）课程教学方法

项目教学法与案例教学法相结合，大量使用虚拟化设备，设置真实的局域网环境，进行项目化教学。项目化教学法是目前高职院校教学改革中的一个热点问题。教师为学生创造项目环境，设置项目并分解为多个小任务。教师将任务需求分配给学生组成的项目小组，由学生自行分配任务给每个成员，让学生作为项目的主人，主动参与、独立思考解决办法，自己动手实践操作，逐步完成任务。通过独立完成项目，使学生能够灵活使用网络管理工具排除网络故障并有效管理网络，把网络工具与真实的企业网络环境有机地结合起来。学生掌握的不再是理论上的独立知识点，而是实际应用中真正地具备了分析问题、解决问题的能力，既提高了理论水平和网络管理工具的实际操作能力，又提高了职业技能和职业素养，培养了团队协作能力，提高了自学能力，从而提高未来就业的竞争力和岗位职业能力。

（二）教学组织

通过对该课程的前导课程计算机网络基础的学习，学生具备了基本的网络基础知识和技能，也已经在前期的课程中进行过网络的搭建和配置。因此在教学过程中，每次课结束时教师会提前布置下次课要做的项目和任务，让学生课下提前准备任务实施需要的软件，并课下提前学习软件的使用。各任务小组分解任务，每个成员都要自行完成承担部分的工作，带着问题来上课。课上直接根据各组的分配分别完成环境搭建、软件安装、项目实施，任务有侧重点，但需要各成员相互配合，共同完成。教师记录学生表现和任务完成情况，选取完成情况最好的项目进行展示，让该小组成员介绍实施过程，并对未完成项目的小组存在的问题进行指导。最后教师进行评价，并提炼重点进行汇总，由此延伸案例，增加难度，设置新的任务，让学生交换角色，完成任务，达到举一反三的目的。

三、课程项目化教学宏观设计和微观设计

（一）宏观设计

该课程采用项目化教学，从宏观上设计该课程，将整个课程内容设计为九个大项目，每个项目划分若干个小任务。各个项目之间尽可能独立，如表1所示。

表1 课程的宏观设计

典型工作项目（模块）	工作任务
项目一：利用工具软件洞悉局域网使用情况	任务一：查看局域网中IP地址占用的情况
	任务二：查看局域网中各主机端口开放情况
	任务三：查看局域网内部子网划分情况
项目二：利用工具软件测探网络环境	任务一：通过Sniffer工具抓取ICMP数据包
	任务二：通过Sniffer工具抓取FTP数据包
	任务三：使用Sniffer软件获取FTP包并破解用户名和密码

续表

典型工作项目（模块）	工作任务
项目三：利用工具软件捕获数据包并分析	任务一：使用 Wireshark 软件获取 FTP 用户名和密码
	任务二：获取本机截获的所有数据包
	任务三：抓取本机在上网时的 TCP 包或 UDP 包
	任务四：抓取 ICMP 数据包，并分析数据
项目四：利用工具软件监控服务器状态	任务一：对三台服务器的网络运行状态进行实时监控
	任务二：设置监控时间并对监测数据进行保存和上报
	任务三：对同一网段内的多台主机网络运行情况进行监测
	任务四：使用网络监控软件进行 Web 监控
项目五：利用工具软件查看网络性能	任务一：不间断地跟踪路由，分析问题
	任务二：使用命令跟踪路由，并确定访问目标所经路径
项目六：利用工具软件查看局域网信息	任务一：查看局域网中共享资源
	任务二：对局域网内的主机进行远程管理
	任务三：局域网中扫描各主机端口，分析开启的服务
	任务四：对局域网中的数据包进行抓取
项目七：利用工具软件探测网络系统安全	任务一：通过软件来探测局域网中某台主机的系统安全问题
	任务二：通过软件来探测远程主机的系统安全问题
项目八：利用网络代理软件解决企业员工上网管理	任务一：通过 CCProxy 进行网络登录权限的设置
	任务二：根据部门需要给客户端分配不同的权限来完成上网服务
	任务三：依据不同部门的工作需要从时间上加以限制
项目九：利用工具软件解决网络监控问题	任务一：上班时间对员工计算机进行实时监控
	任务二：上班时间对不同部门员工进行聊天限制和访问网址及内容限制
	任务三：上班时间对员工计算机进行流量限制
	任务四：对员工计算机的上网内容进行统计
	任务五：给客户端单独或群发消息

（二）微观设计

从该课程中设计的所有项目中选取"项目三：利用工具软件捕获数据包并分析"其中的第一个典型任务"使用 Wireshark 软件获取 FTP 用户名和密码"进行微观设计，将该任务划分为五个步骤来完成，并通过每个步骤的完成，将对学生职业技能和综合素质的培养融入任务的完成过程中，如表 2 所示。

表 2　典型任务的微观设计

任务名称：使用 Wireshark 软件获取 FTP 用户名和密码		
步骤	具体实施过程	对学生能力的培养
一、任务导入	任务需求：局域网中的三台计算机 A、B、C，计算机 A 作为 FTP 服务器，计算机 B 作为抓包软件安装端，计算机 C 用来作为客户端。在计算机 B 端安装 Wireshark 软件，在客户端 C 访问计算机 A 上安装的 FTP 软件时，计算机 B 端根据要求截获相关数据包获取计算机 A 端安装的 FTP 软件的用户名和密码。此任务在上次课结束时已经布置给学生	让学生根据任务需求课下自己准备需要的软件，并提前学习软件的安装和使用，有利于培养学生对新知识的自学能力和对技术的创新意识，培养学生良好的工作和学习习惯
二、任务分析	在 Wireshark 软件中设置过滤器是完成任务的关键，要求学生掌握各种网络协议和根据抓取数据包的要求选择对应协议作为过滤器。任务要求获取 FTP 用户名和密码。因为 FTP 协议属于 IP 协议簇的子协议 TCP 协议中的协议，因此选择过滤条件时要选择 TCP。在其他计算机通过 FTP 用户名和密码时，通过 Wireshark 软件抓取对应协议的数据包，并根据要求获取 FTP 的用户名和密码	网络协议是计算机网络技术专业课程的重点和难点，通过对之前学过的知识应用于实际网络环境，有利于培养学生理论与实践相结合的应用能力，更有利于培养学生独立分析问题、解决问题的能力
三、任务实施	任务实施包括环境搭建、软件安装、调试使用、实施抓包、分析数据、获取用户名和密码。具体内容：计算机 A 端安装 FTP 服务器并配置用户名和密码，计算机 B 端安装 Wireshark 软件并设置过滤器，虚拟机端作为客户端对计算机 A 端进行 FTP 访问，输入用户名和密码，计算机 B 端实施抓包并分析获取的数据，找出 FTP 用户名和密码。小组成员根据分配情况分别完成任务，任务有侧重点，但需要相互配合，共同完成。教师记录学生表现	由学生担任组长，负责小组成员的任务分配，有利于培养学生的领导能力和统筹规划的能力。成员之间相互合作，有利于培养团队协作能力
四、任务汇报	由任务完成情况最好的小组进行汇报，每个成员根据自己的任务分工，分别介绍每个步骤的实施情况，由组长最后总结完成该任务的核心知识点和注意事项。教师对未完成任务小组存在的问题进行指导，确保各小组都能完成任务	汇报有助于学生树立展示自己的勇气，学生也能够不断学习、取长补短，并培养永不放弃、勇往直前的品质
五、任务总结	最后教师对各小组的任务完成情况进行评价，并提炼重点进行汇总，并由此延伸案例，增加难度，设置新的任务。该任务的延伸任务可以设置为"抓取 TCP 数据包并从获取的包中分析三次握手连接的整个过程"。让学生交换角色，完成任务	归纳总结有助于学生养成良好的学习和工作习惯，设置延伸新任务有利于培养学生不断创新、勇于探索的能力

四、课程考核方法的改革

该课程注重的是实践过程，以及使用网络管理工具来管理网络的能力，主要考核综合职业能力和实际应用能力，而不只是片面地考核理论知识。所以传统的闭卷考试已不合时宜，该课程采用的是过程考核方式，也就是在教学过程中每隔 3~4 次课就对这一阶段的学习过程进行一次考核。考核的目的是考查学生对这些管理工具的使用能力和对网络故障的排查能力。例如在学生虚拟机中设置一个共享文件，以本人姓名命名，使用 LanSee 或其他工具搜索本网段中的共享资源，找到自己的共享。这个考核项目就可以考查学生对网络资源的掌握和使用能力。学生的成绩根据完成考核项目的情况来评定。过程化考核能有效地激发学生的学习兴趣，提高学习的积极性，有效提升教学质量和效果，并且考核更全面。

五、结语

网络管理工具的使用该本课程采用项目化的教学方法，以实际网络环境的应用为基础，开发了适合高职学生容易接受和掌握的九个项目，并分解为三十个小任务。在任务实施的过程中注重培养学生的自学习能力和理论与实践相结合的应用能力，培养学生独立分析问题、解决问题的能力，培养学生对技术的创新意识，培养学生良好的工作习惯，培养团队协作的能力。同时对该课程评价体系进行了相关改革，采用过程化考核方式，在教学过程中不断通过考核的方式督促学生学习和检测阶段学习的成果，使学生有效地掌握网络知识和提升实际应用能力。

基于建构主义学习理论的思政课程教学模式探析
——以七年贯通人才培养为例[1]

孙温平[2]

一、思政课程教学在七年贯通人才培养中的现状

（一）七年贯通人才培养项目中思政课程设置的背景

为服务于京津冀一体化和"一带一路"发展倡议新形势，主动适应司法改革对应用型法律职业人才的需求，按照北京市教委相关通知精神，北京政法职业学院自2016年9月正式承担贯通培养项目。2016~2018年招生录取分别为308人、297人、300人。在市场调研基础上，学院设立国内安全保卫（海外安全管理）、法律文秘（法官助理）、司法信息安全、司法助理（检察官助理）、法律事务（知识产权法务助理）五个贯通培养项目专业，并根据专业划分，30~45人为一个小班的教学管理班级。

贯通培养项目在课程设置上力图打破理论知识与操作能力"两张皮"，在课程上实现知识学习、能力训练、素养提升的一体化设计。在该课程设计体系中，参照国家关于基础教育改革与发展相关文件确定的基础教育培养目标，应当在基础教育中融入职业教育元素。在此背景下，思政课程分为五个学期展开，每个学期的课程分别属于经济专题、政治专题、文化专题、哲学专题和时事政治专题。课程设置的初衷是既不照搬普通高中政治教育，也不机械地与职业教育相叠加，而是以"必要、够用"为度，以"职业人"为目标融入专业特色，全面培养职业通用能力和职业素养，同时牢牢把握主旋律，围绕着培养什么人、怎样培养人、为谁培养人。笔者正

---

[1] 本文为（京政院发〔2018〕127号）立项课题"基于建构主义的贯通思政课程教学方法开发与运用"（编号：kyz201802）的阶段研究成果。
[2] 孙温平，北京政法职业学院教师，副教授。

是在以上背景下探讨贯通思政课程五个学期专项课程的教学模式构建问题。

（二）思政课程在七年贯通项目教学中的现状以及学生认知状况分析

课程的设置和教学应当围绕人才培养目标进行，整体来看，思政课程在当前贯通人才培养项目中承担的功能和作用尚未充分发挥。这主要体现在以下几个方面。一是总体的教学模式还是传统的"填鸭式"教学，即教师主讲、学生主听，这是一种实践证明的较为落后的教学模式。二是没有将教材体系有效地转化为教学体系，对于学生来讲教学内容较为抽象枯燥，容易照本宣科。三是教师授课条框限制较多，不能根据现实状况适时调整安排教学环节，导致学期授课容易死板教条，若要灵活地进行教学创新则易受到限制。四是思政课程考核形式比较单一，不利于培养学生平时学习的积极主动性，考核形式不能更好地检测学生的辩证思维能力、组织协调能力、信息收集并归纳总结的能力等，从而导致教学效果与预期目标有较大差距。五是当前的思政教学状况在一定程度上受到学生认知水平的影响，这个方面将在以下部分重点分析。

建构主义学习理论认为，影响学习者学习建构的因素有多个方面，包括学习者的学习环境、既有经验、元认知水平、记忆力、态度、动机等。其中，每一方面因时间、条件的不同而产生的作用和地位又有所不同。七年贯通人才培养实验班生源来自北京市各区，其中 80% 左右以远郊区为主。笔者从事七年贯通项目的思政课程教学以来，通过课上观察与课后调查等环节，发现，学生对于思政课程的设置和认可情况各有不同，最普遍的问题或是共性的问题反映在以下几个方面：

一是课程地位认知情况。由于我国的教育传统和历史遗留问题，在教学过程中笔者发现主副科目观念在学生头脑中根深蒂固，他们根据以往的学习经历认为政治类课程就是副科，而这种科目可有可无，之所以他们还要上政治课，完全是因为要应付考试，这种认知状况直接决定了他们对思政类课程的学习态度。

二是授课方式的应对认可情况。受传统的应试思维模式的影响，学生对思政课程授课方式的认可度具有固化的应试色彩。他们最期望老师将要考试的内容以题目的方式在课堂上直接讲述，甚至认为老师将考试内容归结为几个要点则更受欢迎。这种认知水平和原有经验会直接导致某些学生对思政课老师的授课方式评价偏颇。

三是学习基础不平衡的情况。北京各区的教育水平存在巨大差异,学生也因家庭、个人经历等情况的不同,对思政课程的投入情况表现出很大的差异性。他们对于教师的授课方式、内容的理解以及教学的融入皆有不同层次的表现。

及时了解并正视学院贯通项目中思政课程教学现状以及学生的认知水平,并认真研究其成因,借助于较为成熟和先进的教育理论进行教学改革,有利于提高七年贯通项目人才培养质量,以更好地为人才培养服务。

二、对于建构主义学习理论的解析

建构主义理论最初属于西方认知心理学派的分支之一。20世纪后期以来,该理念对国际教育教学改革影响较为深远。建构主义理论本身比较复杂,流派众多,理念纷繁复杂,其存在很多领域,从文学艺术领域到教育教学领域,甚至最后成为一种理论乃至知识论。而其中的学习理论对于解放思想、反思并改进学习与教学方法很有帮助。目前的教育改革中,建构主义学习理论对于一直致力于与国际教育接轨的我国教育教学改革很有借鉴意义。在思政课程的教学过程中,笔者发现了某些问题,总结了一定的经验和教训,认为对建构主义学习理论进行分析鉴别,将其合理的理念内核与具体教学实际相结合,对解决当前贯通项目培养中的思政课程教学瓶颈问题乃至人才培养模式很有裨益。

三、基于建构主义学习理论的思政课程教学模式构建

(一)教学模式概念的界定以及建构主义所倡导的教学模式

在教学研究中,许多人在使用"教学模式"一词,它到底是如何被界定的?许多学者从不同的视角对教学模式概念进行界定,有的认为教学模式是一种关于教学一系列活动的范式,有的认为教学模式是关于教学各要素的教学计划等。

综合以上观点,笔者认为教学模式是指在一定教育教学理念指导下,

为实现既定教学目标，对教学过程进行优化设计，建立起来的较为稳定且简明的教学程序及其实施方法的计划体系。在本文中，笔者是基于这个对于教学模式的界定来阐述的。

当前，传统的思政课程教学模式更多是以教师为主导，借助于教材和教学媒体传授知识，学生较为被动地接收。建构主义学习理论指导下的教学模式则强调学生是主动获取信息并在头脑中进行信息建构的主体，在教学过程中自己形成对学习内容的新的建构，在整个教学过程中教师扮演着学生的引导者、陪伴者和激励者的角色。

（二）基于建构主义学习理论的思政课程教学模式要素设计

在对教学模式的界定基础上，综合考量其他学者对于教学模式构成要素的阐述，笔者认为完整的教学模式应该包含理论依据、教学目标、教学内容、教学方法和教学评价五个构成要素。笔者根据思政课程的具体教学实际，对五大构成要素进行有效设计并有机组合，试图建构一个完整的基于建构主义学习理论的思政课程教学模式。

1. 理论依据：建构主义学习理论指导下的思政课程教学理念

建构主义知识观认为，在教学中应适时采用任务驱动、情景模拟教学方式。建构主义认为，知识是人们对客观世界的认识，而这种认识是基于学习者自身经验背景逐步构建出来的。在实际教学中，通过任务驱动教学方式，将理论与实际相结合，以实际项目或任务的完成促进学习者将知识转化为行动，从而在行动当中学习知识和技能，提升能力和素养。值得注意的是，这种教学模式在思政课程教学中必须根据具体情况适时采用，不能全部照搬。同时，建构主义认为知识应是学习者在特定的情境下并通过他人的帮助获得。在此理念指导下，教师在思政课程教学中应当努力营造典型的教学情境来推动学生主动深入了解客观世界，认识把握问题的实质及其发展规律，提升掌握知识、获得知识的能力。

建构主义学习观提倡培养学生批判性思维能力。建构主义认为学习应当是学习者自己构建知识的过程，强调以学习者为中心，推动学习者对知识进行主动探索、发现，并对所学知识的意义在头脑中进行主动处理而形成新的认知。可以进一步理解为知识的获得需要进行合理判断和正确取舍，这种能力就是批判性思维能力。思政课程教学不是简单地由教师把知识传递给学生，而是要通过合理的教学模式培养学生分析问题、驾驭问题的能力，能对社会现实进行评判性思考，因此在教学过程中应当特别注重学生批判性思维能力的培养。

2. 教学目标设计

教学目标是师生通过教学活动预期达到的结果或标准，即关于教学将使学习者发生何种变化的明确表述，在教学活动中所预期得到的学习者的学习结果。它在教学模式五个构成要素中的地位是最为核心的。基于建构主义学习理论，教学目标的设计应当表现出教学活动的预期特定结果或者标准，而不是一些宏观的普遍性教学目标。

基于这个理论，依据教学中常用的教学目标分类法，综合其他学者的分类方法，笔者将思政课程教学模式中的教学目标划分成五个项目，具体包括共同体知识、个体知识、合作学习能力、观点发展过程、积极认知态度。以下是对五项教学目标的具体描述：

一是共同体知识。共同体知识是由共同体成员对特定的社区（基本教学单位）产生有价值的观点，并不断改进。在思政课程的具体教学实践中，教师可以根据知识建构共同体成员（学生）的基本情况，预设可能产生的共同体知识。例如，针对七年贯通制学生来讲，教师要在思政课程教学中预设对于七年贯通制学生的共同体知识。

二是个体知识。个体知识即学习者通过认识和实践所掌握的知识，比如概念、原理、规律、事件、现象、性质等。学生在发展共同体知识的同时还获得其他相关知识。在思政课程教学中，教师可以按照教学大纲要求并根据教材内容进一步确定个体知识层面的具体目标。

三是合作学习能力。建构主义学习理论的教学模式要求的基本教学环境是知识建构共同体社区（学习单位），在该社区中学习者相互合作来发展共同体知识。在思政课程教学中，贯通制学生班级人数的设置不相同，可以根据班级人数来确定最小单位的共同体社区。班额小的可以直接以整个班级作为共同体社区；班额大的可以将班级划分为几个学习小组，各个小组作为最小单位的共同体社区。在共同体社区中，通过恰当的方式提升学习者的语言沟通协调能力、应急处理能力及平衡关系的能力等。

四是观点发展过程。观点发展的过程目标主要表现在学习者的观点从形成、发展、改进再到升华，这样逐步递进的认知发展过程，而不是直接得到结论性答案。

五是积极认知态度。强调以学习者为中心，应充分发挥学习者个体的积极认知责任。积极认知的态度表现在学习者与他人积极分享自己的观点并进行协商谈判；同时自主地为问题设定目标、制订计划、收集信息资料、完成评价等，而不是单纯依靠教师或他人来帮助。

3. 教学内容设计

建构主义学习理论认为应当从学生的角度来构建学习内容。思政课程教材体系是按照学科逻辑知识来编排的，对于贯通制学生来讲，若教师完全按照教材体系来讲课，他们多数人会感到枯燥、无趣。按照建构主义学习理论教育理念，思政课程教学内容设计的第一步应当是将教材体系转化为教学体系，可以按照模块化规划分类。第二步是按照每个模块的内容，再根据教学目标进行细化，并进行环节设计。为支持学生的主动探索精神而完成意义建构，在对教学内容进行设计时需要借助各种平台为学生提供多种形式的自主学习信息资源，例如教师教学课件、微课、慕课、需要讨论的问题以及测试题等，学生通过线上线下自主学习相关知识点，从而完成建构主义所倡导的意义建构。

4. 教学方法设计

教学方法是围绕教学目标为教学内容服务的。合适的教学方法，能够激发学生的学习热情，能够让学生在合适的情境中较为高效地掌握知识，提升能力。因此，教学内容设计之后的重要环节就是要进行教学方法的设计与选取。

建构主义学习理论强调情景、会话、合作与意义构建。根据不同的教学内容和环节，思政课程可以运用的教学方法包括导学案式教学、抛锚式教学、支架式教学、任务驱动式教学、情境式教学等。其中，宏观的教学方法又可以细化为具体教学方法，如支架式教学，又可以分为资源支架、问题支架、评价支架和情感支架等。任务驱动式教学又可以包含小组式学习。根据已有研究和笔者的教学实践，在贯通项目思政课程教学中，可以根据班额的大小建立"个体—小组，小组—班级"两层级的知识建构共同体。其中，学习者按照个体到小组再到班级进行的分享、论证、协商等过程也属于具体细化的方法。情境式教学中可以包含案例教学法、角色扮演法等。每一个教学方法的采用也要符合具体的教学环节或程序。如导学案式教学适合放在课前使用，学案可以多样化，既可以是纸介，也可以是电子多媒体形式。教师提前把学习的资料、课件、视频（包含微课）、思考问题等内容放到合适的学习平台上，学生可以根据自身情况灵活自主安排学习进度，从而培养学生自主学习的能力并完成相应的知识与能力建构。

5. 教学评价设计

教学评价是根据教学目标运用一定的方法和标准对教学过程及结果予以评价以服务于教学决策的活动，它是对教学模式实施效果的一种反馈和检验。不同教学模式对应的评价方法和标准各不相同，但是都离不开两个核心环节，即对教师教学工作的评价和对学生学习效果的评价。

基于建构主义学习理论，并依据本文对教学目标的设计原则，笔者认为教学评价设计应该本着多元化的原则，可以从评价主体、评价内容和评价形式三个维度来进行。评价主体多元化主要是指以学生自评互评为主、教师评价为辅，同时辅以教师互评、教学督导评价作为补充。评价内容多元化主要是指根据本文提出的教学目标设计维度来依次进行全面综合的评价。评价形式多元化是指根据评价内容采取的定性定量和过程总结相结合的评价形式，如通过网上评价依据一定的数量进行统计分析，又通过对学生或者评价者的个别访谈来针对某项进行定性分析。考核评价形式应注重课程教学过程每一环节的评价，既要评价学生的学习态度，也要评价学习过程，如学生网上提交作业、参与评论、完成测验、参加课堂或者网上平台讨论等，记录成绩作为学习过程的考核评价，结合期末总考核，按照一定比例进行成绩汇总。思政课程考核评价方式已经部分体现了评价形式的多样化。

四、结语

综上所述，根据当前的教育教学形势，建构主义学习理论的诸多观点或理念与贯通培养项目的人才培养理念相契合。因此，借助这种较为先进、成熟的理论来进行思政课程教学改革探索是有必要的，也是可行的。作为思政课程教授者，要冷静地认识到建构主义只是提供了某些指导思想、教学理念，并未给出具体原则与操作规范，因此在具体教学实践中应当积极探索将其合理内核转化成为实践的有效途径。本文只是基于日常思政课程教学的经历，借助一定理论而对教学模式进行的初步探索与设计，具体的实施和总结尚需在今后的教学与研究过程中进一步具化。

特殊天气下高校体育课室内拓展训练教学模式的研究

付凡飞　张　梅[1]

特殊天气条件主要是指学生无法在户外进行体育活动的天气，如下雨、下雪等。但是随着社会的发展，各种工业排放及汽车尾气环境污染，导致雾霾天、沙尘天等不利于户外活动的极端天气越来越多。尤其是持续大范围的雾霾对人们的生产生活和身体健康带来危害。在此情况下，高校体育教学是否开展、如何开展，引发了教育部门的思考，成为摆在教育部门和体育教师面前的一个急需解决的难题。

一、特殊天气对学校体育的影响

（一）特殊天气对学生与体育教师的身心影响

高校的大学生正处在身体和心理的成长发育期，需要良好的外部环境。在特殊天气下进行户外活动存在诸多安全隐患，如低温天气下容易冻伤、摔伤；高温天气下容易中暑、晒伤；降雨、降雪天气下容易生病；尤其是雾霾天气下，空气中存在的有毒颗粒都会通过呼吸进入人体，造成呼吸道损害，严重的导致肺癌、哮喘、心血管疾病的发生。在雾霾天运动还会对皮肤的散热功能造成影响，机体散热受阻不能实现热平衡，会引起胸闷、头晕等系列症状，运动后易产生疲劳，严重者还会对心脏造成影响[1]。

如果学生和体育教师长期处在特殊环境下，心理会呈现特别压抑的状态，甚至导致情绪上的严重问题，严重削弱他们对体育课和身体锻炼的兴

---

[1] 付凡飞，硕士研究生，北京政法职业学院基础部教师，副教授，研究方向：青少年体育教学与体育竞赛研究。张梅，硕士研究生，北京政法职业学院基础部教师，助教，研究方向：体育教育训练。

趣[2]。作为长期在室外环境下工作的体育教师，与特殊天气的接触频率更高，受伤害的时间会更长，身体受到的伤害更为严重，这样必然造成心理阴影和心理负担，导致他们对自身所从事的体育教学职业产生焦虑和担心，甚至产生抑郁，对体育教学造成不利影响。总之，特殊天气严重影响到学生和教师的身心健康。

（二）特殊天气对高校体育教学的影响

高校体育教学是高校教育中不可或缺的一部分，关系到学生体质健康和素质问题。体育课是高校教学工作的必修课程，其主旨在于增强学生的身体健康，提高学生的综合素质。由于特殊天气对身体健康的巨大危害，高校体育活动的开展既要严格遵循各级政府规定，也要采纳学生家长反对特殊天气进行室外活动的倡议。我国高校体育课的基本形式是室外教学，在运动环境不达标的情况下进行户外体育教学是不可行的，是与体育教学目标相背离的，也不符合素质教育的初衷。特殊天气妨碍了高校体育课的正常运转，也容易使高校体育工作陷入被动。据了解，特殊天气下为保证学生的身心安全，很多高校禁止开展有关学生的一切室外体育活动，如果室内体育馆有限，只能转入教室内进行理论知识教学，部分高校在室内只能开展基础的体育理论知识教学和播放体育电影，甚至有的高校直接暂停体育课，或者把体育课改成其他科目的课程，导致学生正常的身体锻炼得不到保证，不能完成教学目标和任务，致使学生体质健康水平受到影响。

二、特殊天气下高校开展室内拓展训练教学的可行性分析

针对出现特殊天气频发的情况下高校体育教学又不能停滞不前的问题，经过查阅资料发现：室内拓展训练项目比较适合在特殊天气下开展，它融入了一种全新的体验式学习及训练方法。它不是体育与娱乐的简单叠加，实质上是一种以项目活动为载体的现代教育模式。同时，拓展训练项目也是体育功能的集中体现和延伸，符合教育部对高校体育课程大纲的要求，充分突出学生主体地位的指导思想，是对传统体育教学内容和方法的有益补充。国内研究已经论证了拓展训练项目在高校开展的可行性和实效性，是拓展训练的本质内涵和高等教育的有机整合，能提高学生心智、意志力

和团队协作等方面的意识，提高其职业发展能力和社会适应能力[3]。室内拓展训练引入高校体育教学，是要在有效的教学模式下遵循拓展训练的针对性、安全性、客观性原则来开展。室内拓展项目比较成熟的内容很多，可根据高校体育教学大纲要求编排出适合大学生的项目内容、拓展方法和主题创意等，便于教师掌握和使用。将室内拓展运动引入体育教学有良好的发展前景，是特殊天气下进行室内体育教学最合适的替代办法和有效途径，是对高校体育教学的改革和创新。

三、特殊天气下高校室内拓展训练教学模式的理论构建

（一）高校室内拓展训练教学目标

何为教学目标？顾名思义是指在教学模式下预期达到的教学效果，是教师对教学活动成果的一种主观性的愿望、一种渴盼，是对学生完成教授任务而应呈现的一种行为状态的理想效果，也是对教学模式下的教学活动在学生身上将产生什么样的效果所做出的预先估计。

教学目标是教学预期效果的体现形式，对于任何教学活动而言，它的确立都对教学实施的方向发挥导向作用，因此，其可以被视为高校体育教学活动的始发点与归宿点。

室内拓展训练是为了提高学生自身的综合素质，不仅可提升个人身体素质，还可提升和强化心理素质，帮助学生建立高尚而尊严的人格以达到自我个体目标的实现。在拓展训练过程中，通过体验、分享、交流，提高学生的沟通能力、调解能力、领导能力及管理能力等，激发团队更高的学习热情和拼搏创新的动力，使团队更富有凝聚力，以达到融合团队的集体目标，以及在"磨炼意志、陶冶情操、完善人格、熔炼团队"总体目标上的价值实现。因此，室内拓展训练对于实现学生社会适应能力目标与常规体育教学是一致的。常规体育教学更多的是专注于强健体质、运动技能培养，而对学生心理锻炼和社会适应能力锻炼的内容较少。所以，在高校学生中开展室内拓展训练课程，把提高学生的心理健康水平和促进学生的社会适应作为核心目标，充分发挥拓展训练在团队意识、社会适应能力培养上的优势，以提升学生的综合素质水平。高校室内拓展训练的目标是培养学生具有开放性的价值观，

开拓学生视野，提升战胜困难意志、竞争意识和社会需求的职业能力，促使其身心健康成长和全面发展。

（二）高校室内拓展训练教学形式

室内拓展训练的组织形式比较灵活，呈多样化，不同项目的课程内容可以选择不同的组织形式。课程的组织是指为实现课程的教学目标所采用的各种合理措施与手段，会直接影响体育课的教学效果[4]。传统体育教学组织是"教师示范—学生模仿"，室内拓展训练扩展为"教师组织—学生自主完成—师生反馈—学生应用"的教学模式，其优势体现在能深度挖掘出学生的学习动机和潜能，充分发挥学生的自主能动性，学生的主体角色得到了充分的体现。以教师为主体的教学模式转变为以学生为主体，充分发挥学生的参与度以提高其学习体育的兴趣及积极性，有助于学生的个性发展，更能促进学生全面发展。

由于是特殊天气下进行的室内体育教学，在组织形式上主要以专业班级或选项班为单位，一般控制在 30 人左右，以游戏型和团队型、活动强度较小的集体拓展项目为主，教学形式应趋向趣味性、新颖性和多元化方向发展。开展出能够应用于不同专业学生的特殊天气下的特殊项目课程，将学生在体育技能学习的潜能激发出来，从而更好地增强学生的体质和综合素质，完善特殊天气下的高校体育教学工作。

（三）高校室内拓展训练教学内容与组织

室内拓展训练在教学过程中扮演着十分重要的角色，合理地选择教学内容有助于教学目标的实现。

在高校中开展室内拓展训练课程，要结合高校的实际办学情况和学生的身心特点，引进运动强度较小、适合特殊天气的地面室内拓展训练项目，以经典项目和地面项目为主要内容，方便体育教师监控运动量和教学进程。在选择教学内容时为了适应学生的身心特征，提高学生的学习兴趣，可以对一些拓展训练项目进行适当的改造，如改进规则、调整难度等。根据教学实际情况，挑选、整理一些民间体育活动项目，以增加学生对民族传统文化的了解和自豪感。

室内拓展课程教学模式与传统体育课程有一定区别，其实践操作性比较强，重点在学生的自主学习能力上，强调的是学生的"学"而不是教师的"教"，学生在整个课程中起主导作用。通过团队学习的形式学生能够正确地挑战自我，处理好竞争和合作的关系。通常采用拓展训练的常规组织模式，即以团队发展阶段的特点及各个阶段团队成员的心理变化为主线构建教学模式：学习小组创立初期，学生初步体验，相互之间建立信任委托；学习小组成立探索阶段，学生已明确学习目标，有了方向和核心，具有了一定的自主性；由于学生之间相互讨论，交流意见，难免有良性的小摩擦冲突，此时学习小组过渡到动荡阶段，主要目的是统一规则；学习小组终极阶段，即小组成熟期，主要是学生之间已明确分工，意志坚定，达成共识。

具体操作时，精选合适项目，制订上课方案，充分体现循序渐进的原则，开展好拓展训练课堂。例如，"信任背摔"是拓展运动中常见的项目之一，具有占用空间小、简便易操作的优点。同时，在学习过程中，既考验学生勇敢果断的心理品质，又能培养学生之间的互相信任。课堂上，可以用稳固的课桌作为高台，安排好安全保护人员（需经过安全保护方法的培训），下面铺好海绵垫以保证安全，进行分组教学，教师先示范后激励每个学生参加。学生操作过程中，教师要适时给予引导和鼓励，让他们以开放的心态来感受拓展项目。学生之间互相分享经验和见解，通过不断地尝试、体验、感悟，调整自己的观念和行为提高社会适应能力。此类游戏在特殊天气下室内开展可以增加体育课的趣味性、灵活性和挑战性，培养学生集体意识和团队合作精神。

具体到体育教学课程计划说，高校的体育课程多为一周两课时（共90分钟），每学期15~18教学周，各学校根据学科专业的具体设置不同略有差别。为了使整个体育课程更加规范，课程规划中在每学期总学时之内设立5~8周的室内拓展训练课，以备在特殊天气下使用。

（四）高校室内拓展训练教学师资、器材设施等

高校体育教师作为室内拓展训练课堂教学的组织者和服务者，教学经验丰富，对教育学、体育学、心理学和管理学的知识有相当扎实的基础，综合素质普遍较高，在拓展训练项目的学习、接受能力上较强，再加上各

高校良好的文化底蕴，很容易上手。另外教师要有开发、统筹设计、实施室内拓展训练项目的能力，以及在组织过程中熟练运用相关体育专业知识和案例分析的课堂驾驭能力，能顺利安全地组织学生进行课堂教学。

特殊天气下，各学校可以针对场地和基础设施选择合适项目进行室内教学。选择项目道具是需发挥想象自己动手，可以用废旧材料如废报纸、饮料瓶、PVC管等作为开发项目的道具，还可以利用学校的球类、木棍、体操垫等器材开展活动，甚至可以让学生自己制作拓展器械，如拓展项目中的生死电网中的电网等，积极引导学生多想多做，锻炼学生的思维能力和动手能力。

（五）高校室内拓展训练教学评价

任何形式的教学最终都应有一个教学评价，它是对教学过程及结果的测量（即对教师教学工作和学生学习效果的考试和测验），并给予一定的价值判断。有教学评价，就有评价标准，评价标准是指教学模式的评价尺度和评价方法。评价指标需要根据不同的专业和学生的个性、心理特征设置，学生自评、学生互评、师生互评等方式都可以采用，可以加大学生互评和学生自评在成绩评价中的比重，通过这些评价，有助于激发教师教学意识的前瞻性，促进其教学创造力的发挥。评价时主要应及时对学生表现给予正面积极评价和差异性评价，给予学生更多信心和激励，鼓励学生参与拓展训练活动，同时还能够帮助学生选择学习方式，进而促使其学习主体性得到最大限度的发挥。

四、结语

本文就特殊天气对学生和高校的体育教学造成的影响进行了分析，提出室内拓展训练教学模式的合理构想。室内拓展训练的教学模式不仅能够弥补传统教学模式的不足，提升体育课堂教学质量，还可激发学生的体育潜能，引导学生发挥主体作用。同时，还可挖掘学生团结合作的集体主义精神。但基于高校室内拓展训练教学环境及其他方面的局限性，此教学模式的开展依然存在多种问题，教学过程中要不断强化教学效果和教学安全，把以"学生为主体"放在第一位，逐步提高教学水平，进而不断提高学生的个体适应能力以及综合素质，推动学生实现全面发展。

参考文献

［1］贾真.雾霾天气对健康的影响及预防措施[J].家庭医生中国民间疗法，2013（8）：80–81.
［2］蒋肇年.雾霾天气进行体育锻炼的对策分析[J].文体用品与科技，2013（4）：194.
［3］殷骏.论高职院校体育课程中开展拓展训练项目的思考[J].宿州教育学院学报，2015（2）：128–129.
［4］曲宗湖.大学体育课程改革[M].北京：人民体育出版社，2004.

高职体育课程教学改革研究

何金华 ❶

高职体育既具有高等教育属性，又有职业教育特征。改革高职体育教学，高职体育教学手段是提高高职生职业素质的有效途径。现行高职体育教学本科性模式、大学传统模式较重，高职特色不明显，实用性、培养职业素质、职业体能、动手能力较弱，亟待弥补改进。本文通过查阅文献、调研、分析高职体育教学现状，结合职业素质、职业体能需求，以及高职生需求实际，设置高职体育课程内容，提出了建设性、可行性、发展性建议。

一、研究对象、研究方法

（一）研究对象

北京部分有代表性的高职院校体育教学、高职生。

（二）研究方法

1. 文献资料法

通过中国知网、国家图书馆、首都图书馆，查阅高职体育教改相关文献，查阅关于高校、高职体育教学改革的研究成果，概括归纳、分析，作为参考。

2. 问卷调查法

对具有代表性的高职体育教学进行访谈、问卷调查，内容包括教学目标、课程设置、教学安排形式、教学和评价方法。

3. 数理统计法

用统计软件分析处理以下资料和数据：教学积累资料和数据，调查访

---

❶ 何金华，男，硕士研究生，北京政法职业学院基础部教师，副教授。研究方向：体育教育与训练。

问、调查问卷的资料和数据，文献和专家学者相关研究成果。

4. 逻辑分析法

在了解高职体育教学的基础上，对相关研究问题制订框架、标准，进行逻辑分析，剔除超过标准的极端情况，减小误差，确保研究结果的有效性、代表性。

5. 访谈法

针对本文研究的相关问题，对北京部分高职院校体育部负责人、教师访谈，随机抽样学生访谈。

二、结果分析讨论

（一）高职学生、高职体育教学现状分析

1. 教学目标

积极主动参与目标：自觉参与完成体育教学，主动积极地进行教学身体练习活动，逐渐培养体育活动习惯。

体育技能目标：自觉参与完成体育教学活动，学会 1~2 项体育运动的基本技术，且具备其基本技能，能自主进行体育健身。

体质健康目标：明确健康概念、明晰现行体质健康测试项目评价方法，了解提高身体素质的知识与方法。

身心发展目标：参与公共体育活动、体育教学，改善精神状态、消除心理障碍，调节学习生活，愉悦身心。

融入目标：参与公共体育教学活动，培养优良意志品质、体育道德和团队精神，提高沟通协调团队的意识。

大部分高职院校第一学期主要教学目标：发展"体适能"、增强身体素质为主，兼顾发展某专项运动技能的学习，为体质健康标准测试及全面提高体质奠定基础。第二学期教学目标：专项运动技能为主，部分高职院校融入"体适能"教学内容。一些条件较好的高职院校第三、四学期主要是专项运动技能教学，通过教学活动促进学生的身心健康，培养行为习惯，提高学生体育运动能力。

2. 内容设置情况分析

大部分高职院校开设两学期体育课，第一、二学期各 36 课时，共 72 课时，这与国家所要求的（我国教育部 2002 年 6 月 21 日颁布《全国普通高等学校体育课程教学指导纲要》）高职高专体育课开设标准 108 学时还有较大差距。个别条件较好的高职院校不断改革高职体育教学，进一步与学生兴趣爱好、特长相结合，体育课开设接近、达到了 108 学时。但欠缺不同专业学生职业体能的针对性设计。

3. 教学的评价方式分析

高职体育学生成绩评价主要是反映学生学习情况、激励参与身体练习活动，从而提高素质与能力，在体质上、行为习惯上、运动能力上、适应能力与心理上达到培养目标。目前，大部分高职院校公共体育评价方式：第一学期平时成绩（出勤与学习态度）占 20%~30%、理论占 5%~15%、"体适能"占 30%~40%、专项技能占 20%~30%（见表 1）。分析现行评价方式："体适能"主要有体质健康标准的素质测试项目相关内容。缺少对高职职业素质发展的评价，职业体能针对性评价不足，需要调整。

表 1 高职体育现行教学评价方式

开设学期	第一学期	第二学期
评价方式	出勤、学习态度占 20%~30% 理论占 5%~15% "体适能"占 30%~40% 专项技能占 20%~30%	出勤、学习态度占 10%~30% 理论占 5%~15% "体适能"占 20%~30% 专项技能占 40%~60%

由教育创新改革理念剖析，现行教学管理形式从宏观目标到教学内涵虽强调了学生体质和培养学生运动兴趣、发展了学生爱好特长、利于个性完善，但欠缺高职应有的职业性和实践性、就业导向性，缺少高职教育特色。

（二）给高职生未来职业，进行科学分类

目前，高职体育教学内容几乎没与高职生未来从事的职业联系，多用本科高校体育教学体系，缺失高等职业教育特征。高职体育教学应围绕专业培养目标、职业某岗位工作主要姿态、职业体能特征，结合高职院校的专业进行科学分类，以相关专业特点进行岗位姿态分类。

（三）高职生专业岗位涉及的职业素质、体能分析

1. 高职生体育锻炼现状

高职生体育锻炼调查如表2所示（n=683）：经常参加体育活动的男生比例更大，占37.1%，女生经常参加体育活动的比例仅19.6%，女生从不或偶尔参加体育锻炼的比例为57.9%，而男生仅为32.6%。研究显示女生体育锻炼程度低，高职体育教师应在教学中注重女生体育兴趣与锻炼习惯培养。

表2　高职生体育锻炼参与度

	从不参加百分比	偶尔参加百分比	常态参与百分比	经常参加百分比
男生	10.3%	22.3%	30.3%	37.1%
女生	22.7%	35.2%	22.5%	19.6%

高职生锻炼目的多选调查见表3（n=683）：列前三位的依次是娱乐身心、社会交往、强身健体。可见高职生锻炼目的主要是娱乐身心而非强身健体，精神需求大于身体生理需求，这是高职生曾在高中学习压力过重渴望娱乐调节、排压的后遗症，也是当代高职生的共性特点。

表3　高职生体育锻炼的目的

类别	娱乐身心	社会交往	强身健体	掌握一定的自我锻炼方法
百分比	91.00%	83.00%	70.00%	16.00%

表4　高职生体育锻炼项目兴趣排名调查

	羽毛球	篮球	跑步	乒乓球	足球
男生	27.00%	45.00%	25.00%	23.03%	32.73%
女生	31.00%	6.00%	15.00%	13.94%	1.52%

高职生常参与体育活动项目，列前五项的分别为：篮球、羽毛球、乒乓球、跑步、足球。另外还显示：男生多以篮球、足球为主；女生首选为羽毛球，占到调查人数的31%（见表4，n=683）。

如表5所示，"丰富学习生活"是影响高职生参与体育活动的首要原因，多选率占76%；"无自己感兴趣的项目"是影响高职生参与体育活动排位的第二

个因素，多选率占52%。开展各类课余体育活动，丰富校园文化生活，培养学生体育活动兴趣、终身体育习惯、健康生活方式是促进体育锻炼的重要环节。

表5 影响高职生参与体育锻炼的因素（多选，n=683）

	丰富学习生活	无自己感兴趣的项目	缺少同伴	气候
比率	76%	52%	33%	19%

2.学生对体育知识和能力需求分析

多选调查显示：对哪些体育知识和能力是你现在亟待增强、发展提高的？回答首先是掌握运动技能占87%，其次是体育保健知识占79%；再次是培养体育兴趣58%（见表6）。可见高职生对运动方法和保健健康知识需求最迫切，这反映了知识经济时代的特点，理论指导实践，调查结果也为高职体育理论课内容的选择提供了有价值的依据。

表6 高职生有待加强和提高的体育知识能力（多选，n=683）

类别	运动技能	体育保健知识	培养体育兴趣	学会欣赏体育	竞赛裁判法、规则	体育理论
比率	87.00%	79.00%	58.00%	47.00%	34.00%	49.00%

3.高职生职业体能需求分析

对高职生和已工作的毕业高职生及部分专业教师进行"职业体能需求"的问卷调研，多选项，所占比重最大的前三项见表7。

表7 高职生未来职业所需体能调查统计（多选，n=683）

专业	选项	比重	选项	比重	选项	比重
静态坐姿类	肌肉耐力	65.9%	灵活性	56.30%	形体	52.59%
流动变姿类	肌肉耐力	69.63%	柔韧性	58.52%	形体	52.59%
企业操作类	肌肉耐力	71.11%	力量	62.22%	灵敏性	56.30%

表7、表8显示：不同职业身体参与活动的部位、所需素质不尽相同。高职体育教学阶段应在体育运动、身体练习内容中选择相应的项目，采取不同的练习方式发展、增强相应的职业素质、体能。

表8 职业体能需求

专业	职业特点及职业身体素质	形体
静态坐姿类	伏案坐办公室，脑力劳动为主；身体较长时间静态、活动幅度小；长时间静力性工作耐力要求高。手指、腕灵活性好、有氧能力强	正确坐姿、坐姿优美
流动变姿类	职业岗位身体活动有坐态、静态站姿、走动等，各姿态在工作均较长时间。综合性身体素质要求高，有氧耐力强	对形体形象有一定的要求，服务人员要求 面部表情及气质和善
工厂操作类	耐力、灵敏素质要求高；上肢和躯干力量耐力好，有氧耐力强	无形体要求

虽然这几类岗位身体姿态各个部位参与活动时所需的身体素质不同，但带有共性的基础性体能——有氧耐力素质则是每位学生必须具备的。

（四）高职体育教学改革探究

1. 明确"职业需求"为导向的高职体育教学目标

明确"职业需求"为导向的高职体育教学目标主要从参与、体育能力、身体健康、心理健康、社会适应五方面进行思考分析，较以前的目标概况性、适应性、实用性、高职性更强，更加深入，层次更高。

积极主动参与：自觉积极主动投入体育课、体育锻炼，有自觉体育活动锻炼的习惯，能制订个人职业岗位锻炼计划。

体育能力：能组织、参与感兴趣的体育活动，具备基本方法和技术、技能、规则知识，结合运动实践提升自我运动能力。能根据体育锻炼的基本原则进行职业体能相关的锻炼，能处理运动中常见的运动损伤。

体质健康目标：明确国家学生体质健康标准测试和评价方法，能结合自身专业发展职业体能；明晰健康生活方式内容并结合学习生活实际，形成健康的生活方式和行为习惯，能自觉积极地保持良好的身体状态，增强体质。

心理健康：参与体育锻炼，改善精神状态，缓解焦虑，愉悦身心，形成乐观的生活态度。

融入适应目标：体育活动过程中与同伴沟通、配合协同，遵守规则，尊重同伴、师长、裁判、对手、观众，建立和谐的人际关系、社会关系，适应社会活动。

2. 逐步建立与"职业需求"相适应的高职体育教学模式、增加必要的课程

经调研、分析、论证建立的新教学模式，尽量达到国家教育行政机构所规定的："高职体育必修课108课时"的要求。

改进的高职体育教学模式前三个学期均开体育课。第一学期以全面发展高职生基本身体素质为主，奠定职业体能基础，第一学期体育为必修课，以专业行政班为单位上课。第一学期评价内容由理论知识、课堂参与、基本身体素质、与自职业体能有关的身体素质四部分组成（参照表9）。第二、三学期以发展高职生职业素质为导向的专项运动技能选学教学，同专业或不同专业未来岗位身体活动特征相同的"三自主"合班上课；评价理论、参与、职业体能、职业素质（参照表10）。第一学期、第二学期、第三学期各36学时。本研究结合"职业需求"为导向和高职生体育需求，基于职业体能、职业素质为本，设置高职体育相关内容，表9、表10是以政法类高校相关专业为例，论述职业体能素质体育教学内容、选学内容。

表9　高职第一学期专业体能基本素质体育教学内容

专业	教学内容	教学目标
静态坐姿类	基本身体素质练习为基础，侧重体能身体练习内容，以发展有氧耐力和头、颈、肩、上肢、指、腕肌群耐力的练习为重点	全面发展、增强高职生身体素质、提高学生的有氧工作能力（心肺机能），促进颈肩背腰腹肌群的耐力和协调性，锻炼手指手腕动作的灵活性。增强体适能
流动变姿类	基本身体素质练习为基础，以发展学生腰腹和下肢力量以及有氧耐力的练习为重点	在全面提高学生身体素质的基础上，增强学生的心肺机能，促进学生腰腹和下肢的力量以及耐久力
工厂操作类	基本身体素质练习为基础，以发展上肢和躯干肌肉力量、下肢平衡稳定性、身体灵敏、有氧耐力的练习为重点	在全面提高学生身体素质的基础上，增强学生的心肺机能、上肢力量和躯干力量，增加身体灵敏性

表 10　高职体育教学第二、三学期职业需求体能与相应体育项目选学内容

专业	体育课选项	教学目标与评价项目			
		体育能力	职业体能	身心素质	体育锻炼习惯
静态坐姿类	篮球 排球 网球 羽毛球 乒乓球 健美操	具备选学项目基本技战术技能，熟悉规则，能从事、组织该项活动锻炼	发展上肢手的灵活性，力量耐力，有氧耐力	专注力、身心调节力、责任心、融入团队	自主体育锻炼意识；自觉参与体育活动，应用技战术、规则与同伴活动，组织活动
流动变姿类	田径 足球 篮球 排球 太极拳	具备选学项目基本技战术技能、规则知识	躯干、下肢力量，肢体配合协调性，力量耐力	协同互动能力，抗挫折能力，自我身心调节力	培养运动兴趣；应用技战术、规则与同伴活动，组织活动持续体育锻炼能力
企业操作类	田径 足球 篮球 网球 游泳 乒乓球 太极拳 跆拳道	具备选学项目基本技战术技能、规则、裁判基本知识	肢体力量素质、动作敏捷、协调性、攀爬技能	沟通协调能力，思维严谨缜密，乐于合作	持续参与体育活动、体育锻炼能力；具备选学项目技战术技能，参与组织体育活动

三、结论

本研究以"职业需求"为导向，进一步完善、充实了高职体育教学目标，主要侧重积极主动参与、体育技能、身心健康、融入适应这几方面侧重。

高职体育教学课时不足。《全国高等职业（专科）院校体育课程教学指

导纲要》规定：高等职业（专科）院校体育课程为 108 课时，现北京大部分高校高职体育仅第一、第二学期开设，一般每学期 36 学时，共 72 学时，还缺少三分之一的课时。这不利于高职生全面发展身心，提高职业体能、职业素质。本研究在调研、分析、论证基础上建立了高职体育教学模式，第三学期应开设 36 学时的公共体育必修选项课。

现高职体育教学内容还不能完全满足高职生的需求。本研究结合高职生公共体育需求，以职业素质、职业体能需求为导向，兼顾实用、够用原则，设置了高职体育教学内容体系。

社会对动手能力强、具备专业与文化知识的职业技能型高级人才需求标准是动态变化的，高职公共体育也应依据市场需求变化调整教学内容、教学模式、教学方法，体现高职的实用性、职业性。因此，高职体育教改是一个动态的、需不断研究、不断完善的过程，这就需要体育教师深入职业岗位调研，积累信息，不断改进教学，适应社会发展需要。

高职院校就业部门可借助信息中心技术支持，建立高职毕业生去向信息库、去向变化动态信息库。便于向入职高职生、用人部门了解职业素质、职业体能需求，以此为导向改进改革高职体育教学，利于更好地培养社会需求的高职生，利于高职生就业。

参考文献

[1] 中华人民共和国教育部.全国普通高等学校体育课程教学指导纲要[G].2002-06-21.

[2] 全国高等学校体育教学指导委员会.全国高等职业（专科）院校体育课程教学指导纲要[G].2012-12-17.

[3] 汤剑辉.高职体育教学强化职业体能的对策分析[J].学校体育学，2015（5）.

[4] 贾晓雨.浅析职业体能需求下高职院校体育教学模式的构建[J].福建体育科技，2016（6）：48.

[5] 邱丽.以职业为导向的高职院校实用性体育课程内容优化与实施构想[D].2016，（6）：118.

[6] 毛振明.体育教学改革新视野[M].北京：北京体育大学出版社，2003.

[7] 全国普通高等学校体育课程教学指导纲要[D].教体艺〔2002〕13号.

[8] 李建奇.高等职业教育研究与实践[M].北京：科学出版社，2006.

基于大数据的高职英语写作教学研究

肖 蕾[1]

随着网络信息技术的迅猛发展，各类移动客户终端和网络社交平台的日益普及，互联网应用的影响范围不断扩大并成为人们日常生活不可或缺的重要组成部分，人类社会从信息时代跨入了全新的大数据时代。大数据不仅给我们衣、食、住、行、生活的方方面面带来影响和改变，还对我们固有的行为方式和思维方式造成冲击。语言是思维的载体，英语作为与国际接轨的重要语言交流工具也受到大数据背景的深远影响。在大数据的时代背景下，高职英语教学、英语写作方面的不足之处表现得越来越明显。不仅教学理论相对缺乏，而且教学方法也缺乏创新，评估标准也不够规范[2]。同时，大数据时代给高职英语写作教学带来了机遇，也带来了挑战。笔者认为高职英语写作课程应该充分利用大数据背景带来的变革与契机，顺应时代需求，力求在高职英语写作教学改革方面做出一些探索与实践。

一、大数据的时代背景

大数据即巨型数据集合，麦肯锡全球研究所把大数据定义为：一种规模大到在获取、存储、管理、分析方面大大超出了传统数据库软件工作能力范围的数据集合。IBM 公司提出大数据的 5V 特点：volume（大量）、velocity（高速）、variety（多样）、value（低价值密度）、veracity（真实性）。2013 年后，大数据一词被越来越多地提及，人们用它来描述和定义信息爆炸时代产生的海量数据，并命名与之相关的技术发展与创新。具体到高职英语写作教学，一方面，大数据为高职英语写作课程提供了海量丰富的教

---

[1] 肖蕾，北京政法职业学院基础部讲师，外国语言学及应用语言学硕士。
[2] 李云杰：“基于大数据的高职英语写作教学新模式”，《科教文汇》，2018 年第 8 期。

学资源和新颖的教学理念；另一方面，教师可以利用大数据的优势对写作结果进行数据分析，以促进教学。笔者在中国知网"外国语言文学"分类下进行检索，以"大数据"为关键词的论文数量呈逐年大幅递增趋势，这说明外语学界正以极大的热情和关注度分析大数据时代对英语教学带来的机遇和挑战，以期提升专业教学水平和信息技术应用能力。

二、高职英语写作教学现状

写作能力能反映学习者的语言综合应用能力和认知水平，是语言与思维的综合体现。教育部在《高职高专英语课程基本要求》中提出以培养学生的语言综合能力为目标，突出教学内容的实用性和针对性❶。

但是，高职院校的生源复杂，英语基础参差不齐，个体差异极大，整体英语基础相对薄弱，高职学生在英语写作中普遍存在单词量不足、用词不当、语法不准、表意不清等问题。

（一）学生基础薄弱导致对写作有畏难情绪

大多数高职学生对英语写作存在排斥心理。一方面，对于写作命题感到无话可说，即便有话可说，但由于词汇量有限也很难用流畅的英语表达，导致整篇文章单词拼写错误和词汇误用较多，用词单调且重复率高。另一方面，语法结构混乱，句式模糊不清，不知道如何遣词造句，受母语思维影响严重，写出来的句子通常是逐字翻译，汉语式思维痕迹严重。写作是语言表达的最高形式，必须是建立在大量语言输入的基础上才能产生的语言输出，高职学生词汇量严重不足、语法知识零碎混乱、平时接触的写作语料有限、写作思路不清晰、套路不熟悉，最终导致高职学生对英语写作态度消极，见到作文就有畏难情绪，这就给教师的英语写作教学带来了极大的阻力。

（二）授课时间有限且教学方式落后

许多高职院校为在整体上突出自身的专业及教学特色，在具体课程安排上优先专业课，语言类公共课时普遍偏少，单独开设英语写作课程的院

---

❶ 朱春娟："基于大数据的高职英语写作教学设计和测评研究"，《江苏外语教学研究》，2018年第1期。

校更是少之又少。教师在英语教学中通常以听、说、读为主，在写作教学中花费的时间较少。高职英语写作教学依然是沿用传统的教学方式，即教师讲解范文、介绍技巧—布置写作任务—学生模仿写作—教师批改，这种教学方式以教师为中心，过分注重写作结果，轻视写作过程，教学缺乏实质内容，学生被动接受，完全谈不上写作兴趣的培养和写作能力的提升。此外，班级人数较多加之学生基础较差，导致教师批改作业费时费力，大多数教师只能在课堂上简单讲授写作技巧和方法，大致讲解学生在写作中出现的共性问题，很难做到严格仔细地批阅每位学生的作业并对学生的个性化问题逐一分析讲解。即使教师花费大量时间精力进行修改批阅，学生也需要较长的等待时间才能得到教师的批改反馈结果。作为写作教学的重要环节，写作反馈对学生明白自己习作存在的问题和优缺点以提高写作能力有着不可低估的作用。可是经过长时间的等待，学生很可能已经忘记当时写作的情境和思路，对待自己的错误也相对淡漠，长期如此不利于循序渐进地进行写作学习。

三、大数据对高职英语写作教学的影响

传统的高职英语写作教学以教材为依托，讲解相对固定和滞后的知识和技能，很难做到实时更新、与时俱进。而大数据时代则给高职英语写作教学带来深远影响。

（一）丰富写作教学资源

大数据不仅丰富了网络的课程资源，还能使学生在资源上实现共享，在一定程度上使学生能够提高自身的练习强度，进而达到质变的结果。❶

大数据时代，涌现出越来越多文本形式的写作讲解和例文，视频形式的微课、慕课等在线课堂，还有专业网站提供的师生在线互动教学，为高职英语写作教学提供了丰富的写作素材和海量的网络教学资源。教师可以广泛收集与教学相关的写作素材，丰富教学内容；学生可以实现网络资源共享，根据自己的写作水平和写作状态选择适合的写作资源，自主学习写

---

❶ 樊文霞："大数据时代的高职英语写作教学模式探索"，《海外英语》，2017年第8期。

作知识并获得个性化、多样化的指导。与此同时，相关的在线写作资源搜索引擎、英语写作语言语料库等专业计算机软件不断推出，不仅能为学生及时解决词语搭配、语法结构、写作内容等方面的问题，还能针对学生的习作提出全面而有价值的参考与指导。

（二）真正实现以学生为中心

传统高职英语写作教学模式倾向于"教师讲、学生听"的填充式教学，教师讲解例文、布置作业、批改作文，这个过程以教师为中心，学生过于被动，主观能动性没有得到充分发挥；并且教学方式单一，缺乏实质教学内容，评价体系不够科学，导致整个写作课程枯燥乏味，学生很难对写作产生兴趣，更谈不上提高写作能力。大数据时代，使教师能够通过数据统计的方式对每位学生的学习表现、学习现状与水平进行分析和总结，进而有针对性地调整教学方案，采取与之相符的教学方式和教学进度，真正做到因人而异、因材施教。每位学生可以在英语写作的课堂上享用量身定制的课程内容，配合以多媒体视频的视听结合的教学方式、个性化的课后作业，学生真正成为课堂的主人。学生课前利用互联网上海量的写作素材进行学习，加强学生之间的互动；教师针对学生课前的学习情况有针对性地提供教学指导和帮助，加强老师与学生间的互动。学生在交流互动中充分发挥主观能动性，逐步体会到掌握知识的成就感，进而激发学习兴趣，提高写作水平。

（三）评价手段方式系统化、多样化

传统的高职英语写作教学中，由于课时有限、班级人数较多等原因，教师对学生的写作成果做出的信息反馈与评价相对滞后且针对性不强，学生得不到及时有效的反馈，学习英语写作的积极性受到影响，长此以往英语写作教学达不到理想的教学效果。大数据时代背景下，高职英语写作教学与信息技术有机结合，融入大数据技术和信息资源，评价主体由单一的教师转变为多元评估主体，评价方式由依赖一次性书面测试到发展性评价，评价手段由教师批阅到写作自动评分系统。"计算机自评＋教师评价"的多样化评价手段已逐步取代以教师评语和分数为主的单一评价手段，为学生提供及时、有效、全面的指导。近年来，英语作文批改网、英语体验网站等英语写作自动化评估软件在互联网层出不穷，这些网站能对学生的习作进行快速评估，对词汇、语法、内容、组织写作格式等方面进行单项评分，同时给出具有针对性的合理反馈。

四、大数据时代下高职英语写作教学的改革策略

大数据的时代背景为高职英语写作的学习途径带来巨大改变，教材和教师不再是学生获得写作知识的唯一途径，大数据为学生的英语写作学习提供了全方位的数据平台。

（一）转变教学观念及创新教学模式

在写作课堂中，教师不再是课堂的主导者和资源提供者，而转变成教学活动的组织者、参与者和资源整合者。这就要求教师在提高自身专业知识水平和信息技术使用能力的基础上转变教学观念，明确自身在大数据时代应具备的职能与应承担的角色，日常教学中，在传授写作知识与技能的基础上引导学生成为教学活动的参与者和组织者，让学生真正成为课堂的主人，满足大数据时代对高职院校英语写作教学的实际需要。在教学模式方面，教师将互联网大数据与传统教学方法的优势相结合，在教学过程中设置自然真实的交际任务，做出说明要求及宏观指导，激发学生的好奇心和求知欲，鼓励学生借助大数据平台输出所学知识；以多边参与、启发互动、主题明确的多维度新形态取代之前的单向灌输，从而提升学生的英语写作技能。

（二）整合教学资源及丰富教学形式

大数据时代下，移动互联网可以使英语学习者置身于大量、逼真的英语环境中，网络为学生提供了良好的学习平台，学生和教师可以在网络平台上进行线上互动，及时解决困难问题。文本、图像、音频、视频等教学资源依托网络延伸到课堂之外，极大地方便了教师和学生获取信息。网络教学资源具有以学生为中心、反馈及时、图文并茂等特点，有助于教师探索新的教学模式，提高写作课程的教学质量，进而推动写作教学的改革与创新。然而，网络上的教学资源过于分散，学生需要花费大量的时间精力进行查找和筛选，当代高职英语教师的职责在于将教学资源整合到统一的

网络教学平台，使学生能够便捷高效地获取写作素材，为学生写作的各个环节和阶段提供有力支持，进而提高教学质量和教学效率。同时，教师应该充分利用网络平台的优势，线上布置作业，要求学生线上完成习作，这样可以完成教师与学生的实时交流，学生可以即时获得教学资源和平台反馈，教师也可根据平台记录数据总结学生的写作学习规律，适当调整教学策略、因材施教，设计更符合学生现有水平的教学活动，以期提高学生的写作能力。

（三）依托网络平台及健全考评体系

传统的高职英语写作考核是纸质模式的书面测试，教师凭借自己的教学经验对学生的英语写作水平给出主观评判。这种单一的考评模式针对性不强，考评结果相对滞后，并且不能保证考评结果的客观公正。评价手段的多元化可以提高评价的科学性和有效性，高职英语写作的考评体系应依托网络平台，探求多形式的教学评价模式，充分发挥多元化教学系统的优势。例如，以教师主观评价为主，学生自评、互评及在线写作评估系统为辅，以云计算、互联网等现代化科技为依托，打破时空界限，高效率地进行反馈评价。

五、结语

大数据时代背景为高职英语写作教学带来了全新的机遇与挑战，也提供了全新的思路与方法。高职英语教师在进行写作教学时应广开思路，顺应潮流，以大数据为基础，树立全新的思维方式与教学理念；提升信息技术应用水平，收集整合网络教学资源；依托互联网构建，建立多形式教学评价和多维度考评体系，从而进一步提升高职英语写作教学质量，满足高职英语写作课程教学基本要求。但基于大数据资源如何设计满足学生个性化学习需求的教学方案？如何利用用户所产生的数据开发出更智能、针对性更强的写作教学与评估系统？都有待深入探究。❶

---

❶ 肖付良：“基于大数据的高职英语写作教学改革刍议”，《教育现代化》，2016 年第 3 期。

高职院校思修课教学改革与实践初探

马海燕[1]

思想道德修养与法律基础课（简称思修课）是高校思想政治教育课程体系的重要组成部分，也是当前进行社会主义核心价值观教育，帮助大学生树立正确三观的核心课程。高职院校作为高等教育的重要组成部分，其思修课理应成为对大学生进行思想政治教育的主阵地，然而当前高职院校思修课教学中还存在诸多问题。结合高职院校学生的特点，对思修课进行系统的教学改革探索十分必要且意义重大。

一、课程现状与存在问题分析

（一）学生对思修课的重要性认识不足

思修课是一门旨在培养学生思想道德素质与法律素质，提高学生明辨是非能力的基础课程，其重要性不言而喻。然而当前高职院校学生对思修课的重要性认识不足，重视程度也不够，学习积极性不高。目前思修课统一在大学一年级开设，一方面，当前高职招生连续遭遇寒流，生源质量不高、生源结构较为复杂，学生素质参差不齐，部分学生思想政治课程基础非常薄弱；另一方面，身处职业院校，学生普遍存在职业技能课重于思修课的认识误区。

（二）教学内容理论性较强且内容繁杂

目前思修课使用的 2018 年版教材是在贯彻中共中央宣传部、教育部《关于进一步加强和改进高等学校思想政治理论课的意见》的基础上，增加了中国特色社会主义新时代等内容，同时又对课程内容和体系进行了梳理与整编，教材内容非常丰富。与教材内容的丰富翔实相比，思修课的理论

---

[1] 马海燕，北京政法职业学院基础部思政教研室讲师。

教学学时就显得比较紧张。加之高职学生与本科生都使用统一教材，并未做阶段区分，而高职学生在知识面、问题认知以及自学能力等方面都较本科生差一些，因而在初次接触理论性较强的思修课时，高职学生明显感觉有压力。

（三）教学方式不够灵活，实践教学环节有待加强

思修课大都合班上课，班级容量大，加之课时、教室场地等的限制，多数思修课教师仍采用讲授为主辅之以多媒体课件的传统教学方式。面对身处新媒体时代且不断求新求异的当代大学生，这种以教师为主导的教学方式已无法满足学生的需求。思修课是一门综合性课程，理论阐释固然重要，但实践教学环节也必不可少，这一点在2004年出台的《关于进一步加强和改进大学生思想政治教育的意见》中就已明确提出，提高思想政治理论课的实效性，务必做到理论与实践相互结合，一方面要重视课堂教育，另一方面又要做到知行统一。❶ 由于缺乏统一规划和管理，高校思修课实践教学的内容改革与体系构建还存在诸多问题，这一定程度上造成了学生的理论学习与生活实践相脱节，学生对所学知识缺乏身体力行和直观的感受，自身综合能力的提升也受到了一定的影响。

（四）课程考核方式单一

目前思修课考核方式比较单一，一般都侧重于期末考试，考核方法多为闭卷或开卷考查。一般高职院校最终成绩考核为期末考试占60%，平时成绩（出勤、作业、课堂表现和社会实践）占40%。这一考核方法在某种程度上导致部分学生上课不认真听讲，考试前突击复习也能通过考试，既不能全面考查学生一学期的学习情况，也难以对学生的思想道德素质与法律素质做出较为客观且全面的评价。

（五）课程教学效果不显著

目前思修课到课率虽有所增加，但学生到课后的抬头率、满意率仍有待提升，这说明课程教学还不够精彩，缺乏魅力，还不能吸引学生的眼球。习近平总书记曾强调："理论上不彻底，就难以服人。"思修课也一样，只

---

❶ 廉颖："高校思政课实践教学的内容改革与体系构建"，《中国轻工教育》，2016年第5期，第75页。

有以马克思主义理论为基础,增强思想政治理论的感染力,增强思修课的包容度,课程的教学才有温度,才能吸引思维活跃、视角敏锐的"90后"大学生,课程教学才会有效果。❶

二、课程教学改革的实践与探索

（一）转变师生观念,适应时代需要

第一,转变教师教学观念。身处互联网时代,面对思想独立、个性张扬的当代大学生,教师首先要转变观念,既要转变对学生认识上的观念,又要转变具体教学上的观念,方能适应形势。一方面,教师要改变以往以自己为中心的思想,真正意识到学生才是学习的主体,尊重学生的主体地位与独特个性,意识到教师的主要作用是引导学生自主地去理解、体验、合作探索进而获得真知。另一方面,教师要改变具体的教学观念,要敏锐把握时代特征,熟练运用新媒体技术,及时更新和充实教学内容,让思修课紧跟形势内容不陈旧,弘扬主旋律的同时更接地气。

第二,改变学生错误认知。当前高职学生存在思修课是副课、思修课不重要的错误认知,势必会影响学习。改变学生的错误认知,必须让其意识到当今时代真正能有所作为的人一定是具有较高思想政治素养、讲道德有品行、具有社会责任感和家国情怀的人,而非仅仅具有高超职业技能而无职业操守之人。当学生意识到品德修养、职业精神与职业技能同样重要时,才有可能在思修课上认真听讲,努力提升自己的思想道德修养以适应时代的需要。

（二）整合教学内容,推进教材体系向教学体系的转化

教材是纲领,是教学活动的基础,但教材不能代替教学实践过程,如何将教材体系向教学体系转化就成为一个至关重要的过程,也是思修课教学过程中必须经历的阶段。这就需要解决教师该怎么教,学生应怎么学,如何将课程目标和内容有效转化为学生的知识、信念和品德等问题。在当前的思修课教学中,高职院校与本科院校使用的都是2018年版的思修课教

---

❶ 齐鹏飞:"思政课:透彻的理论有说服力",《光明日报》,2016年12月9日第2版。

材，虽然教材相同，但学情不同，教师必须深入解读教材，运用多种媒介、技术将教材中深厚的理论知识以形象直观的方式呈现出来，再结合学生关心的现实问题用朴实的话语表达出来，真正实现从教材体系到教学体系的转化，提高教学实效。

以北京政法职业学院思修课教学为例，教师在遵循教材内容与基本逻辑顺序的基础上，采用专题教学的方式，在学新内容之前先让学生了解这部分内容在现实生活中的真实情况，引导学生在生活中发现问题，同时让学生对自己发现的问题进行详尽表述，帮助学生思考并提出问题，最后再结合教材中的内容一起分析问题并思考解决对策。例如关于"道德与道德观"部分的章节，教师首先让学生去了解现实生活中的道德现象，引导学生思考社会中存在的道德问题及其危害，在分析其产生原因的同时引导学生思考道德的发展历程与重要作用，最后让学生懂得人应向上向善，知行合一，从而建立正确的道德观。这种教学方法的运用过程就是整合教学内容，有效将教材体系向教学体系转化的过程，在此过程中学生的学习过程更加完善，知其然，知其所以然，有效避免了学生以往"为了学而学"的学习盲目性，提高了学习的目的性。

（三）创新教学方式，增强教学吸引力

单一陈旧的教学方式无疑不利于教学效果的发挥，唯有创新教学方式，让课堂焕发生机，才能增强教学吸引力，激发学生的学习兴趣与热情。创新教学方式主要从两个方面入手。

第一，不断更新教学手段。当前信息技术、视听手段空前发展，思修课教学手段的改革也应适应时代变化。一是不断提高多媒体课件的制作水准。课件不再是简单的"码字"，而是图片、文字、音频、视频有机结合，通过字体、颜色、动画等方式将重点、难点突出，课件生动直观，学生也易于接受。二是充分利用自媒体平台。网络时代学生习惯通过QQ、微信、微博等渠道获取和输出信息，教师充分利用这些渠道了解学生，掌握其思想动态，如创建班级思修课的QQ群、微信群进行问题探讨、作业布置等，通过微博了解社会热点，了解学生关注的热点，选取学生感兴趣且有意义的主题展开讨论，加深学生对现实与社会问题的认识。最后，熟练掌握新媒体技术。合班上课、班级容量大、考勤费时费力是思修课的特点，教师可制作课堂考勤小程序，将学生姓名与照片相匹配，既熟悉了学生又保证了考勤，也活跃了课堂氛围。

第二，适时改良教学方法。案例分析与课堂讨论是广泛使用的教学方法，但在面对"90后"这些新新人类时如何让这些看似古老的教学方法焕发活力、更具课堂吸引力，就成为思修课教学极富挑战性的问题。有的教师将以往常用的案例分析法和课堂讨论演变为焦点讨论、分享会、奇葩说和读美文等环节，并将这些环节打造成思修课上的必要环节，渗透到每一节课。

焦点讨论。教师与学生共同将当前社会热点问题或话题作为课堂讨论的焦点。焦点主要体现在两个方面。一方面是当前社会的焦点问题，教师需要恰当选择当前的热点问题或话题作为焦点，既要能引起学生的关注和兴趣，又要让问题的讨论有意义，启发学生思考，如高铁占座事件、校园霸凌事件、中美贸易摩擦事件等。另一方面是本节课上的焦点环节，教师要让这一环节成为学生能力素养提升的关键环节，让学生在具体事件、话题的讨论中学会和习惯多维度思考，思考规则制度、道德、人性、社会责任、家国情怀等，从而更深刻主动地认识和理解人生、社会，知法明理。

奇葩说。"奇葩说"本是一档以观点独特、口才出众而闻名的综艺节目，深受学生喜爱，教师在思修课教学中将其进行了改良，既保留了其充分辩论的特点，又紧紧围绕思修课内容展开，给学生创造一个宽松自由的环境，让学生就某个观点进行充分辩论，提升学生的思辨能力。比如在计算机系学生中开展"虚拟社交网络对大学生的成长是否有益"的辩论，让学生思考社会交往对人的重要性和网络道德、网络安全等问题；在法律系学生中开展"社会发展主要靠法治还是德治"的辩论，让学生理解以德治国与以法治国的重要意义。

分享会。教师定期让学生在课堂上分享自己近期看的书、影视作品或在朋友圈、微博、门户网站看到的对自己有所启发的文章，或者自己亲身经历亦或其他对自己有启迪和教育意义的事情。这种教学方式既有助于学生将自己碎片化的阅读加以整理，培养思考习惯，又能有效避免学生每日被信息淹没却无所收获，让学生做生活中的有心人，善于发现、善于思考，敢讲真话，获得更多关于人性、道德、法律等方面的感悟和体会。

读美文。教师鼓励学生去发现并学会欣赏优美的文字，感动自己，感染同学，同时也为那些在前面辩论、讨论、分享环节中没有得到发挥的同学一个展示机会，尽量做到让每一个学生都有展现自己的机会，体现公平。如一位不擅长辩论的同学在课上朗读了朱自清的《背影》，感慨父爱的沉重与无私，反思自己的叛逆与无知，激起了其他同学的共鸣。

上述四种课堂教学形式看似新颖，实则是传统案例分析法和课堂讨论法的改良与演变，这种改变能够让沉闷的课堂焕发生机，激发学生的参与热情，提升思修课的教学魅力，不失为一种较好的教学改革尝试。

（四）改革考核方式，强化实践教学环节

考核评价制度具有很强的导向性，改革思修课的考核方式对于纠正学生对思修课的错误认知、端正学生的学习态度与行为具有重要意义。高职思修课考核方式主要从两方面着手。一是降低期末试卷卷面成绩的比重，提高平时课堂以及课前课后学习过程的考核比重。重过程轻结果，让学生更关注学习的过程，在课前认真预习，课上积极思考，踊跃发言，课后认真完成作业，真正学有所获。二是对课堂上公然扰乱课堂秩序，不尊重同学、教师，公然散布违背党和国家方针政策言论等行为，实行一票否决。通过课堂上的具体评价手段，让学生知敬畏、懂尊重、讲诚信，培养其规则意识，提升其道德素养。

实践教学是提升教育质量的根本，也是思修课教学中的重要一环，强化实践教学环节有助于学生将课堂所学用于实践，学以致用。高职院校在加强思修课实践教学方面进行了如下探索。第一，丰富校内实践内容。积极与团委、学生处合作，组织多种形式的社团活动，如校园法制宣传、慈善捐赠等，让学生有机会参与实践；每生每学期撰写社会实践报告一篇，必须是自己亲身经历，有感而发，不得抄袭；针对某一主题组织学生开展模拟法庭体验活动，感受知识的重要性，体会法律的庄严；观看弘扬主旋律的优秀作品，感受祖国的强大、公民的责任，培养学生的责任感和家国情怀。第二，拓展校外实践阵地。积极与校外企事业单位、社会组织合作，不断拓展校外实践基地；组织学生参加校外实践活动，如地铁志愿服务、社区志愿服务，让学生在为他人服务的过程中感受自己的价值。

（五）强化职业精神教育，提高学生职业素养

高职院校肩负为国家经济发展培养专业技能人才的重任，将提高学生职业技能和培养职业精神高度融合，形成常态化、长效化的职业精神培育机制是当前国家对高等职业教育的基本要求。高职院校理应将培养学生的职业精神作为思修课的重要目标，将职业精神教育融入课程教学之中，具体举措有：第一，在理想信念部分的教学中，注重结合学生所学专业，引导其形成职业期待，树立职业理想，认真规划职业生涯，坚定信念坚守自己的职业理想。第二，在遵守公民道德准则部分的教学中注重引导学生恪守职业道德，弘扬职业精神，让学生意识到职业不仅是一种谋生手段，更是一种生活方式，在潜移默化中引导学生将外在的职业规范内化为自身的职业信仰。第三，在社会主义核心价值观部分的教学中注重将务实、诚信、敬业、创新等职业精神的内涵置于真实的生活情景中，让学生去体会职业精神对于个体职业发展的重要性。第四，在实践教学中注重激发学生的职业情感与职业认同，培养学生崇尚劳动的品质，进而在具体实践中践行职业精神。

三、进一步推动课程教学改革的思考

继续深入推进思修课教学改革，一方面教师应把培育和践行社会主义核心价值观贯穿思修课教学的全过程，系统落实社会主义核心价值观教育的教学要求，使社会主义核心价值观成为当代大学生成长成才的基本遵循。[1]另一方面学校应健全思想政治教育保障机制，加强思修课教师的管理培训，优化教师队伍之结构，提升其整体素质，同时整合资源，加大对思修课实践教学的资金投入。

---

[1] 岳鹏："社会主义核心价值观视域下《思想道德修养与法律基础》课的教学探索"，《思想政治教育研究》，2016年第2期，第71页。

基于市场导向的消防专业退役士兵
人才培养方案的研究[1]

吕金涛[2]

一、退役士兵消防工程技术专业建立的背景

退役士兵是为国家国防事业做出特殊贡献的特殊群体。国务院、中央军委专门发布《关于加强退役士兵职业教育和技能培训工作的通知》（国发〔2010〕142号），要求组织引导退役士兵参加专业教育和技能培训，实施自主就业退役士兵教育资助政策。北京政法职业学院顺应职业教育服务首都经济社会发展趋势，契合产业发展需要，深入贯彻国家退役士兵安置就业政策，落实教育部、北京市关于做好退役士兵就读中等职业学校和高等学校的相关规定，与北京市民政局协同合作，依据退役士兵群体特点，通过行业调研，为其量身定制专业方向，采用特殊的学制和人才培养方案，通过校政、校企协同育人，培养行业紧缺人才，实现退役士兵的可持续发展。[3]

当前，为了构建科学的消防安全体系，保障北京城市安全运行，立足首都城市战略定位，按照推动京津冀协同发展、建设国际一流和谐宜居之都的总体要求，上至中央，下至北京市委、市政府，都高度重视消防工作，把消防安全纳入首都经济社会发展的总体规划强力推进，给消防产业发展提供了更大机遇。除消防产品研发制造外，从事消防产品销售、消防系统集成、消防系统检测、消防工程维保等不同业务领域的企业也持续发展。

---

[1] 本文为北京政法职业学院2018年度院级课题"消防专业退役士兵人才培养目标与企业需要契合度研究"（编号：ky201803）的研究成果。

[2] 吕金涛，北京政法职业学院教师，讲师。

[3] 杨春：《退役士兵"三特双协同"安保人才培养模式创新与实践研究》，2017年印行。

但目前消防行业发展水平与北京市的特殊地位要求相比还存在一定差距。随着高级建（构）筑物消防员和注册消防工程师的开考，消防专业人才队伍得到逐步壮大和规范，但总体来说，适应行业企业需求的专业技术型人才紧缺，这也成为限制消防企业发展的瓶颈性问题。北京政法职业学院安全防范系经过市场调研，发现消防工程专业的人才缺口巨大，于2010年申请建立了消防工程技术专业。目前，消防工程技术专业拥有合作企业近40家，通过校企合作办学，不断优化人才培养方案，为首都消防行业输出优秀人才近300人，分布在首都的各大消防企业、消防行业协会等单位，受到用人单位的一致好评，不少学生在业内已具有一定的影响力。鉴于消防专业巨大的市场需求和广阔的前景，北京政法职业学院消防工程技术专业于2014年开设收退役士兵班。

二、退役士兵人才培养方案的调整

对于消防工程技术专业来说，文化课程是退伍士兵的短板，北京政法职业学院借鉴澳大利亚"培训包"开发经验，为退役士兵班重构两年制"任务导向、能力本位"课程体系，配合"教学做训评"一体化教学模式，实施项目化、过程化考核，解决了退役士兵文化基础薄弱、听不进、学不会的问题，实现了人才培养目标。消防工程技术专业退役士兵学生分布在消防行业的不同工作岗位上，少数在工作岗位上已小有成绩，同时也发现有些退役士兵学生在有些岗位上发展缓慢，甚至出现不能胜任岗位需求的情况，引起了我们的重视。做职业教育就是做市场，就是要以就业为导向，所以，面对几届毕业生的就业情况，有必要对退役士兵的人才培养方案进行调整，使其更加适应学生的特点和市场的需求。同时，消防行业是一个比较特殊的行业，随着新建筑、新产品的出现，人们认识的逐步提高，相关的国家规范也在不断调整，我们的人才培养方案也有可能滞后，与行业企业对人才的需求存在差异。为了更好地适应市场的需求，提高学生的就业竞争力，促进学生的可持续发展潜能，有必要进行人才培养方案的修订。为此，我们进行了大量的企业调研和问卷调查，并邀请企业和毕业生参加了人才培养方案修订的研讨会。通过对行业企业以及毕业生的深入调研，我们进行了人才培养方案及目标与企业需求契合度的研究。

通过调研发现消防维保检测、消防工程类的岗位更适合退役士兵群体，他们在这些岗位上适应角色更快，发展更好，职业满足感也更强，而像消防设计与造价和消防培训的岗位是不太适合的。针对职业仓的变化以及产业发展的特点，结合现有的软硬件条件，对人才培养方案进一步优化。在两年特殊学制的基础上，适当减少甚至删除了对退役士兵难度较大的消防设计和造价等的课程，增加了消防检测、维保、消防工程管理等内容，并且适当增加实践内容，也为学生将来考取中高级建（构）筑物消防员、注册消防工程师打下基础。

退役士兵消防工程技术专业课程设置根据市场需求制订，分为理论课程和实践课程两部分，具体课程内容和技能需求如表1所示。

三、人才培养方案实施的保障

（一）师资力量

经过几年的培养和引进，消防工程技术专业有任课教师9人，中级职称6人，副高级职称3人，并且全部为"双师"型人才，都有企业挂职的经历，同时合作企业也派出了经验丰富的实训师资为学生上课。总体上看，该专业的师资已经形成了一支由专业带头人、骨干教师队伍、青年教师组成的梯队，教师数量充足、素质高、结构合理、年富力强，能够满足专业教学需要。

（二）实训基地

"一楼两室"的国内一流、特色鲜明的立体化、信息化综合消防实训基地，除囊括了目前我国建筑消防领域的全部十大系统外，还模拟了消防控制室真实的工作岗位，学生通过实境演练可以掌握消防控制室监控的岗位技能，同时也为他们考取建（构）筑物消防员证书打下基础。

表 1 典型岗位工作任务分析[1]

工作项目	典型工作任务	主要技能要求	相关知识	教学与训练课程/项目
一、建筑消防工程施工管理	(一) 火灾自动报警系统施工	1. 掌握火灾探测器选择、数量确定及布置安装； 2. 学会火灾自动报警系统附件（手报、模块等）的安装； 3. 能对火灾自动报警系统中的各设备进行物理连接； 4. 能使用火灾自动报警控制器完成火灾报警系统功能检查、自动、手动模式设置，用户密码设置和修改的操作； 5. 熟悉火灾自动报警系统施工程序	1.《火灾自动报警系统施工及验收标准》； 2. 知道火灾自动报警设备系统的基本构成； 3. 知道火灾自动报警系统设备的种类、规格，理解基本结构及基本原理； 4. 掌握火灾报警控制器的构造、工作原理及操作方法	火灾自动报警系统原理与应用
	(二) 消防联动控制系统施工	1. 会选择需要联动的消防设备； 2. 会对消防设备进行编码； 3. 会通过编程实现各消防设备之间的联动； 4. 熟悉联动控制系统施工程序	1.《消防联动控制系统》（GB 16806—2006）； 2. 消防设备编码原理； 3. 火灾报警控制器的编程原理	消防联动控制系统原理与设置
	(三) 消防灭火系统施工	1. 室内外消火栓的安装与调试； 2. 自动喷水灭火系统的集成与调试； 3. 气体灭火系统的集成与调试； 4. 熟悉灭火系统施工程序	1.《自动喷水灭火系统施工及验收规范》（GB 50261—2017）； 2.《气体灭火系统施工及验收规范》（GB 50263—2007）； 3. 掌握室内外消火栓系统的构成； 4. 掌握自动喷水灭火系统的构成及原理； 5. 知道气体灭火系统的构成及原理	消防灭火系统原理与应用
	(四) 防排烟系统施工	1. 正压送风机的安装与调试； 2. 排烟风机的安装与调试； 3. 防排烟系统的集成与调试； 4. 熟悉防排烟系统施工程序	1. 防排烟基本概念； 2. 防排烟设施的原理	防排烟系统原理与应用

---

[1] 中国消防协会:《消防安全技术综合能力》, 2017。

续表

工作项目	典型工作任务	主要技能要求	相关知识	教学与训练课程/项目
一、建筑消防工程施工管理	（五）消防工程施工管理	1. 了解消防工程项目施工相关法律法规知识； 2. 掌握消防施工的各阶段管理中解决实际问题的能力	1. 消防工程项目招投标管理； 2. 消防工程项目合同管理； 3. 消防工程项目施工组织设计； 4. 消防工程项目施工资源管理； 5. 消防工程项目施工技术管理； 6. 消防工程项目施工进度管理； 7. 消防工程项目施工质量管理； 8. 消防工程项目施工安全管理； 9. 消防工程项目试运行管理； 10. 消防工程项目施工现场管理； 11. 消防工程项目施工成本管理； 12. 消防工程项目结算与竣工验收； 13. 消防工程项目回访与保修	消防工程施工管理实务
二、建筑消防设施检测	（一）火灾自动报警系统的检测	1. 了解建筑设计防火规范对消防控制室的要求； 2. 熟悉火灾探测器和手动报警原则的抽样比例； 3. 能够对消防控制室、火灾探测器和手动报警进行检测	1. 了解消防设施检测技术规程； 2.《火灾自动报警系统施工及验收标准》（GB 50166—2019）； 3. 消防控制室的检测方法； 4. 火灾探测器和手动报警的检测方法	火灾自动报警控制系统原理与应用

263

续表

工作项目	典型工作任务	主要技能要求	相关知识	教学与训练课程/项目
二、建筑消防设施检测	(二)消防灭火系统的检测	能够对室内消火栓、自动喷水、气体灭火系统装置进行检测	1.《自动喷水灭火系统施工及验收规范》(GB 50261—2017); 2.《气体灭火系统施工及验收规范》(GB 50263—2007); 3. 消防水泵房的检测方法; 4. 消防水池和消防水箱的检测方法; 5. 消火栓及喷头的检测方法; 6. 气体灭火系统的检测方法	1. 自动喷水灭火系统原理与应用; 2. 气体灭火系统原理与应用
	(三)防排烟系统的检测	能够对防火门、防火卷帘及通风空调、防排烟系统进行检测	1. 以防火分区为单位对防火门、防火卷帘的外观进行检查; 2. 对防排烟系统的风口风速进行测量,核对风机铭牌及设计文件是否符合设计及规范要求	防排烟技术与应用
三、建筑消防设施维护与保养	(一)火灾自动报警系统维护与保养	1. 能进行火灾自动报警装置每层、每回路报警试验; 2. 能确认报警线路、控制线路故障,确定维修项目,并进行维修; 3. 能使用消防联动控制器完成对自动喷水、气体灭火等系统的联动操作	1. 火灾自动报警控制器及消防联动控制设备的操作和检测方法; 2. 报警线路、控制线路故障的检查与维修措施; 3. 火灾报警探测器的检测与更换方法	火灾报警系统原理与应用

续表

工作项目	典型工作任务	主要技能要求	相关知识	教学与训练课程/项目
三、建筑消防设施维护与保养	（二）自动喷水灭火系统维护与保养	1. 能对消防水池、消防水箱、气压罐给水装置、水泵接合器等消防设施进行检查，以确保符合规范要求； 2. 能在水泵房启闭喷淋泵进行供水测试以及能够进行主备电切换试验； 3. 能对自动喷水灭火系统管网、报警阀组、水流指示器等系统组件进行检查与维护； 4. 能够进行末端试水试验以确保符合规范要求； 5. 能对喷头进行检查维护，并能正确拆、装更换喷头，清楚规范对喷水备用量的规定	1.《自动喷水灭火系统施工及验收规范》（GB50261—2005）； 2.《自动喷水灭火系统设计规范》（GB50084—2017）； 3. 消防水泵的启动操作方式及检测方法； 4. 消防增压稳压设施的作用、工作原理及主要技术参数； 5. 掌握各自动喷水灭火系统的构成及原理	自动喷水灭火系统原理与应用
	（三）消火栓灭火系统维护与保养	1. 能对消防水池、消防水箱、气压罐给水装置、水泵接合器等消防设施进行检查，以确保符合规范要求； 2. 能在水泵房启闭消防泵进行供水测试以及能够进行主备电切换试验； 3. 能对消火栓系统管网、消火栓箱进行检查与维护； 4. 能对消火栓按钮进行报警联动试验； 5. 能对消火栓系统进行放水试验，验证充实水柱长度是否合乎要求	1. 了解建筑防火规范； 2. 了解高层建筑防火规范； 3. 掌握消火栓系统的构成与原理	消火栓系统使用与维护
	（四）防烟排烟系统维护与保养	1. 能对防排烟系统设备进行外观检查； 2. 能测试防排烟设备及防火阀的功能，启动设备使其运转，观察有无异常现象； 3. 能操作手动或自动启动装置，进行每个防烟分区（或正压送风）的动作试验； 4. 能启动防排烟系统使之工作，测量其送风口、排烟口风量是否符合规范要求	1. 了解建筑防火规范； 2. 了解高层建筑防火规范； 3. 掌握防排烟系统的构成与原理	防排烟系统使用与维护

续表

工作项目	典型工作任务	主要技能要求	相关知识	教学与训练课程/项目
三、建筑消防设施维护与保养	（五）消防供配电设施维护与操作	1. 能检查消防设施配电是否符合要求，查看消防主、备电源切换运行状况； 2. 能对发电机组的运行和额定参数进行检测	1. 消防配电设施的检查要点； 2. 自备发电机组的运行状况及功能检测方法	消防供配电设施使用与维护
	（六）气体灭火系统的维护与保养	1. 能对气体灭火系统各组件进行外观及功能检查； 2. 能对灭火剂输送管道进行严密性试验； 3. 能对气体灭火系统进行模拟喷气试验	1.《气体灭火系统施工及验收规范》（GB50263—2007）； 2.《气体灭火系统设计规范》（GB50370—2005）； 3. 掌握压力容器、压力管道相关规范； 4. 掌握各气体灭火系统的构成及原理； 4. 掌握气体灭火系统的功能检查与喷放试验要求	气体灭火系统原理与应用
四、消防产品销售	（一）制作消防产品销售方案	1. 熟悉不同厂家同类产品的特点，并熟悉它们之间的区别； 2. 明确客户需求	1. 熟知相关国家和地方标准； 2. 理解各种消防设备的工作原理； 3. 熟悉销售方案的撰写思路、格式和内容	1. 火灾报警系统原理与应用； 2. 自动喷水灭火系统原理与应用； 3. 气体灭火系统原理与应用
	（二）拓展销售市场	1. 收集商务信息，开发客户资源，对客户进行管理和服务； 2. 具有汇集、综合、提取和分析客户信息的能力； 3. 具有较好的分析能力和市场洞察力	1. 熟悉国家消防行业相关标准； 2. 熟悉销售策略、销售方法	市场营销
	（三）售前技术支持	协助销售经理解决客户提出的技术型问题	1. 熟悉相关消防设备的工作原理； 2. 熟悉相关消防设备的适用场所及选用要求	1. 火灾报警系统原理与应用； 2. 自动喷水灭火系统原理与应用； 3. 气体灭火系统原理与应用等
	（四）售后技术支持	对已销售设备提供售后维护保养	对已销售设备的维护与保养要求	同消防设施的维护与保养要求

（三）行业支持

消防工程技术专业在学院重点专业安全保卫专业带动下进行建设，专业群共同隶属于北京政法职业学院安全防范系。安全防范系建设初始便贯彻校企合作的办学理念，与消防行业开展了积极合作并取得了有力的支持。深入融合企事业单位开展了各种形式的合作，为消防专业建设搭建了平台。合作平台上有近 40 家合作单位，较为突出的如北京消防协会、利达集团、首安工业消防、北京利华、力景消防等。

四、结语

通过市场调研，结合退役士兵群体的特点深入分析了人才培养方案中的内容，对其中不适应市场需求和退役士兵特点的内容进行了调整和删减，使人才培养方案更加适应消防行业、企业的需求，进一步提高了学生的就业竞争力和发展潜力，达到行业、企业和退役士兵双满意。

顶岗实习管理信息化建设的实践和思考

孔庆仪 [1]

随着云计算、大数据、物联网、移动计算等新技术逐步广泛应用，经济社会各行业信息化步伐不断加快，社会整体信息化程度不断加深，信息技术对教育的革命性影响日趋明显。国家大力发展教育信息化，在高职教育领域，顶岗实习作为人才培养的重要阶段，实习管理信息化的发展符合对职业教育信息化发展的要求。笔者以安保实践教学与管理平台为案例，对顶岗实习管理信息化建设的情况进行分析和思考。

一、顶岗实习管理信息化建设是职业教育信息化发展的客观要求

（一）顶岗实习管理信息化的发展满足国家教育信息化的发展要求

近年来，国家多次发布关于教育信息化的政策要求。2016年6月，教育部印发《教育信息化"十三五"规划》，要求深入推进管理信息化，从服务教育管理拓展为全面提升教育治理能力。2017年和2018年教育部信息化工作要点中分别提出提升管理信息化水平；2018年4月，教育部发布的《教育信息化2.0行动计划》中再次要求提高教育管理信息化水平，明确要求："制订进一步加强教育管理信息化的指导意见，优化教育业务管理信息系统，深化教育大数据应用，全面提升教育管理信息化支撑教育业务管理、政务服务、教学管理等工作的能力。充分利用云计算、大数据、人工智能等新技术，构建全方位、全过程、全天候的支撑体系，助力教育教学、管理和服务的改革发展。"

（二）顶岗实习信息化建设满足职业教育发展的要求

在《高等职业教育创新发展行动计划（2015—2018年）》中明确提出推

---

[1] 孔庆仪，北京政法职业学院安全防范系讲师。

进信息技术应用，加快职业教育管理信息化平台建设的要求；2016 年 4 月 28 日，教育部等五部门印发《职业学校学生实习管理规定》，对包括高职在内的职业学校学生实习组织、实习管理、实习考核、安全职责等方面做出明确的规定，特别提出："鼓励有条件的职业学校充分运用现代信息技术，构建实习信息化管理平台，与实习单位共同加强实习过程管理。" 2017 年，《教育部关于进一步推进职业教育信息化发展的指导意见》中明确提出："加快管理服务平台建设与应用，鼓励职业院校建成集行政、教学、科研、学生和后勤管理于一体的信息服务平台，支持学校实施校企合作信息发布、项目管理、顶岗实习管理、人力资源信息管理、就业信息分析等。" 2018 年 2 月，教育部等六部门关于印发《职业学校校企合作促进办法》中提出："鼓励有关部门、行业、企业共同建设互联互通的校企合作信息化平台，引导各类社会主体参与平台发展、实现信息共享。"

北京市贯彻落实国家政策，大力推进职业教育健康发展，在教育信息化方面也提出了明确要求。2015 年印发的《北京市人民政府关于加快发展现代职业教育的实施意见》中提出"促进信息技术在教育教学和管理中的应用"；在 2018 年 4 月实施的《北京职业教育改革发展行动计划（2018—2020 年）》中也再次提出加强信息化教学。

从以上政策可以看出教学管理与信息技术融合的必要性，利用信息技术建设满足学生实习阶段教学与管理需求的必要性。国家政策为顶岗实习管理信息化的建设与研究提供了充分的指导。

二、顶岗实习管理信息化建设的优势

高职学生顶岗实习期间普遍存在实习时间长、实习单位分散、实习评价标准单一、实习纸质文件容易丢失、实习数据和资料回收不便等问题，信息化管理能够显著提高实习管理的效率和效果。

（一）实现顶岗实习全角色、全过程信息化管理

顶岗实习运行包含多个角色，不同的角色各司其职，管理部门负责任务安排、管理、监督和数据采集；每位学生需要完成实习单位选择、开展实习、实习评价等不同阶段任务，同时需要完成毕业设计；指导教师在这

个过程中负责通知、沟通、监督、评价、指导；实习单位进行信息发布、评价。顶岗实习信息化管理系统整体设计满足顶岗实习的不同参与者全过程的信息化管理。以安保实践教学与管理平台为例，该平台设计了四个模块，即实习管理、毕业设计、在线学习、校企合作，四个模块用户一致，数据统一，功能独立。采取实践教学与管理的"四位一体"管理模式，实现实习管理、实习教学内容、毕业设计、实习就业信息资源一体化，过程管理和总结评价一体化，校内指导校外指导一体化。

（1）实习管理模块即时记录教师和学生的实习信息、实习月报、指导过程、评价内容。

（2）毕业设计模块主要负责毕业设计课题的管理，包括选题开题、提纲、初稿、定稿的全过程管理，以及指导教师及学生分组管理、答辩管理等。

（3）校企合作模块能够体现顶岗实习中的校企融合，实习单位能够发布实习就业信息，并且与学校共同对学生实习全过程进行监督与评价。

（4）在线学习模块能够满足学生认识实习、跟岗实习、顶岗实习等不同实习模式的伴随式学习，实现在线选课、网络远程学习、师生互动、作业和任务提交评阅、学业成绩评价等学习需求，进一步提高实践教学质量。

（二）信息化管理能够突出体现实习管理的便捷性、即时性和高效性

传统实习管理模式一般使用顶岗实习手册，教师很难对周记或月报等及时检查和评价，往往出现学生临时补写、应付了事，教师集中统一打分的现象，无法体现过程化管理。

（1）便捷性。采用信息化管理，平台设计界面简洁明了，教师、学生都非常容易操作。可实现全空间、全时间学习。

（2）即时性。学生可以随时接收信息，按规定时间在线完成周记、月报等任务，完成任务时间记录准确。指导教师可以在线评价，并且可以随时将现场或网络指导等信息在平台上进行记录，这样有利于对教师的指导工作进行评价。

（3）高效性。多角色同平台，可以充分发挥网络优势，实现即时交流，

共享信息，减少了相互之间的沟通壁垒，提高了实习管理的效率。

（三）利用大数据技术，实现实习管理数据查询、汇总和分析

基于数据库技术将各个实习企业、教学单位、指导教师、学生的数据全部纳入顶岗实习管理数据库，形成了信息完整的实习大数据，不同需求、不同层级的使用者可以根据需要的条件实现数据的共享、查询、统计。例如，汇总学生实习和毕业设计成绩，查询不同专业、不同班级或不同实习单位的实习学生信息，统计学生的实习对口率等。

三、顶岗实习管理信息化建设中存在的问题

信息技术在实习管理中体现出突出的优势，但是技术手段服务于功能，服务于管理模式下的设计理念。设计的缺陷和技术的壁垒会导致用户操作体验不良、管理的功能不能够完全实现、数据信息不完整等情况，从而影响实习管理信息化的效率和效果。笔者针对安保实践教学与管理平台应用中出现的具体问题进行了调研和分析。

（一）设计理念不够完善

（1）现有框架无法满足实习管理模式调整的需要。原来的模式是由专人进行实习实训管理，实习分配、教师分配等均由管理人员完成，因此平台最初设计的用户主要采用较为简单的两级制，而目前调整为系部统一安排，各专业进行实习分配管理。应当设置更加立体的管理框架，满足不同管理模式的要求，灵活设置管理层级和权限。

（2）部分功能没有得到充分的利用。例如校企合作模块没有充分发挥功能。一是平台设计在企业角色分配上出现了问题，管理者需要在校企合作模块给企业建立一个企业账号，在实习管理模块给企业指导教师建立另外一个教师账号，同一个企业多个账号，给管理造成极大负累，也给企业操作带来负担。二是实习单位数量多，对应用学校平台共同管理的积极性不高，难以实现全部实习单位在线指导和评价。

（3）使用者的操作权限设计不合理，影响实习管理的效率。管理员无法进行计划修改、数据删除和修改等操作，只能进行查看，在教师和学生遇到操作失误或者其他需要变更的问题时管理员无法解决，只能反馈给开

发公司解决。这样既过于依赖开发者，不具有独立的权限，又影响了解决问题的效率。实习计划建立后管理员无法进行删除和修改；实习教师的分配无法进行删除和修改；学生在选定毕业论文题目后，任何层级都不能对题目进行修改。此外教师和学生的权限也有限，如学生无法自己变更实习单位信息。以上诸类情况都会影响管理效率。

（4）功能细节设计不够人性化。根据平台的实践应用情况，结合调查问卷的反馈，笔者总结出一些有待完善的功能细节：

1）统计汇总的功能不够完善。例如在管理员进行月报情况检查或统计时，目前某个教师直接出现一个月的实习月报，没有整个实习期的实习月报汇总功能。实习月报的汇总没有导出、统计等功能。

2）勾选选项没有多选或者批量选择的功能，使得操作人员一个一个选择，影响工作效率。例如设置选题、修改选题状态的"过时"或者"可选"，只能逐个选择修改，不能批量选择。实习月报评价完成后提交，只能逐个学生选择，不能批量选择。

3）基础数据同步到实习、毕业设计的时效性和准确性有待提高。在基础数据中进行修改后还需要等待一定的时间才能在实习模块同步。实习数据同步到毕业设计中产生了一些学生重复、学号混乱的情况。

（4）管理员用户下实习学生管理的页面设计过于简单，分类不清，查询功能不完善。

（二）开发技术需要进一步提升

随着互联网技术的不断升级，市场竞争激烈，生活中使用的各类互联网产品的重要评价标准之一往往是用户的体验。用户使用各式各样的App等产品均具有人性化的设计体验，对平台的操作性提出了更高的要求，同时体现出了平台操作性的不足。笔者对三类使用者进行了抽样调查，包括校内指导教师、毕业生、实习生，对于操作中遇到过哪些问题给出了反馈，见表1、表2、表3。

表 1　校内指导老师的调查结果

选项	比例
A. 访问网站速度慢	36.84%
B. 浏览器不兼容	52.63%
C. 功能不熟悉	36.84%
D. 无法操作	5.26%
E. 出现乱码	5.26%
F. 其他	10.53%

表 2　实习生的调查结果

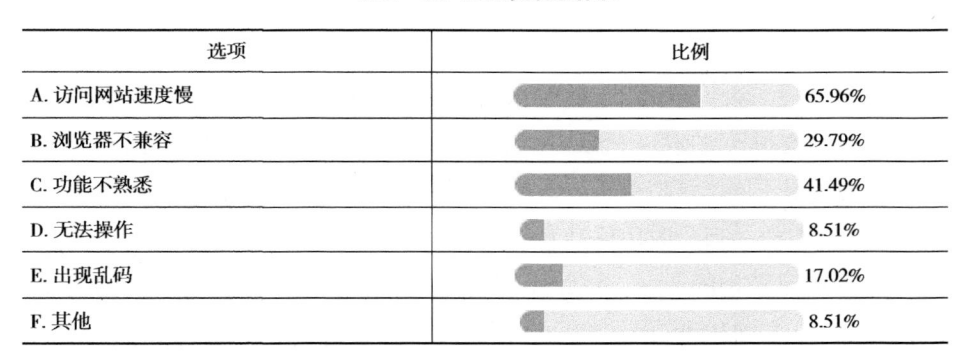

选项	比例
A. 访问网站速度慢	65.96%
B. 浏览器不兼容	29.79%
C. 功能不熟悉	41.49%
D. 无法操作	8.51%
E. 出现乱码	17.02%
F. 其他	8.51%

表 3　毕业生的调查结果

选项	比例
A. 访问网站速度慢	68.25%
B. 浏览器不兼容	38.1%
C. 功能不熟悉	34.92%
D. 无法操作	20.63%
E. 出现乱码	23.81%
F. 其他	11.11%

可以看出用户对于操作的首要要求是能够在任何条件下顺畅地浏览，而平台的访问速度慢和浏览器兼容性不足的问题造成了操作的不良体验。特别是目前手机只能采用浏览网页的方式，速度慢，操作复杂，大大局限

了操作者的使用空间。

四、提高顶岗实习管理信息化建设水平的思考

教育部制定了高职院校实习管理水平量化标准《全国职业院校实习管理50强遴选指标》，其中顶岗实习的信息化管理具有明确的评价标准：一级指标"实习实施"下的二级指标之一是具备"管理平台"，要求"平台技术先进，管理手段有效"。根据如上标准，结合应用情况，笔者提出安保实践教学与管理平台升级的重点，力求提高信息化建设的质量。

（一）管理框架升级为校企融合的立体化模式，并设置灵活的管理权限

建立灵活的立体化、灵活性的框架，设置多层角色和相应权限。以笔者所在系部实习管理模式为例，建立五级管理网络：一级（最高层级管理员、教务部门）—二级（系级）—三级（专业、实习单位）—四级（校内指导教师、实习单位指导教师）—五级（实习学生）。将所有的管理权限进行整合，每一级的权限不同，可以由上一级别选择下一级别的管理和操作权限。

（二）开发App，应用移动互联功能开展实习过程管理

开发实习平台的App，打破使用的环境限制，提高使用者的使用效率，实现人人可用、时时可用、处处可用。在抽样调查中已有60%的用户使用手机操作网页版实习平台；在回答"还希望平台增加哪些功能或内容"一题中，79%的用户提出希望开发App实现手机完成任务。因此在平台升级中增加平台App，稳定运行在安卓、iOS等手机操作系统上，各层级用户都可以进行操作，实现学生签到、通知公告、消息群发、实习月报、毕业设计选题、实习任务的定时提醒、撰写月报、评价、用户消息互动管理等功能，并且可以传输图片、文档等文件，各角色使用者的操作更加便捷、高效。

（三）实现不同平台互联互通，一数一源，数据统一

一是和现有"青果"平台实现"一数一源"，将"青果"平台学籍、教师信息、实习成绩、毕业设计等数据同实践与教学管理平台相统一，可以互相导入导出，数据格式与数据内容完全一致。

二是与人才培养水平评估等评价数据标准相对应，实现伴随式数据收集，建立完整的数据资源，在动态的实习管理过程中，可以将检查办学质

量所需要的相应数据信息从实践与教学管理平台中导出，进行数据的收集、分析、处理，减少数据的反复统计。

（四）设计灵活的企业功能，真正落实校企协同育人

将实习单位用户与学校用户同层级，实习单位自主申请账户，设定相应管理权限，下设二级管理模式，设定不同角色来完成该企业在实习管理中的不同职能。例如 HR 能够进行信息发布，部门主管能够进行实习月度评价和综合评价。发挥信息化的优势减轻实习单位的负担，配套相应的指导教师制度提高实习单位应用的积极性。

（五）设计人性化的细节，提高用户的操作体验和效果

信息化平台的细节设计应当充分从管理模式的具体要求出发，从用户的角度出发。例如安保实践教学与管理平台的以下功能的细节需要进行修改。

（1）在进行勾选的操作中增加多选和全选的功能。

（2）各类数据均增加不同分类方式的统计、汇总、导出的功能，满足多样化数据需要。

（3）学生的实习状态可自主设定分类，例如按照"上岗""待定""学习"等进行细化分类，便于信息的查询和统计。

（4）对页面设计进行改进，将个人信息、登录链接等放置在更加明显的位置。

（5）实习任务过程管理取消操作限制，采取状态显示，使过程评价更加灵活和人性化。例如某个月的实习月记录规定日期未完成，目前平台功能是不能提交，修改为仍可提交，提交后状态显示"已过期"，评价分值相应降低。

五、结语

笔者以安保实践教学与管理平台为例，对顶岗实习管理信息化平台应用的优点、不足和升级思路进行了阐述。总而言之，顶岗实习信息化以信息技术手段为载体，以增强顶岗实习管理水平为目标，达到提高技术技能人才培养质量的根本要求。应当针对不同的顶岗实习管理模式进行信息化平台的设计和开发，并且对应用过程进行监控，不断升级完善，提高顶岗实习管理信息化建设水平。

澳大利亚培训包框架下课程建设的借鉴与启示
——以 CPP50611 安全和风险管理为例

林祝君 ❶

一、培训包开发机制及内容结构

培训包是澳大利亚职业教育与培训（Vocational Education and Training，简称为 VET）体系的特色和亮点表现，亦是注册培训机构课程建设的依据和指南。

（一）培训包的开发机制

培训包最初由澳大利亚国家培训署（ANTA）组织开发。为更好地满足行业技能需求，2015 年 5 月成立了澳大利亚行业与技术委员会（AISC），形成了行业与技术委员会、行业参考委员会（IRCs）和技能服务机构（SSOs）三方参与的培训包开发新机制。❷

行业与技术委员会由 12 名行业经验丰富且对 VET 领域理解深刻的成员组成，负责培训包的审批发布工作，并对培训包质量及国家培训政策的实施等事项负责。澳大利亚已成立了 66 个行业参考委员会，行业参考委员会成员由与行业联系紧密的人员构成。行业参考委员会收集所在行业的机会风险、发展趋势及培训需求等相关信息，就所在行业的技能需求及培训包开发等事项向行业与技术委员会提出建议。每个行业参考委员会都可得到一个技能服务机构的支持与帮助，以更好地进行信息调研及培训包开发等工作。澳大利亚教育与培训部设立了 6 个技能服务机构，技能服务机构在

---

❶ 林祝君，北京政法职业学院安防系讲师。

❷ 杨薇，郏海霞："澳大利亚培训包开发与认证的新模型及其运行机制"，《职业技术教育》，2017 年第 38 卷第 13 期，第 74–79 页。

澳大利亚培训包框架下课程建设的借鉴与启示——以 CPP50611 安全和风险管理为例

行业及培训部门之间处于中立地位。一个服务机构为多个行业参考委员会提供文秘、差旅及技能预测等相关服务，在培训包的开发与评估工作中发挥作用。❶ 以笔者教学实践中接触的 CPP50611 安全和风险管理文凭课程为例，课程依据的培训包 CPP07 由物业服务行业参考委员会（Property Services Industry Reference Committee）负责，经由技能服务机构 Artibus Innovation 公司的支持完成，目前发布实施的是 14.5 版本。

培训包三方开发新机制的确立，既可保证行业在职业教育领域的充分参与，也可充分借鉴吸收 VET 领域专业人士的经验，为培训包的实用性、科学性奠定了坚实基础。培训包会依行业发展需求每 3~5 年修订一次，以适应职业活动实践中的能力需求变化。

（二）培训包的构成要素

国家认证发布的培训包主要包括三个部分：一是能力单元；二是评估指导要求；三是资格框架说明。❷ 能力单元是培训包的主体内容，评估指导要求是对能力习得状况的评估和检测，资格框架说明则是学习者在完成某个领域的学习后给予的资格认证说明。三个部分相辅相成，为学习者的能力习得、学习评价和资格认证提供框架性、规范性的要求。一个培训包通常会有长达数千页的文字说明，可为课程开发提供详实、系统的方向和路径指南。如 CPP07 物业服务培训包共涉及 625 个能力单元、46 个资格认证（涵盖一级证书到研究生文凭全部八个级别资格），其最新版本的培训包通过近万页的文字说明，对版本衍变、资格框架、能力单元、就业技能、评估指南及能力行为标准给出了详细介绍。❸

形式规范、内容翔实、适时迭代的培训包文件对课程建设的内容设计、课程评价及资格认证予以规范，是培训包框架下课程建设的依据和参照。

（三）培训包框架下资格认证的具体要求

要取得资格认证需要依据培训包要求完成一系列能力单元的学习。如

---

❶ 依据澳大利亚行业与技术委员会（AISC）官方网站信息翻译整理。
❷ 参见周祥瑜，吕红："澳大利亚职业教育的培训包体系及其优势"，《中国职业技术教育》，2006 第 12 期，第 37–40 页。
❸ 培训包内容依据 CPP07 Property Services Training Package（Release 14.5）翻译整理。

CPP50611 文凭资格共包括 16 个能力单元（其中 7 个核心单元，相当于我们的必修课；9 个选修单元，相当于我们的选修课，如下表 1 所示），学生需完成 12 能力单元才能取得资格认证。

核心单元（core units）	
CPPSEC5001A	职业健康与安全系统的建立与维护
CPPSEC5002A	安全业务运营协调
CPPSEC5003A	安全风险管理方案评估
BSBCUS501A	客户服务质量管理
BSBMGT502B	人员绩效管理
BSBWOR501A	个人工作重点管理及专业发展
BSBWOR502A	团队效率提升
选修单元（elective units）	
CPPSEC5004A	案例风险管理计划制订
CPPSEC5005A	安全风险管理计划实施
CPPSEC5006A	生物识别技术实施策略制定
CPPSEC5007A	生物识别技术系统评估
BSBFIM501A	预算和财务计划管理
BSBHRM402A	员工招聘、选拔和引导
BSBINN502	创新工作环境的构建和维系
BSBMGT617	商业计划的制订与实施
BSBMKG609	营销计划制订

每个能力单元以规范化的格式对该能力单元的基本信息、应用情境、能力习得要素及行为绩效标准、所需知识与技能、评估证据指南等做出说明。同时，培训包还对就业技能、基础技能及胜任力等给予关注。如 CPP50611 培训包对沟通、团队协作、问题解决、主动性与事业心、计划与组织、自我管理、学习、技术八项就业技能的培育提出了具体要求。

培训包全面系统的文件说明为课程建设提供了国家层面的规范性要求，是注册培训机构课程开发与实施的方向性、框架性指南，是课程实用性、规范性、科学性的基本保证。

二、培训包框架下的课程开发与实施

注册培训机构依据培训包的具体要求进行课程的开发和实施，注册培训机构根据资格证书要求掌握的能力单元设置课程，各能力单元在课程开发的过程中可转化为科目课程。[1] 笔者结合教学过程中使用的澳大利亚康普利斯培训学院开发的 CPP50611 课程资料，对培训包框架下课程建设的理念和路径做一简要说明。

（一）学生培训资源手册的内容与结构

康普利斯培训学院依据培训包要求先把课程按照主题相关性分为三个课程模块（Cluster）。将 CPPSEC5001A、BSBMGT617、CPPSEC5002A、BSBCUS501A 四个能力单元划归为安全业务发展模块；将 BSBRSK501B、CPPSEC5003A、CPPSEC5004A 和 CPPSEC5005A 四个能力单元划归为安全风险管理模块；将 BSBHRM402A、BSBMGT502B、BSBWOR501A、BSBWOR502A 四个能力单元划归为人员管理模块。然后再通过开发学生培训资源手册的方式系统呈现 CPP50611 文凭资格要求的知识体系。

学生培训资源手册相当于课程建设中的教材。手册结构规范严谨，通常列出培训包能力单元中的基本信息，然后再分若干个主题进行知识性内容的表述。此外，手册还会依据需要列出参考信息来源以拓展学生视野。以 BSBHRM402A（招聘、选择、聘任员工）能力单元为例，培训手册首先明确说明该单元涉及的是招聘流程中各项工作所需的行为绩效结果、技能和知识，说明其适用的对象是人力资源经理领导下负责招聘、选拔及员工引导职责的人员，其次列出该单元行为绩效的 20 个详细要求，最后从界定工作说明、规划人员选拔、评估并选定应聘人员、任命并引导新员工四个方面进行系统的知识介绍。手册结构清晰，内容紧凑，以培训包要求为依据，先呈现学习目标及预期行为绩效标准，再进行详尽系统的知识讲解，符合认知心理规律，有助于学习者对照学习目标和行为绩效标准进行针对

---

[1] 参见王义智等：《中外职业技术教育》，天津大学出版社 2011 年版，第 310 页。

性学习。这种课程设计既有助于强化知识模块内在的逻辑联系，也有助于构建系统完整的课程知识体系。

（二）评估手册的规划与应用

培训包注重学习结果的评估。康普利斯培训学院的评估手册从设计目的上可分为三个类别：

（1）基础知识及技能应用评估。每个能力单元学习结束都要进行书面评估，要求学员在规定时间内进行纸笔问题的回答。书面评估问题的设计针对的是能力单元学习中的重点、难点，形式类似于开卷考试。该类评估以简答题和技能应用题为主，旨在通过纸笔答题强化基础知识的认知和理解，演练基础技能的应用。

（2）案例研究评估。案例研究评估旨在通过案例分析引导学习者将知识和技能应用到设定的任务情境中，解决情境任务挑战。以 BSBHRM402A 能力单元为例，康普利斯培训学院设计了石油公司的人员选聘案例，要求完成四项共计 1500 字左右的案例作业。作业要求学习者依据任务情境完成招聘广告的设计与发布、岗位说明的制作、面试问题的设计等任务，进行心态测试、技能测试及心理测试工具的选择与应用，依据招聘法律法规的要求进行招聘，并对人力资源生命周期理论形成整体理解与应用。案例作业的评估旨在引导学习者练习知识和技能的情境化应用，促进知识和技能向特定任务情境的迁移和应用。

（3）综合项目作业评估。澳大利亚培训包框架下的课程建设既注重单个知识点、单项技能的理解、习得和应用，也注重综合知识和多项技能的整合。综合项目作业为知识和技能的这一整合提供了可能。项目作业通常以课程模块为单位进行设计。如在人员管理模块中，综合项目作业要求学习者结合真实创业构想、目前工作单位或大型组织中的安全管理工作进行项目活动场景的选择和设定，并通过小组合作方式完成与四个能力单元所学知识及技能相关的综合性任务挑战。作业内容涉及根据企业需要制订招聘计划、组织实施招聘、新员工入职培训计划、制订绩效指标、组织实施绩效考核、进行团队建设等一系列具体任务挑战。项目作业将安保企业人员管理实际工作可能涉及的各个流程，如招聘、培训、考核、发展到解聘等，进行全景呈现，以实现学习者能力的有效整合和实际应用。综合项目作业的设计旨在强化各个能力单元知识和技能之间的内在联系，强化知识体系的构建和综合技能的习得，以更好地应对职业活动实践中的真实任务挑战。

培训包框架下的课程评价遵循由简单到系统、由认知到应用、由虚拟情境到真实情境的原则进行设计，赋予学习者、教师及评估者更多灵活性、自主性选择，体现了以学习者为中心、以能力习得为终极目标的前沿理念，是课程实施效果的重要保证。

三、培训包课程理念对职业教育课程建设的借鉴和启示

培训包系统规范的要求和注册培训机构科学合理的课程建设对我国职业教育，尤其是高职教学领域的课程建设具有极好的借鉴和参考价值，可为高职课程建设的实践与创新提供经验借鉴和路径参照。

（一）整合行业精英及课程专家的努力，为课程建设提供顶层设计

课程建设顶层设计的目的是集合行业精英人士、课程建设专家和胜任力研究学者的努力，形成系统而科学的能力建设路径和方法，锁定行业技能需求，为课程建设提供内容和方法层面的方向指南，以强化课程建设的实用性、科学性和规范性。

我国职业教育在发展过程中经过多次调整和变迁，在课程建设规范化方面进行过有益探索和尝试。以国家资格框架构建为基础和前提的课程顶层设计，任重道远，需要更多资金、人力及时间的投入方能完成。[1]基于这一考虑，现阶段可通过提升一线教师课程建设的能力与水平，先从微观层面入手，进行课程建设的探索与实践。在条件成熟的情形下再整合更多院校的努力，以区域联合或专业联合的方式推进课程建设所需的行业调研和能力界定等基础工作的推进。在积累一定经验、形成可行模式后再协调更大范围的努力，以实现更深入、更系统的行业调研，制定出台更具权威性的区域、行业或国家层面的课程规范。这一渐进方式不失为一条既符合现

---

[1] 参见杨蕊竹、孙善学：''我国国家资格框架制度形成路径研究'',《中国人民大学教育学刊》, 2016 年第 4 期，第 5-28 页。

实又关系长远的可行之路。

（二）树立能力本位的课程观，将职业能力培育作为课程建设的核心

培训包吸取能力培育领域的前沿理念与理论成果，对职业能力进行系统解构，依据学习者的背景和职业活动的现实需求，注重基础技能、就业技能及胜任力等不同类型的能力习得，围绕知识、技能、知识与技能的应用三个方面进行课程的设计与开发[1]，既符合能力习得的客观规律，也契合学习者的心理认知特点，是课程建设应该遵循的基本理念。

职业能力培育是职业教育课程区别于其他类型教育课程的基本特色，亦是职业教育课程建设价值的根本体现。在课程建设实践中可以借鉴胜任力研究成果，进行能力需求的调研与界定，借鉴学习心理学的相关研究，将职业能力习得的机理和规律应用到课程建设之中，将其作为课程建设的理论指南，树立能力本位的课程观，将职业能力培育作为课程建设的核心，为职业教育领域课程的科学性和实用性提供更先进的理论支撑。

（三）借鉴前沿理念及理论研究进行课程建设的探索与实践

理论具有指引行动的功能和价值。职业教育领域的课程建设既需要注重行业、企业的能力需求调研，也需要借助课程设计与课程实施的前沿理念、理论成果及成熟技术。我国职业教育领域的师资构成以高校学术型背景的教师为主，在课程设计、教育教学的认知和理解方面相对薄弱，这就需要教师在注重专业发展的同时充分关注教育教学领域的前沿理念和理论发展，系统学习课程建设的知识与技术，了解职业能力习得的机理与机制，以更好地通过课程建设的探索与实践将专业知识和专业技能以课程的方式呈现并传授给学生。澳大利亚培训包既体现了课程设计专家及人力资源管理学者在胜任力培育这一领域的作用和价值，也彰显了能力要素解构和能力习得理论在职业教育课程建设中的实际应用，这一经验值得借鉴和学习。在职业教育领域的课程建设中，一线教师既需要对所在专业领域的职业活动实践具备深刻而系统的认知和理解，也需要对课程建设的理念、理论及

---

[1] Australian Qualifications Framework Council, Australian Qualifications Framework Second Edition, January 2013: 11.

技术形成基本的认知[1]，并能够在课程建设中加以娴熟应用，以推动课程建设的理论探索和实践创新。

（四）建立并完善课程评估机制

实践表明，对学习者的学习过程和学习结果及时做出评估反馈有助于激发并强化学习动机，调整和修正学习目标和绩效结果，达到预期效果。借鉴澳大利亚课程评估经验，可以从知识的认知和理解、技能的演练与应用、综合能力的习得与迁移三个层面，依次设置评估环节，设计评估项目，确保评估难度与学生认知发展相匹配，引导学生获得更多学习过程中的成就感，强化学习过程的管理和监控，达到更好的学习效果。及时有效的评估对提升学生课程参与的积极性，深化课程知识的理解和运用，促进技能向实践应用领域的迁移有着极为重要的意义和价值。培训包列出了灵活多样的评估方法，进行课程开发与实施时可以依据实际需要借鉴使用。

（五）促进职业能力向真实职业活动领域的迁移应用

能力的习得是一个循序渐进的过程。在课程开发和实施环节均可采取适当举措促进职业能力向实践应用领域迁移。我国高职教育面对的学生群体缺乏工作经验，其三年校园中的系统学习更多的是通过心智建构及情景模拟的方式进行能力习得。习得的能力需要经过一定的心理操作机制才能内化到心智之中，进而在应对真实任务情境挑战时真正得以激发和展现。为此，课程设计和开发时可以创造更多能力习得、内化、演练和应用的机会，增设更多实训实习环节，为能力在真实职业活动实践中的迁移和应用创造更多条件。

四、结语

澳大利亚集合政府、行业及专家学者的力量开发形成了国家层面的培训包规范文件，为注册培训机构的课程开发和课程实施提供了方向指南，实现了国家层面的课程规范和质量管理，也在一定程度上弥补了注册培训机构在行业调研和课程建设理论上的不足和缺陷。借鉴澳大利亚培训包框

---

[1] 参见张园园："澳大利亚职业教育质量保障体系对我国的启示"，《科技创业月刊》，2016年第3期，第74—75、93页。

架下的课程建设经验，以职业能力培育为核心进行职业教育的课程建设，有助于促进职业教育领域课程建设的探索和创新。

海外安全管理人才培养虚拟实训系统建设思考

杨 春[1]

2013年,"新丝绸之路经济带"和"21世纪海上丝绸之路"战略构想引起了国内外的高度关注和强烈共鸣。随着国家"一带一路"倡议的深入实施,我国与海外的交流愈加频繁,海外投资与合作的深度与广度也在逐步扩大。如何评估和防范控制中国企业海外业务的各类风险,确保资产和人员的安全,配合国家海外利益保护战略需要,已成为安保行业亟须解决的重大现实问题。

一、海外安全风险日渐凸显,专业化人才需求巨大

(一)中国企业海外安全问题日益突出

"一带一路"倡议的实施意味着我国对外开放实现战略性转变,不仅意义极其深远,而且蕴含无限机遇。随着"一带一路"倡议的深入推进,我国在海外设立的项目逐年增多,合作领域从单纯提供劳务、设计施工发展到带资承包,尤其是在对外承包工程方面,新签合同金额增幅明显。"一带一路"倡议推进了国际基础设施的互联互通和投资建设,为正处于转型期的中国对外承包工程行业进一步提升综合竞争力创造了机会。但是,由于"一带一路"沿线国家或地区多分布在亚非等安全风险较高的区域,这些国家和地区大多由于其政治、经济或宗教等因素而政局不稳或战乱频发或恐怖主义猖獗,导致中资企业境外项目、工作人员容易成为抢劫、绑架劫持等恐怖袭击的对象,境外中资企业人员伤亡和财产损失的公共安全事件不断增多。因此,构建有效的安全风险防控体系,强化员工的个人防范意识,提升境外突发事件应急管理能力是每个境外中资企业所面临的专业性难题。

---

[1] 杨春,北京政法职业学院安全防范系主任,副教授。

（二）海外安全管理人才需求巨大

政府为保障我国境外企业的安全做了大量的工作，但是"走出去"企业数量众多、人员和工作地点分散，在面临具体的安全威胁时需要企业自身具备较强的防范和处置安全风险问题的能力。海外安全管理是专业性较强的领域，我国境外企业的安全风险管理业务主要是与专业的保安公司合作，制订和采取相应的安全风险防范方案和措施。一些企业聘请国际保安公司、当地保安公司或与国内安保企业合作，主要业务涉及海外安全情报咨询、风险评估、安全背景调查、安全培训、海上武装护航、随身护卫、信息安全管理、驻地安保等。

我国的安保服务行业起步较晚，发展水平相对落后于发达国家，目前能够承担海外安保业务的企业数量少、规模小、实力不强、国际化水平不高。主要从业人员以退役军人为主，由于受到现实因素影响，他们缺乏必要的外语沟通、跨文化交流、信息收集与处理、风险评估与管理及企业跨国经营与管理的能力，国际视野也不够开阔。即使已经"走出去"的安保人员也只能在外国保安提供保护的围墙之内承担"内卫"工作，并没有实现真正的本土化和国际化作业。安保服务在安全管理理念、安全防范技术和提供精细化、集约化的运营模式等方面与国际水平存在较大差距，海外安保的市场竞争力亟待增强。面对巨大的海外市场安全管理业务需要，专业化、职业化的海外安全管理人才培养需求迫切。

二、海外实践教学问题突出，影响安保人才培养质量

（一）市场导向，设置海外安全管理专业

为适应海外安保市场对于海外安全管理人才的迫切需求，2016年北京市教育委员会首次将海外安全管理专业方向纳入贯通培养试验项目，并由北京政法职业学院与北京第二外国语学院对接，共同培养高端特色的"安保+外语"技术技能型人才。按照项目实施精神，北京政法职业学院在七年贯通学制中开设海外安全管理专业方向，其中海外营地建设、海外项目安全管理、海外随身护卫等模块是专业核心内容，结合现有教学资源，着重培养海外安全管理专业人才。

（二）目标导向，解决海外实践教学难题

实践教学是高职教育的重要组成部分，是培养学生职业能力的必要途径。完善的实践资源和必备的实训条件是职业教育顺利进行的必要保障。海外安保人才主要是针对高危环境下的海外基地，从事驻地安防设施布控、安全风险评估、突发事件预警与现场处置以及紧急撤离等方面的工作。这些环境大多是国内无法复现的场景，常规的课堂教学手段无异于纸上谈兵，只能完成知识的讲解，无法为学生提供实训环境，难以达到实际演练和模拟的目的，客观上会影响学生的专业问题解决能力、对岗位胜任力的评价以及自我专业能力认知。

海外安全管理虚拟实训系统从高危地区企业需要和项目需求出发，实训内容紧密围绕海外项目和基地，通过模拟识别、分析、评估项目潜在安全风险因素与风险源，提出契合实际与系统的安保措施，保证安保防控体系各项指标和措施得到切实有力与有效的落实和运行。虚拟实训系统开发的目标就是破解教学实训瓶颈，着眼培养未来具有丰富理论知识和实践能力的安全官、安全顾问和风险管理专家等海外安全管理人才。

三、开发虚拟实训系统，意义重大影响深远

海外安全管理虚拟实训系统是在计算机环境下采用虚拟仿真手段，模拟建立不同环境下的海外项目基地，对高危环境下的工作条件进行虚拟复原，将不同安保岗位的具体工作内容、实际解决办法呈现出来。

（一）提升学生职业竞争能力

职业人才的培养归根结底立足于行业、企业的需求。海外安全管理人才的岗位胜任力，包含沟通、安保设施建设、风险评估、安保方案制订、安保措施执行、突发事件处置等多项安保核心能力。海外安全管理虚拟实训系统的开发与应用，旨在让学生了解典型工作场景的特点，掌握在这些典型场景内驻地安防设施布控、安全风险评估、突发事件的预警、现场处置与紧急撤离等安保任务的组织和实施，达到从学校学习到就业工作无缝衔接的效果。学生通过不断的实训和实践将职业技术技能快速转换为自身的职业能力、企业的服务能力以及海外就业竞争能力。

（二）创新安保人才培养路径

该实训系统将应用于海外安全管理专业人才培养工作的全过程。根据海外安保业务派生出的海外安全管理岗位，与承接相应业务的安保企业进行订单培养，如海外安全官订单培养、海外武装护航订单培养、海外安保公司经营管理人才订单培养、境外公共安全职业培训师订单培养、风险咨询与评估专员订单培养等。校企双方协同规划人才培养定位和标准、课程体系、教学内容和教学团队，共同实现实践教学与实习就业无缝对接。在专业建设和人才培养过程中创新课程教学方法，通过理论与实践一体化、虚拟与实践相结合、国内教学与国外环境相结合的方式实现专业跟着职业走。有利于优化专业结构，加强师资队伍建设，提高专业建设水平，创新海外安保人才培养路径，提高海外安保人才培养质量。

（三）创建校企共享实训平台

借助于先进技术的支撑、开放式的管理和持续的网络更新等方式，校企双方联合开发具有安保职业教育特色的虚拟实训系统，提升了专业实践教学水平和人才培养质量。同时，该实训系统也为安保行业业务培训和在职安保人员技能更新提供了实践平台，通过为企业海外安全官培训提供虚拟化的教学和实训场景，从而提升了从业人员的专业技能和职业水平，提高了企业海外项目安全保卫管理能力。

（四）提升安保专业影响力

北京政法职业学院海外安全管理实训系统的开发与建设，不仅进一步完善了学院海外安保实践教学资源，也为师生及安保行业提供了专业的安保实训课程和场所，提升了信息化技术服务于专业教学的水平，丰富了安保专业建设内涵，提升了办学能力；同时，还将为企业提供专业化的安全管理服务，增强企业公共安全突发事件的应对能力，满足中资企业海外项目对安全管理建设的需求。

四、顶层设计系统建设，满足实战

该实训系统的建设本着面向实战、面向社会需求的总体目标，以海外职业需求为出发点，以培养海外人才的岗位胜任力为主线，围绕海外安保专业实训基地建设工作，为培养适应海外岗位发展需要的、具有竞争能力的应用型人才提供必要保障。

（一）顶层设计系统建设

1. 岗位主导

先后选取华信中安（北京）保安有限公司、德威控股集团有限公司、伟之杰安保集团有限公司等6家海外安保业务排名居前的知名安保企业，并就海外安全管理人才职业能力培养方面展开访谈调查，访谈对象包括海外安全管理高管、专家、项目经理、海外安全官等。梳理出海外安全管理业务领域的典型岗位，构建了职业仓，涵盖5类专业岗位及不同层级的17个具体岗位：

（1）境外安保公司经营与管理，主要包括境外分公司经理助理和境外分公司经理；

（2）境外安全职业培训，主要包括见习教官、政治指导员、职业培训师；

（3）安全咨询与评估，主要包括情报信息分析员、风险评估师、首席安全顾问；

（4）海外安全官，主要包括项目驻地安全官、项目部总安全官、项目副经理、项目经理；

（5）海外护航，主要包括海外护航队员、海外护航队长、海外护航项目调度、海外护航总调度。

2. 全面系统

为使安保人才职业能力能够在实训平台中得到恰当培养和全面锻炼，确保工作过程与职业能力形成的合理性与系统性，针对海外安全管理的典型岗位，先后邀请上述6家企业的首席安全官、海外安全风险评估专员、海外项目安全官、企业人力资源总监等行业专家召开研讨会，对各层级海外安全管理人员的岗位职责及各项职责的工作流程进行了梳理，构成了涵盖海外安全管理人员岗位的工作任务。

（二）满足实战

根据设计思路，海外安全管理虚拟实训内容包括三个子系统。

1.海外驻地安全管理仿真实训系统

该系统包括四个模块：

（1）海外项目驻地选址规划仿真实训模块，包括：野外营地选址风险隐患分析，极高风险野外营地模拟选址，城区营地选址规划，城区营地选址风险隐患分析，极高风险城区营地模拟选址。

（2）驻地规划建设仿真实训模块，包括：社会安全风险等级划分，社会安全风险评估；极高风险营地人力防范规划，极高风险营地人力防范模拟；极高风险营地物理防范规划，极高风险营地物理防范模拟；极高风险营地技术防范规划，极高风险营地技术防范模拟；极高风险营地安保管理展示。

（3）驻地安全风险识别仿真实训模块，包括：社会安全信息收集，情报评估，安全预警；危险人员辨识，危险物品辨识；营地安全审计规划，营地安全审计模拟。

（4）海外驻地应急演练仿真实训模块，包括：安保方案、应急预案和演练实施；驻地群体冲击事件处置模拟；驻地治安事件处置模拟；驻地枪击事件处置模拟；驻地恐怖袭击事件处置模拟；驻地紧急撤离模拟。

2.海外工程设施安全管理仿真实训系统

该系统包括四个仿真模块：

（1）海外工程设施安全技能培训仿真实训模块，包括：安防设备使用技能；消防设备使用技能；技防设施使用技能；个人防护技能。

（2）海外工程设施安保力量组织仿真实训模块：作业现场人力防范模拟。

（3）海外工程设施现场安全管理仿真实训模块，包括：作业现场物防措施模拟；作业现场技术防范设施模拟。

（4）海外工程设施危机事件处置仿真实训模块，包括：项目现场或作业现场中的突发事件处置流程模拟，即群体性事件处置流程模拟、治安事件处置流程模拟、绑架事件处置流程模拟、枪击事件处置流程模拟、武装交火事件处置流程模拟、恐怖袭击处置流程模拟以及紧急撤离流程模拟。

3.海外安保随身护卫仿真实训系统

该系统包括四个仿真模块：

（1）海外随身护卫安全评估仿真实训模块，包括：海外安保随身护卫的选拔；随身护卫出发前的安保确认；乘坐公共交通安全。

（2）海外随身护卫力量布局仿真实训模块，包括：随身护卫出发前的准备；随身护卫行进中的安全保卫。

（3）海外随身护卫控制技术仿真实训模块，包括：乘车突发事件处置；武装随卫的反击与武器使用。

（4）海外随身护卫特种驾驶仿真实训模块，包括：应对军警检查；路途危机事件处置等。

五、结语

海外安全管理虚拟实训系统的建设不仅能够提升海外安全管理专业的信息化水平，突破实践教学瓶颈，还能够帮助学生熟悉海外工作流程，端正高危环境下的工作态度，提高学生解决实际问题的能力和实践动手能力，促进海外安全管理人才的培养层次和培养规格，符合我院建设特色高水平政法院校的目标。

基于利益相关者视角的高职创新创业教育研究

马伟芳 [1]

一、利益相关者的定义

1963年，美国斯坦福研究院学者首次对利益相关者进行定义。随后利益相关者的定义被西方学者多次修订。斯坦福研究院认为利益相关者是这样一类团体：没有其支持组织就不可能生存。1994年，弗里曼认为利益相关者是能够影响组织目标实现的或组织在目标实现过程中所能影响的团体和个人。

高职院校作为非营利性组织，是比企业更典型的利益相关者组织。高职院校的责任是满足利益相关者的各种利益需求。当从利益相关者的视角来探求高职院校所应承担的责任时，就突破了原有的"象牙塔"与"政府主导"的利益困境，转换到满足更为广泛的多方利益相关者的利益。

二、高等职业院校的利益相关者

根据高职院校的利益相关者与高职院校的不同层次关系，可以将其划分为外部利益相关者和内部利益相关者。高职院校的外部利益相关者细分为政府部门、行业企业、竞争者、地方社区和媒体等。高等职业院校的内部利益相关者细分为高职院校的管理者、教职员工、学生家长和学生等。高职院校应尽力满足最重要的利益相关者的诉求，承担相应的职责。

（一）政府部门（教育部或地方教育厅）

政府部门是高职院校最重要的外部利益相关者，政府部门（教育部或地方教育厅）授权建立各类高职院校。高职院校赖以生存和发展的各种有

---

[1] 马伟芳，北京政法职业学院安全防范系讲师。

价值的资源都是政府部门给予的,高职院校整合这些资源,发挥自身的优势和特定的专长,运用教育和培训手段培养社会经济发展急需的各类高级技能人才。政府部门对高职院校的资助来源于公民的纳税,因此高职院校有责任回报社会,根据社会经济发展的趋势合理设置各类专业,为国家和社会培养专业技术人才。高职院校应不断提高运营管理能力,有效降低办学成本,使高职院校对国家和社会的贡献最大化。

(二)行业企业

行业企业是高职院校发展壮大的外部利益相关者,高职院校和行业企业相互依赖,相互促进。随着现代科技的进步,一些行业快速衰退,另一些行业急速发展壮大,行业之间竞争激烈,企业也随之更新淘汰,高职院校需要面对并且适应急剧变化的外部环境。高职院校对行业企业的责任主要体现在:根据行业企业发展的需求淘汰老旧专业,同时前瞻性地设置相关专业。按照行业企业要求进行"订单培养",并切实加强实训基地建设,突出对学生的技能训练。产学研结合,促进行业企业发展。高职院校与行业企业共同推进技术技能积累创新的机制初步形成,服务"中国制造2025"的能力显著增强。

(三)社区

社区是高职院校需要关注的外部利益相关者,高职院校应该对社会环境的变化做出及时反应,成为社区活动的积极参加者。高职院校与社区之间相互依存、共同发展。高职院校想要良好发展就要依赖于良好的社区环境和高素质的周边人群。社区是高职院校发展的必要环境条件,同时高职院校应该在社区营造良好的形象,在条件允许的情况下对社区居民开放运动场馆和图书馆,双方合办文化活动,提供社区需要的培训等,为社区建设做出努力。良好的社区关系会对高职院校的长期发展起到不可估量的作用。

(四)教职员工

教职员工是高职院校核心的内部利益相关者,两者存在相互依存的法律关系和道德关系。高职院校对教职员工的社会责任包括:为教职员工提供安全和健康的工作环境;为教职员工提供发展自我的各种机会;为了学院的长远发展，鼓励教职员工提供合理化建议，为教职员工提供参与学院管理的渠道和机会；尊师重教，激励教职员工的工作热情，为教职员工实现人生价值创造良好的环境。

（五）家长和学生

家长和学生是高职院校需要关注的内部利益相关者，是学院长期发展的基石。高职院校对家长和学生的重要责任集中体现在：高职院校要根据社会发展的趋势前瞻地设置符合社会需要的专业，在招生过程中开放校园，让学生及家长了解学院的专业和教学，方便学生选择合适的专业。高职院校在给学生提供高质量的教育和教学的基础上应竭尽所能开拓就业渠道，帮助学生就业、创业。高职院校还应进一步加强学生的素质教育，帮助学生提升综合素养，促进学生高质量就业和创新创业。

三、创新创业教育

随着职业教育的发展，创新创业教育迫在眉睫，它是素质教育的发展和深化，是培养创新创业型人才为目标导向的教育。创新创业教育是专门的、系统的教育、培训和指导学生如何创新和创建企业的教育活动。创新创业教育是终身教育，也是培养学生创新创业意识、激发学生创新创业精神、传授创新创业知识、提高学生创新创业技能、帮助学生进行创新创业实践的教育。创新创业教育是一种跨学科的教育，是复杂的多学科知识和技能的综合运用，需要具备跨学科、有专业知识和企业经营与管理经验的教师承担此重任。

我国高职院校的创新创业教育处于起步阶段，与欧美一些发达国家相比，无论在理念方面还是在实践方面均存在明显的不足，需要借鉴其他国家的教育理念、经验来完善和提高高职人才培养质量。

创新创业教育必须嵌入技能培养的过程中，因此高职院校的创新创业教育要与专业教育紧密结合。创新创业教育具有实践性和实战性强的特点，必须与学生的实习实训相结合。目前，高职院校创新创业教育培养模式的重要途径主要有：产学研一体、校企合作、工学结合和项目导向。

四、基于利益相关者视角的高职创业教育

当前"大众创业,万众创新"等国家战略已成为全社会关注的热点和焦点。高职院校应主动满足各利益相关者所提出来的利益需求,承担相应的责任。高职院校本身要积极响应国家教育部门的最新政策,主动投入到政府大力倡导的创新创业教育活动中去。

(一)政府鼓励高等职业院校加强创新创业教育

依据教育部《现代职业教育体系建设规划(2014—2020年)》《关于深化职业教育教学改革全面提高人才培养质量的若干意见》和《高等职业教育创新发展行动计划(2015—2018年)》等文件精神,高职院校需要加强创新创业教育,加强大学生创新创业能力的培养。创新创业教育是当前教育教学改革的重要任务,也是社会经济发展的推动力。

(二)高职院校的管理者应全方位支持创新创业教育

以校长为主体的高职院校管理者应更新理念,牵头制订相应的政策、制度和标准,鼎力支持创新创业教育。为了保证创新创业教育的顺利实施,从高职院校的管理者角度推动和促进创新创业教育与专业教育的融合,提升学生的综合素质与创新创业能力,提高教学质量与人才培养质量,在专业教学设计、教学内容更新、教学模式改变、教学管理建设等环节融入创新创业教育理念和内容,最终促进修订人才培养方案,使创新创业教育落地。

高职院校的创新创业教育的瓶颈问题是缺乏创新创业教育的配套条件。因此,高职院校应积极筹建学生创新创业中心,培养创新创业导师,建立专项创新创业基金,配套建设创新创业实训基地等;应积极为创新创业教育创造条件和环境,举办校级创新创业专项竞赛,在此基础上鼓励学生参加全国大学生创新创业大赛。

(三)加强"双师型"教师队伍的建设是保障创新创业教育成功的关键因素

具备合格的"双师型"教师是高职院校创新创业教育成功与否的关键因素。可以通过几个方面解决这个问题。首先,可邀请行业专家、企业界

精英和成功校友等人士作为特聘创新创业导师，指导学生参加各种创新创业竞赛，为创新创业团队提供实践层面的支持。其次，挖掘现有"双师型"教师的潜力，通过现有"双师型"教师接受创新创业培训、企业挂职锻炼、出国访问和自主创业等方式将"双师型"教师培养成为创新创业导师。再次，对教师进行分类管理和分类评价。在职务（职称）评聘和工作绩效考核时适当对承担创新创业导师的教师倾斜，激励更多的双师型教师参与到创新创业教育中。最后，在引进教师时按照一定比例引进具有创新创业实践经验的专业人才。

（四）营造良好创新创业环境，培养学生的创新创业意识

高职院校应在整个教育和教学过程中将创新创业的理念和意识传递给学生。选择部分专业进行弹性学制的探索，允许学生保留学籍休学创业，鼓励有意愿、有潜力的学生创新创业。也可以尝试将学生的创业成果转化成学分等方式，突破限制学生创新创业的瓶颈。

应该加快建设创新创业基地，引入创业软件，方便学生进行创新创业实践。同时应该强化服务意识，对学生创业进行全程指导。当学生在注册公司、开发产品、市场营销、质量监控和售后服务的过程中遇到困难和障碍时，高职院校应联系相关行业企业，对学生进行指导和帮助。

（五）鼓励行业企业参与创新创业教育，深化校企合作

行业企业专家熟悉行业发展趋势，能够指导高职院校合理规划创新创业教育。高职院校在专业建设的过程中应积极联系相关行业企业专家，聘请他们参与创新创业教育。高职院校应紧密结合行业企业需要，在行业企业专家的指导下设置创新创业教育课程，编写创新创业教育教材，建设培养"双师型"师资队伍，开展职业技能竞赛，确保创新创业人才培养的质量。

高职院校创新创业教育离不开行业企业的深度参与和指导。可通过校企合作办学、开设订单班、建设大师工作室、特聘企业专家指导学生创新创业等方式实现校企深度合作。

五、基于利益相关者视角的高职创新创业教育路径

（一）主动投入到政府大力倡导的创新创业教育活动中

根据教育部《高等职业教育创新发展行动计划（2015—2018年）》和北京市教育委员会《北京职业教育改革发展行动计划（2018—2020年）》等文件精神不断推进高职院校改革创新，坚持"面向市场、服务发展、促进就业"的办学方向。深化高等职业教育综合改革，激发大学生创造力和创新创业热情，培养造就创业新生力量，服务社会经济发展，推动学生更好创业就业。

（二）加强创新创业教育的顶层设计

创新创业教育包括创新创业孵化基地、创新创业项目运行、社团建设、创新创业大赛、人才培养方案、课程设计、师资力量、创新创业学分、创业弹性学习机制等指标。高职院校的管理层在这些方面需要进行顶层设计，将创新创业教育与专业教育、素质教育深度融合。

（三）建设专兼职结合的创新创业教育师资团队

高职院校可以结合实际情况组建经验丰富的专兼职教师相结合的师资队伍，从校内选拔具有创新创业教育方面知识和能力的"双师型"教师，与外部聘请的行业企业专家组成创新创业团队。高职院校应坚持人才强校战略，不断提高创新创业教育师资队伍的整体水平。

（四）开展全方位和全程化的创新创业教育

高职院校创新创业教育过程中要创新课程体系，不断完善人才培养方案。应开展全方位和全程化的创新创业教育，给一年级学生开设职业发展与就业指导（专业认知）等基础课程，培养学生职业生涯规划理念；给二年级学生开设经济学、管理学、创新创业思维以及相关法律法规等方面的课程，组织学生参加校内创新创业方面的比赛，培养学生创新创业意识；给三年级学生开设企业经营与管理和创新创业实训与实践等课程，组织学生参加行业企业会议、展览和校外创新创业大赛等，提高学生的实战能力。举办大学生创新创业训练营活动，成绩优异的学生入选学院创新创业团队，坚持以赛促学，鼓励学生参加校级、市级、国家级三级职业院校创新创业竞赛。

（五）行业企业合作培育创新创业型人才

高职院校与行业企业合作设计人才培养方案、开发课程、建设实训基地、建设教师队伍、开展技术研发，积极寻求行业企业承担学生实践和实习实训，形成"人才共育、设备共用、技术共享、文化互补、管理互通"的校企合作长效机制。

高职院校应坚持产教融合、校企合作，积极与优势行业和知名企业紧密合作培养专业人才；应进一步推进"工学结合、校企合作"育人模式改革，与行业企业共同设立专业建设指导委员会，制订创新创业人才培养方案，深化人才培养模式。

（六）引入国际创新创业教育项目，提升创新创业教育水平

高职院校可以引进一批国际知名的职业资格证书。例如，与澳大利亚TAFE合作。推荐"双师型"教师参加英国创新创业教育（NCEE）培训，获得双创导师资格。可以借鉴国际先进的创新创业教育模式，探索开发与国际先进标准相对接、体现行业特色和水平的创新创业教育体系，对学生进行高水平的创新创业教育。

六、结语

创新创业战略下高职院校教育改革不断推进，但在创新创业教育方面还存在尚待破解的难题。高职院校应将创新创业教育与专业教育融合，通过顶层设计突破创新创业教育的制度瓶颈，加强创新创业导师团队的建设、合理设置创新创业课程，加强培养学生创新创业意识，寻求行业企业的深度参与和指导，引入国际创新创业教育项目等途径，实现创新创业型人才培养的目标。

参考文献

[1] 苏少兵. 利益相关者视角的企业形成逻辑与企业边界分析 [J]. 现代商贸工业杂志，2007（19）：8.

[2] 刘长喜. 利益相关者、社会契约与企业社会责任 [J]. 复旦大学，2005.

[3] 陈雁程，宜康. 从利益相关者角度审视高职院校的责任 [J]. 中国成人教育，2007（23）：88–89.

首都特色高职骨干专业建设方案开发

——以安全保卫专业群为例

海 南[1]

2015年以来，教育部推出了系列改革措施，包括印发了《关于深化职业教育教学改革、全面提高人才培养质量的若干意见》，出台了《高等职业教育创新发展行动计划（2015—2018年）》，创新职业院校人才培养机制，加快现代职业教育与培训体系建设，深化产教融合、校企合作，培养创新型、复合型、技能型人才，取得了重要成效[2]。

党的十九大以来，职业教育改革进一步得到了党和国家高度重视。北京市再次吹响了首都全面深化职业教育改革、优化职业院校专业结构、提升办学水平的号角。北京市教育委员会为全面贯彻落实《北京市人民政府关于加快发展现代职业教育的实施意见》（京政发〔2015〕57号），全面实施《北京职业教育改革发展行动计划（2018—2020年）》，启动了北京市特色高水平职业院校和骨干专业（群）建设与遴选工作。

2018年11月14日，中共中央全面深化改革委员会第五次会议审议通过了《国家职业教育改革实施方案》，将职业教育摆在了更加突出的位置。北京高职院校如何深入贯彻"两会"精神，全面落实《国家职业教育改革方案》，参与北京市特色高水平职业院校和骨干专业（群）建设工作，首要明确的是：以何种理念、依照何种标准、按照何种思路建设高水平特色骨干专业（群）。通过对系列文件的解读，本文以安全保卫专业群为例，初步明确首都特色高水平骨干专业的建设方案，为后续的专业建设提供方法支

---

[1] 海南，北京政法职业学院安全防范系副主任，副教授。
[2] 参见《关于政协十二届全国委员会第五次会议第3723号（经济发展类190号）提案答复的函》（教提案〔2017〕第17号）。

持和保障。

一、建设理念

回顾2014年国务院印发《关于加快发展现代职业教育的决定》和《现代职业教育体系建设规划（2014—2020年）》及近年来相继印发的《关于深化职业教育教学改革全面提高人才培养质量的若干意见》《关于深化产教融合的若干意见》《校企合作条例》等指导性文件，直到《国家职业教育改革实施方案》的出台，已经明确了我国现代职业教育体系的顶层设计和实现路径。那就是"把职业教育摆在更加突出的位置，对接科技发展趋势和市场需求，完善职业教育和培训体系，优化学校、专业布局，深化办学体制改革和育人机制改革，鼓励和支持社会各界特别是企业积极支持职业教育，着力培养高素质劳动者和技术技能人才，为促进经济社会发展和提高国家竞争力提供优质人才资源支撑"❶。

落实到具体的专业建设理念，应着重突出以下几点：一是要坚持把立德树人作为根本任务，深化教育改革创新；二是要坚持服务国家和北京市发展战略的导向性，具备建设首都特色、全国领先、世界一流专业的前瞻性，突出服务首都经济社会发展和产业结构转型升级的契合度；三是要着力深化产教融合、校企合作，坚持开放办学，积极引入社会力量，实现协同育人；四是要凸显专业人才培养特色，实现办学水平与育人质量、社会服务能力与影响的效益优化。

二、建设目标

随着《国家职业教育改革实施方案》的颁布实施，开始启动实施中国特色高水平高职院校和专业建设计划（以下简称"特高计划"），未来职业

---

❶ 中国教育在线：中央全面深化改革委员会审议通过《国家职业教育改革实施方案》，2018年11月15日，https：//gaokao.eol.cn/news/201811/t20181115_1633021.shtml。

学校建设应按照"当地离不开、业内都认同、国际可交流"❶的要求，将高职院校建设成为高技术技能人才的培养培训基地和技能创新与技术研发服务平台。

首都特色高水平高职专业（群）应成为以下改革创新的示范：

①校企协同创新的示范。形成校政企行四方联动的安保、安防、消防专业协同创新长效运行机制，跨区域办学、集团化办学、混合所有制办学等新的校企合作模式。②实训基地创新建设的示范。校企共建共享型实训基地完全满足三类实习实训的开展，并为专业服务社会提供保障。

③服务国家战略、建设世界一流高职院校，引领相关专业（群）建设的示范。以国内安全保卫专业为龙头，引领安全防范技术、消防工程技术专业同步发展，空中乘务专业加入集群，在专业群内形成新的航空服务类专业集群。④提高人才培养质量的示范。包括日常管理规范化、课程内容职业化、教学手段现代化、评价方式多元化、文化建设企业化、专业视野国际化、人才培养彰显政法特色。⑤社会服务的示范。真正实现从"对接产业、服务产业"向"提升产业、引领产业"转变。

由此，我们总结安全保卫专业群"特高"专业建设的总目标为：通过建设凸显专业特色、树立专业品牌，初步形成贯通培养、退役士兵培养、安保职业人才学历教育与职业培训三大标志性教育项目，职成融合、城教融通、学段贯通、校企协同的专业办学新格局。将安保专业群建设成为国内领先、世界一流高职骨干专业群；建成面向全国、辐射海外的涉外高端安全管理人才培养基地；建成全国具有示范引领作用的安保职教联盟。有效提高专业群服务国家战略、服务安保产业结构升级调整和服务安保职业人的全面发展的能力。

---

❶ 王继平：介绍《高等职业教育创新发展行动计划（2015—2018 年）》《职业院校管理水平提升行动计划（2015—2018 年）》实施成效及职业教育贯彻落实全国教育大会精神的工作举措的讲话，2018 年 11 月 8 日。

三、建设思路

找准问题就是找准了下一步建设的突破口。解决问题朝着"特高"专业水平迈进是专业建设应遵循的发展路径。

2014年6月,教育部等六部门印发的《现代职业教育体系建设规划(2014—2020年)》中指出:"我国职业教育仍然存在着社会吸引力不强、发展理念相对落后、行业企业参与不足、人才培养模式相对陈旧、基础能力相对薄弱、层次结构不合理、基本制度不健全、国际化程度不高等诸多问题,并集中体现在职业教育体系不适应加快转变经济发展方式的要求上。"

安全保卫专业群在努力推进校企合作育人机制、推进国际合作办学、深化课程与教学改革、打造专兼结合双师型师资队伍建设等方面做出了积极探索,取得了长足进步。但也必须看到距离创新发展高职示范专业的标准仍然存在差距,以下方面仍存在不足:建设共建共享开放教学平台、提供优质教学资源方面,发挥技术技能引领行业发展的能力方面;建设校内外完善的质量保障机制方面;技能培养和职业精神高度融合、培养社会高度认可的高素质技能型人才方面;实质性推进国际合作办学,形成国际认可、全国领先的职业教育品牌方面。

《北京职业教育改革发展行动计划(2018—2020年)》,作为教育部《高等职业教育创新发展行动计划(2015—2018年)》收官后的首都职业教育发展的新规划,要建设"特高"专业,下一步的改革发展方向必然是:围绕国家战略和首都功能定位,提高专业对市场的适应能力和自主发展能力;深化产教融合,校企合作机制建设,提升专业办学活力;坚持国际合作办学,形成国内外标准对接、特色鲜明的职业教育品牌产品;以专业建设为核心,扩大优质教育资源供给和区域内优质资源共建共享;优化师资队伍结构和素质能力,提高高职院校技术服务的附加值,进而有效提升专业社会服务能力;完善质量保障机制,形成内部保证和外部评价协调配套的共同保障质量局面;优化人才培养模式,提升思想政治教育质量,培养德智体美劳全面发展的社会主义事业建设者和接班人。

由此，明确安全保卫专业群建设"特高"专业的建设思路为：坚持服务"一带一路"国家倡议、首都城市功能定位和京津冀协同发展战略，以城市管理服务、社会建设等紧缺人才的需求为导向，遵循安保职业人才成长规律，校政企行协同构建专业规范，开发对接国际标准的专业课程体系，打造专兼结合"双师型"师资团队，改善基于"互联网+"的专业办学条件，扩大优质教育资源供给，完善内部质量体系诊断与改进体系，力争在杰出安保职业人才培养、服务产业发展的技术技能积累和实质性推动国际交流与合作等方面实现专业建设水平的新突破。

四、建设标准与建设内容

针对建设"全国一流、世界领先"的北京市职业院校"特高"骨干专业的标准，安保专业群以创新发展理念为引领，依据《北京职业教育改革发展行动计划（2018—2020年）》提出的重点任务，结合对《高等职业教育创新发展行动计划（2015—2018年）》的深入解读，融入《教育信息化2.0行动计划》的新要求，参照建设思路，针对建设目标，设计了本项目的建设标准，共分解为9个一级指标，即主要建设项目；19个二级指标，即具体建设任务（见表1）。

根据北京市特色高水平职业院校和骨干专业（群）建设周期，结合安全保卫专业群"特高"专业建设规划，对任务实施进度分3个年度进行了安排（见表1）。2019年为项目启动阶段，重点完成建设框架初步搭建及基础性工作启动；2020年为项目建设规划全面实施阶段，重在完善、提升、优化建设效果；2021年为项目总结阶段，全面完成建设任务，做好项目总结、成果凝练、经验固化、加强交流、发挥示范等工作。

通过3年建设拟实现以下预期成果：建立专业动态调整机制，促进专业群规模进一步扩大、结构更加合理，专业（方向）设置更加契合区域经济社会发展需求，初步形成内涵丰富、辨识度高、国际认可、中国特色的安保职业教育品牌产品，国内示范引领作用进一步彰显，国际影响力及话语权显著提升；产教融和、校企合作人才培养模式更趋成熟；专兼结合、

"双师"素质师资队伍结构合理，素质优良，服务社会能力突出；技术先进的教学实训基地和共建共享安保专业教学资源库发挥良好效益；搭建创新创业教育中心；教学内容与方法改革成果丰富、育人效果突出。

表 1　安全保卫专业群"特高"骨干专业建设内容

建设项目	建设任务	建设进度安排		
		2019 年	2020 年	2021 年
一、坚持战略导向专业定位，实现专业群结构进一步优化	1. 坚持引进优质国际安保教育资源、提升专业人才培养规格	继续做好国际安保职业标准与国内标准对接，不断完善专业人才培养方案，优化专业课程体系	贯通培养安保本科专业人才培养方案优化，突出"外语+安保"的职业特色	形成内涵丰富、辨识度高、国际认可、适合我国经济发展的安保职业与培训模式
	2. 服务"走出去"企业，实现面向"一带一路"沿线国家的教育产品输出	到目的地国家、面向当地员工开展技术技能培训和学历职业教育	招录"一带一路"国家留学生	实现中国特色安保职业教育产品输出，包括支援不发达国家兴办安保职业教育机构等
	3. 提升安保专业群国际影响力与话语权	加大与国际专业协会和组织，或跨国企业的合作与联系，形成初步合作意向	积极开展相关项目合作、技术交流、人才培养，为学生搭建面向国际的就业创业的平台	学生前往涉外安保岗位就业比例明显提升
	4. 围绕新机场及首都临空经济区建设，打造新的专业集群	深化与首都机场共建航空安保学院的共建合作，实现双方人才培养方案、课程体系、实践教学管理制度化、流程化管理、校企职业文化共育	校企合作共建专业群内"空保、空乘、安检"三位一体航空专业集群，专业实训条件、专兼职师资队伍、专业课程体系和教学内容全面共建共享	航空专业集群实现"招教管就"特色办学模式，在京津冀地区发挥示范效应

续表

建设项目	建设任务	建设进度安排		
^	^	2019年	2020年	2021年
一、坚持战略导向专业定位，实现专业群结构进一步优化	5. 落实京津冀协同发展工作方案	针对雄安新区建设、大兴国际机场建设、北京城市副中心建设、冬奥会、天津滨海新区建设等对新型高端安保技术技能人才的需求，制订协同发展工作方案	与河北政法职业学院积极开展教师培训、专业方案输出、双方学生互访交流等活动	实现与河北政法职业学院跨区域人才培养、课程开发、数字化教学资源共享、实习实训基地共享、教学科研成果共享、技术技能大赛等交流合作
二、深化产教融合，校企协同机制创新	6. 申报校企合作项目	与首都机场合作申报航空安保校企合作项目	与华信中安等涉外安保集团合作，申报海外安全官校企合作项目	配合司法体制改革需要，开展司法警务辅助人才校企合作项目
^	7. 深化产教融合、校企合作人才培养模式改革		在校企共建民航安全检查、消防工程师学院的基础上推进混合所有制办学实体和学徒制试点项目	公布联盟章程，建设全国有示范影响的安保职教联盟
三、优化师资队伍结构素质	8. 开展国际化培训	申办聘请外国安保职教专家许可	支持专业教师参与国际职业资格证书培训和各类短期培训	专业教师持有国际专业技术资格证书和职业资格证书的比例进一步提升
^	9. 开展职业化实践	完善教师定期到企业实践制度，支持鼓励专业教师到企业兼职或阶段性任职，专业教师5年内至少有1年企业挂职锻炼经历	聘任（聘用）具有实践经验的专业技术人员和高技能人才担任专兼职教师	实现师资团队内专兼职教师比例达到1∶1，专业生师比达到16∶1

305

续表

建设项目	建设任务	建设进度安排		
^	^	2019年	2020年	2021年
三、优化师资队伍结构素质	10.开展专业化提升	鼓励教师提升学历层次、专业技术资格和技能等级	鼓励专业带头人承担横向课题研究，各专业选派1名骨干教师前往高校、科研院所担任访问学者或承担技术技能研发任务	专任教师进修硕士及以上学位的比例达到95%以上，高级职称比例不少于40%；"双师型"教师比例达到专任教师的90%以上
四、加强教学条件建设	11.大力加强实习实训基地建设	吸纳各类校政企行主体参与实训基地建设，根据最新行业发展要求更新设施，实现校内实践教学基地设施先进，现代技术含量高	优化各专业实训室功能，拥有具有融实训、培训、技能鉴定于一体的生产性实训基地	建设稳定、优质的校外实训基地，企业指导教师管理制度健全，待遇有保障，指导效果好
^	12.改革、创新实践教学内容、教学方法和教学手段	继续组织师生积极参与校外项目实战	开发建设海外安全管理虚拟实训项目，实现各专业方向虚拟实训条件的极大改善	加强校企合作开发方案、协同管理等方面的合作，进一步提升实践教学环节信息化科学化管理水平
五、深化课程建设与教学改革	13.进一步优化课程体系，加强创新创业教育	改组专家指导委员会，定期修订课程体系，促进专业教育与创新创业教育有机融合	根据产业发展新要求，校政企行不断加强课程体系、教学内容、教材、教学方法和手段等方面的改革与建设	建设专业群各自独立、资源共享的优质课程群
^	14.对接国际标准，完善专业课程标准	建立对接国际标准、中国特色的安保双语核心课程体系和课程标准	开发配套双语教材	
^	15.深化"教学作训评"一体化教学模式改革	组建专门课程开发团队，开展系内课程诊断	指导各门课程开发符合行动导向教学模式需要的个性化教学方法	全面实施新的课程标准和调整后的教学模式，显著提升课堂教学效果和育人质量

续表

建设项目	建设任务	建设进度安排		
		2019年	2020年	2021年
六、加强数字教学资源建设	16.教学资源库建设	建设院级安保专业群教学资源库	申报市级专业教学资源库，入选国家级备选库	立项国家级专业教学资源库
七、完善人才培养质量评价与监督	17.完善人才培养质量诊断与改进机制	优化学校、用人单位、学生多元主体学业评价体系和评价指标，并在校内教学和实践教学阶段推进实施	完善毕业生质量跟踪调查的长效机制。以赛带训、训战结合，促进技能培养与职业道德和职业精神培养相结合	指导学生参与职业技能大赛的赛项增多，成绩显著提升
八、形成专业文化	18.专业文化建设	凝练专业办学思想、理念、精神来提升专业文化理念	通过模式、制度、组织创新来丰富专业文化感知	通过课程、师资、实训等教学基本建设和环境塑造来强化文化的物质表征
九、提升社会服务能力	19.开展专业技术应用与创新，提高学校社会服务的技术附加值和校企合作中的话语权	资源整合，面向京津冀地区积极开展安保职业教育与培训，增强服务首都区域发展战略的能力	与涉外安保企业、大型国有企业开展项目合作，形成专业技术服务队伍与服务模式。为企业"走出去"提供风险评估与风险管理专业咨询与技术支持	面向行业企业开展技术服务，参与人防、技防、消防一体化技术创新和研发，促进科研成果转化

五、结语

在国家新的职业教育改革精神的指引下，高等职业教育改革下一步的工作时间紧迫、任务艰巨，必将更加突出发展质量、更加强调综合改革、更加体现创新发展、更加注重保障体系、更加依靠统筹协调。我们的研究在标准化、科学化等方面存在许多不足，但希望为制定符合改革要求、契合地区实际的特高专业建设标准，全面实施《国家职业教育改革实施方案》，落实《北京职业教育改革发展行动计划（2018—2020年）》，建设"国内领先、世界一流"的首都特色高水平示范专业做出积极探索。

辅警制度改革推进下的警务管理人才培养

张静怡 [1]

改革开放初期，我国逐步树立以社会治安综合治理为核心的社会治理和犯罪预防理念。社会治安综合治理具体是指在党委、政府统一领导下，在充分发挥政法部门特别是公安机关骨干作用的同时，组织和依靠各部门、各单位和人民群众的力量，综合运用政治、经济、行政、法律、文化、教育等多种手段，通过加强打击、防范、教育、管理、建设、改造等方面的工作，实现从根本上预防和治理违法犯罪，化解不安定因素，维护社会治安持续稳定。2004年9月，中国共产党第十六届四中全会通过《中共中央关于加强党的执政能力建设的决定》，再次强调坚持"打防结合、预防为主，专群结合、依靠群众"的社会治安综合治理指导方针和工作机制，维护社会治安的和谐稳定。此指导方针是维护社会稳定和平的法宝，这一成就来自政府和政府指导下的公安机关坚持从多种角度、多个层面、多方参与的社会安全管理实践。近年来，伴随警察体制的不断健全发展，作为公安机关的协助保安服务机制、辅警机制也快速发展健全。

一、辅警制度出台标志着我国社会治安力量格局日臻完善

（一）社会治安防控体系和安全主体

2015年4月，为有效应对影响社会安全稳定的若干因素，国务院办公厅颁发《关于加强社会治安防控体系建设的意见》，要求各级政府健全社会治安防控运行机制并构建社会治安防控网，全面推进平安城市建设。构建社会治安防控体系和工作机制是社会治安综合治理的创新实践，体现了新时期公共安全保障的根本需求。构建覆盖社会的立体治理网络需要社会多

---

[1] 张静怡，北京政法职业学院安全防范系讲师，研究方向：治安管理、安全管理。

方力量的合力协调、参与和支撑，因此，由多元主体参与的社会治理和犯罪预防、复合化社会治理的平衡机制等理念在社会安全管理实践中进一步得以明确。

公安机关及人民警察是社会治安秩序维护的主要承担者，负责加强社会面治安防控网与治安联防、重点行业治安防控网和机关、企事业单位内部安全防控、信息网络防控网等建设和防控机制的运行，是政府性治安力量。保安作为社会力量参与公共安全维护的重要承担者之一，以其行业准入和合同购买的安全保障服务负责单位内部安全保卫和公共安全服务与保障，承担门卫、巡逻、守护、押运、随身护卫、安全检查以及安全技术防范、安全风险评估等重要任务，成为公安机关不可或缺的助手。继2010年《保安服务管理条例》的正式实施，保安被社会各界充分认可，已然成为重要的非政府性的治安力量。

党的十八大以来，随着提升政府职能和公安改革的深入推进，辅警制度建设取得重大突破。2016年11月，国务院办公厅印发《关于规范公安机关警务辅助人员管理工作的意见》（以下简称《意见》）指导全国各地区公安机关规范化建设，要求明确警务辅助人员的社会定位、规范统一招录体制、健全队伍管理机制、保障工资福利待遇等相关制度。警务辅助人员正式成为被国家法律认可、得到政府支持和保障的公务服务人员。21世纪我国社会公共安全管理体系进一步完善，公私合作的基本格局无疑是社会安全管理中的政府角色和公共选择的又一次探索创新，而警务辅助人员的加入丰富了社会治安防控体系、公共安全管理的参与主体，体现出公安机关人民警察执法、服务体制的健全发展。

（二）警务辅助人员的主体定位

辅警，也曾称为协警，并非警种之一，而是警务辅助人员的统称。我国辅警机制的萌芽可以追溯到秦汉时期，公安机关使用辅警协助人民警察执法、维持公共安全由来已久。《意见》规定：辅警是指依法招聘并由公安机关管理使用，履行所规定的职责和劳动合同约定的不具有人民警察身份的人员，主要包括文职辅警、勤务辅警两类。

辅警不具备人民警察身份和执法主体资格，不能直接参与公安执法工作，应当在公安民警的指挥和监督下开展辅助性工作；不具备使用警械装备的权利，不能自行讯问犯罪嫌疑人、不能单独进行执法工作；不具有自行限制他人人身自由等执法权力。

根据规定，辅警的人员规模根据地方经济发展水平、人口规模、社会治安状况等，由公安机关会同人社部门统一组织实施，采取招聘、劳务派遣或人事代理管理方式招聘；会同人事部门采取聘任制公务员或者地方事业编制方式招录文职人员。

二、职业教育与培训是辅警队伍建设和人才储备的根本保障

自《意见》颁布以来，政府支持的人力资源配置下的辅警制度建设在各地呈现出活跃的发展态势。2018年全国公安厅局长会议提出：辅警制度建设除了要解决辅警职业发展、薪酬待遇等实际问题外，还要加大教育培训和考核管理力度，切实推进辅警队伍正规化。

（一）辅警岗位职业技能必然要求

《意见》规定：辅警在民警的指挥和监督下完成或协助完成大量的事务性工作；辅助、陪同人民警察完成治安管理、行政管理、治安案件和刑事案件的办理。虽然辅警只是协助公安机关及其人民警察工作，但工作无不涉及国家相关法律实务、公安业务和社会服务等各方面，工作难度和复杂程度都比较大；其次，与公安机关工作性质相近、工作内容有很大部分相同，专业性较强，并且事关百姓切身利益。因而，从事相关工作的人员应当具备与之相适应的职业素养，加强职业教育培训势在必行。

1. 文职辅警的岗位与工作任务

根据《意见》，文职辅警需要协助公安机关非执法岗位人民警察从事行政管理、技术支持、警务保障三类工作。具体包括：

（1）技术保障性岗位。协助从事会计、计算机网络维护、通信保障、医务、心理咨询、新闻宣传、影视制作、翻译、警犬养护、检验鉴定助理、船艇驾驶、船艇轮机与警航设备的辅助维护、展陈设计等。

（2）行政事务性岗位。包括档案管理、信息管理、接线查询、出纳等。

（3）管理性岗位。包括行政助理、人事助理、文书助理、后勤助理、

实验助理、窗口服务助理、证件办理、视频监控等。

2.勤务辅警的岗位与工作任务

在公安机关及人民警察的指挥和监督下，按照岗位要求履行十三类职责，主要包括五个方面：

（1）治安管理。开展治安巡逻和安全防范宣传教育；协助开展治安检查和视频监控；协助开展人口信息采集。

（2）案件侦破与办理。协助盘查、堵控有违法犯罪嫌疑的人员；制止各类违法犯罪行为；保护案事件现场。

（3）交通管理。协助维护社会治安秩序和交通管理秩序；道路交通事故处理。

（4）安全保卫。保护公共财产和人民群众人身财产安全；协助维护大型活动现场秩序。

（5）消防救援和抢险救灾。

（二）辅警队伍管理正规化

1.辅警队伍正规化建设的必由之路

现代社会分工日益细密，职业发展日益繁盛成熟，劳动者的从业素质和业务技能是保证一个职业得以健康发展、走向健全与成熟的关键。辅警身处重要岗位，肩负着重要的政府职能任务，参与社会管理，体现着国家、政府和人民警察的权威和形象，所从事的工作涉及法律法规以及人民群众权益。因此，从事相关工作的人员需要经过正规训练，具备与其承担的职责相匹配的能力和素养，才能受到社会普遍认可、在人民群众中树立威信；对于从业人员本身而言，也唯有具备这份专业素质，方能获得更强烈的职业归属感和认同感，更好地服务社会。可以说辅警队伍正规化建设始于职业化培养。

2.辅警人员基本素质亟待提高

警力匮乏、高发的刑事案件态势和日益沉重的社会治安防控任务从来都是困扰各地公安机关的难题。在这样的困境中，辅警队伍承担了大量警务辅助工作，发挥了不可忽视的作用。但辅警人员在工作素质、职能能力、法规纪律道德等方面的差距也一直成为被诟病的内容，特别是在参与执法过程中的一些不当行为在社会上留下不良印象，形成一些负面的影响，甚至对公安机关社会公信力和人民警察的声誉造成损害。造成这些差评的原因是多方面的，但相同的是这些不当的行为几乎都与从业者缺乏足够的职业素养和工作技能有关。

另外，公安机关是辅警队伍的使用方和管理者，拥有一支高素质的辅助队伍对整个警务工作的意义不言而喻。从公安机关的角度出发，招募合格的辅警是提高工作质量和效率、提升公众满意度、缓和警民关系、减少违规违纪情况等的有效方法。

三、警务管理专业建设与人才培养是辅警职业化建设的前提

（一）辅警职业教育与培训社会需求不断增加

《意见》颁布以来，各省地市的辅警制度建设都取得不同程度的进展，各省纷纷提出辅警招聘的学历和工作能力要求，制定了辅警管理规定办法，一些省市制订了辅警招聘教育训练方案等。可见，辅警教育培训是未来人才招募的需要。例如，广东省惠州市《录用辅警人员训练方案》规定：公安机关对新招录的辅警进行岗前培训，培训时间不少于15天；工作1年后必须参加当地县、市级培训，梯次实行；对工作3年以上的辅警要求每3年进行一次系统的发展训练，训练时间不少于10天。交通管理方面，《广东省公安机关交管部门警务辅助人员管理规定》（2018年1月公布）要求新招聘的交通辅警必须参加县级以上公安机关交管部门组织的岗前培训，培训时间不少于20天，内容包括道路交通安全法律法规、业务基础知识、安全防护技能、工作纪律、职业道德和协勤礼仪等。

（二）警务管理专业建设和人才培养方略

1. 依据辅警工作岗位和职责设立培养目标和课程训练体系

针对辅警可能从事的相关工作岗位设立培养方向，以满足公安工作辅助服务项目、事务性工作概要以及相关技能需求为培养目标，有利于学生对接辅警招聘、公务员招考等；有助于拓展学生在公共安全领域、安全保卫服务等职业的就业范围，建立更为完善的安全防范专业范畴。

警务辅助工作主要围绕勤务辅警、文职辅警两大类，勤务辅警主要参

与的工作包括治安管理、刑事案件侦察、交通管理三个方面。因此，警务管理人才培养方案可以从岗位需求出发，以公安基础知识和业务知识、交通安全管理基本知识为基本内容，侧重岗位专业技能、警务执法技能要求、职业纪律和社会服务素质与要求等，设置相应课程训练体系。未来随着辅警制度建设走向成熟和警务工作发展需要，还可以依据辅警参加的警种及相关工作方向设立培养计划。

2. 长远设计，促进辅警人员职业化发展和教育培训

辅警队伍正规化建设是一个长期工作，辅警人员培训制度基本确立并必将细化、完善、健全。在《公安机关人民警察训练条令》的指导下，贯彻《意见》的要求，各省市制定的辅警招录规定中都将入职培训和岗位轮训设立为必要环节。尽管如此，当前各省地市培训水平良莠不齐、培训机构严重短缺，辅警教育培训体制尚未成形，招聘上岗后的轮训和淘汰机制还没有完全确立，培训工作整体还处在起步探索阶段。

四、结语

2018年"两会"期间，全国政协社会和法制委员会委员以及公安部特邀监督员提交了"从国家层面来重视和加强对公安协辅警队伍的建设和管理"的提案，提出完善招聘解聘程序、晋级晋升机制、薪酬机制、绩效考核机制等是促进辅警制度建设发展的关键。辅警人员由公安机关管理录用、政府给予待遇保障仅仅是辅警队伍正规化建设的开始。展望未来，辅警人员职业教育培训和人才培养必将会有长足发展，对于明显具备多方教育优势的公安、政法类职业院校而言，这既是职业教育培训市场的契机，也是一场挑战。

论司法助理（检察官书记员）专业素质能力建设与重点课程教学内容的改革[1]

张 华[2]

最高人民检察院 2016 年 9 月 1 日颁布的《"十三五"时期检察工作发展规划纲要》指出：要实行检察官员额制，完善检察官选任条件和程序。检察院内部主要有为三类工作人员。一是检察官，指依法行使国家检察权力、进行法律监督工作、代表国家进行公诉的检察人员。二是检察辅助人员，指协助检察官履行检察职责的检察人员，主要从事与办案有关的辅助性、事务性、技术性工作，包括检察官助理、书记员、司法警察、检察技术人员等。三是司法行政人员，指从事行政管理事务的检察人员，主要负责检察机关的行政事务、政工党务、后勤管理等工作。

2016 年 1 月，北京政法职业学院正式与北京市人民检察院签署了共同培养司法辅助人员的协议，每年订单式培养输出学生，逐步形成了招生入口与就业出口的良性循环。随着检察院员额制改革的开始，司法助理专业也不断探索检察院司法辅助人员素质能力标准的构建工作。根据近几年与检察院的合作，笔者专业总结出检察院需求的人才应当具备的素质能力由基础素质能力和岗位素质能力两部分构成。

一、检察官书记员基础素质能力建设

基础素质能力标准适用于全体检察辅助人员（包括检察官助理、书记员与警务辅助人员），是专业学生必须具备的基本素质。这些标准适用于检

---

[1] 本文是 2018 年北京政法学院教改课题"司法助理专业人才素质能力建设与教学标准改革"的阶段性成果。

[2] 张华，女，中国政法大学诉讼法专业硕士研究生，北京政法职业学院应用法律系副教授。

察官、检察官助理,同样也是对检察辅助人员的基本要求。基础素质能力包括以下七项:

(1)忠诚事业。书记员要明确检察工作和自身岗位对于人民利益和科学发展的重要影响;要爱岗敬业,珍惜职责使命,兢兢业业慎终如始,对工作全身心投入和付出,圆满完成工作任务;应当服从大局,始终将组织目标置于个人目标之上,追求个人力量对组织目标的最大推动作用;应当勇于挑起重担,敢于承担责任;能适应工作内外环境变化。

(2)法律信仰。必须崇尚法律,敬畏规则,在工作中严守纪律;热爱检察事业,珍惜职业声誉,慎言慎行;正直可靠,诚实信用,廉洁奉公,坚守诺言;客观公正,不偏不倚,以事实为依据,以法律为准绳,严格遵守程序。

(3)专业素质。应当遵循法定程序,认真调查核实,细致审查证据材料,以证据为依据,准确认定法律事实,准确适用法律和司法解释;强化司法权威,注重释法说理,注重矛盾化解,致力实现"三个效果"有机统一;敢于监督,善于监督,依法监督,依法公正独立行使检察权。

(4)学习能力。能够认真参加上级法院和本院组织的各项业务培训,顺利通过各项业务技能考核;主动学习,能够有效开展自我分析,结合自身工作需要主动学习,完善知识结构,查漏补缺,不断超越本职工作岗位需要;勤于思考,能将理论和实际相结合,反思实践问题,立足实际,提炼经验做法,以指导实践;能进行批判性思考,提出可行性的对策建议。

(5)执行能力。明确自身职责范围和相关岗位衔接内容,掌握必备知识、经验和技能;保质保量完成岗位工作任务;在正确履职的前提下不断完善业务技能,提高熟练程度,改进工作流程,有较高的工作效率;始终明确自身工作的直接目的和间接目的,及时查找工作中存在的问题,进行有效改进,形成良性循环。

(6)沟通协调。应当认真听取对方观点,表达对于对方的尊重;通过倾听,充分把握沟通事项的背景、主要内容、工作要求和对方观点;适当询问以增强对于沟通事项的了解;根据自己对沟通事项的了解程度,在工作权限范围内,规范、准确、流畅、及时地表达出自己沟通的目的和内容;

能够感受对方的立场、观点，以双方接受的方式进行交流，在保证工作目标实现的前提下充分考虑对方的需要。

（7）团队协作。明确团队工作的价值和原则，具有以团队目标为导向的强烈的互补合作意愿；通过组织、协调、指导、激励等管理工作构建良好的互动环境，培养团队情感，提高成员自觉，增强团队凝聚力以实现目标；共同遵守团队规范，高度认同团队目标，角色责任明确，包容互信，协调融合，配合默契，形成合力，共同提升团队整体业绩。

检察辅助人员在检察官的指导下审查申诉、侦查监督、公诉、诉讼监督、民事检察、行政检察、刑事执行检察等案件，草拟案件的报告及有关文书等，其基本职责主要包括：协助检察官讯问犯罪嫌疑人、被告人，询问证人和其他诉讼参与人，会见辩护律师及相关人员，办理相关法律手续等；协助检察官或者在检察官的授权下开展补充侦查工作，收集、调查和核对有关证据，办理委托鉴定、评估等事宜；审查案卷证据材料，归纳、摘录证据，提出案件的事实、证据和法律问题，草拟审查报告；根据检察官的要求起草、校对法律文书；协助检察官或者根据检察官的授权办理适用简易程序审理刑事案件的相关事务；根据检察官授权参与庭前证据交换，准备庭前材料，协助检察官出席法庭；协助检察官开展刑事诉讼法律监督工作；协助检察官对行政执法行为开展监督，对支持和提起公益诉讼等做好准备，完成检察官交办的其他业务性辅助工作。通过上述总结，可以看出检察辅助人员在辅助检察官办案过程中起到非常重要的作用，因此，这支队伍的基础素质建设是关系员额制改革中检察官办案质量的重要因素之一。

二、检察官书记员岗位素质能力建设

按照岗位序列，初步探讨了三个主要岗位的岗位素质能力，以便专业课教师整合现有的教学内容，有针对性地讲授相关知识点。

（一）侦监书记员岗位

侦监书记员岗位素质能力主要包含以下三项：掌握相关法律法规、案件初步审查能力、案件笔录制作能力。这三项主要岗位素质能力的具体行为表现与相关课程教学内容的改进。见表1。

表 1　侦监书记员岗位

	岗位素质能力	行为表现	涉及课程	教学内容改革
侦监书记员岗位	1.掌握相关法律法规	对侦监部门办案工作中所涉及的实体性和程序性事项的相关法律规定有必要的了解，并进行运用	刑法学、刑事诉讼法	教师授课时刑法学课程中常用的罪名要求学生熟记；刑法学、刑事诉讼法课程中涉及批捕的法律规范、批捕的条件必须背诵
	2.案件初步审查能力	第一，对本部门负责的常见多发类型案件的证据标准有一定了解，结合证据材料初步梳理案情，初步判断是否符合管辖等基本问题；第二，能够客观、准确完成审查逮捕案件意见书等常见审查报告的证据摘录工作，在证据摘录上突出重点、详略得当；第三，能在证据审查中发现影响逮捕必要性的因素	刑法学、刑事诉讼法	授课中教师应当以案件的综合分析能力为培养重点，指导学生给案件定性、初步梳理证据、判断是否符合逮捕的条件等。此项能力以案例教学为主，让学生动手梳理
	3.案件笔录制作能力	熟悉并领会检察官的讯问、询问思路、风格、习惯和动作所表达的意图，熟悉案件基本情况，辅助制作讯问、询问提纲，用解释、重复强调等话语促使被询问人回答，并准确记录	计算机录入训练、社会心理	培训包课程教师应当重点培养学生计算机录入速度每分钟70字，手写方式每分钟30字左右。《社会心理学》课程的教师在授课过程中注意培养学生观察对方行为表现的能力，运用心理学知识让学生实际演练

（二）公诉书记员岗位

公诉书记员岗位素质能力包含以下四项：掌握相关法律法规、案件初步审查能力、案件笔录制作能力、出庭辅助能力。具体见表2。

表 2　公诉书记员岗位

	岗位素质能力	行为表现	涉及课程	教学内容改革
公诉书记员岗位	1. 掌握相关法律法规	第一，明确公诉岗位相关法律内容和工作程序；第二，能够将法律规定与实际工作结合	刑法学、刑事诉讼法	教师授课时刑法学课程中常用的罪名要求学生熟记；教师摘录出刑事诉讼法中关于检察院公诉的法规
	2. 案件初步审查能力	第一，对证据的形式、来源进行初步的合法性审查；第二，能够按照阅卷笔录的要求摘录证据	刑事诉讼法、证据学原理与实务	刑事诉讼法课程中关于提起公诉的法律规范必须熟记并且运用；证据学原理与实务课程中熟练掌握法定证据形式，能够快速整理出法定证据，运用证据的三个特征审查证据来源的合法性
	3. 案件笔录制作能力	制作公诉案件相关笔录，如询问、讯问笔录。第一，符合客观、规范、全面、准确的要求，无遗漏无错别字；第二，逻辑清晰、重点突出、紧密围绕检察官的工作思路和犯罪构成要件记录；第三，掌握不同类型案件、对象和事项的记录工作要点	刑法学、计算机录入训练	刑法课程中应当让学生熟练掌握主要罪名的构成要件；培训包课程教师应当重点培养学生计算机录入速度达每分钟70字，并准确无误
	4. 出庭辅助能力	第一，协助出庭检察官在庭审前整理庭审过程中需要的材料；第二，协助出庭检察官在质证过程中辅助举证；第三，庭审过程中及时记录质证意见和争辩焦点	刑事诉讼法、证据学原理与实务	证据学原理与实务课程中教会学生质证过程中公诉人应当举证的内容；运用案例教学法让学生找到案例中的争辩焦点

（三）控申书记员岗位

控申书记员岗位素质能力包含以下四项：掌握相关法律法规，辅助讯问、询问能力，文书、笔录制作能力，辅助信访接待及释法说理能力。具体见表3。

表 3　控申书记员岗位

	岗位素质能力	行为表现	涉及课程	教学内容改革
控申书记员岗位	1.掌握相关法律法规	第一，熟练掌握《刑法》《刑事诉讼法》《民事诉讼法》《人民检察院刑事诉讼规则》《国家赔偿法》等相关规定；第二，熟练将上述法律规定运用于控申实际工作	刑法学、刑事诉讼法、民事诉讼法、国家赔偿法	教师授课时将刑法学、刑事诉讼法、国家赔偿法中关于控告申诉的相关法律规范摘录出来，要求学生熟记并运用于控告申诉工作中去
	2.辅助讯问、询问能力	第一，辅助检察官制作询问、讯问提纲；第二，主动参与讯问工作，结束后主动与检察官沟通，明确讯问取得的预期效果	刑事诉讼法	通过教学案例掌握刑事诉讼法课程中关于对犯罪嫌疑人讯问，对证人、被害人询问的技巧
	3.文书、笔录制作能力	第一，熟练制作初核结案报告、刑事申诉提请立案复查报告、复查终结报告、国家赔偿案件审查终结报告、刑事申诉复查决定等文书；第二，熟练制作询问、讯问、调查笔录等各种笔录	刑法学、法律文书写作	法律文书写作课程教师应当整理出相关文书格式，根据案例教会学生熟练制作这几种文书
	4.辅助信访接待及释法说理能力	第一，辅助做好信访接待工作，防止信访人情绪激动；第二，学会化解矛盾，做好信息保密工作；第三，协助检察官做好答复等释法说理工作	调解实务技巧、社会心理学	调解实务技巧课程教师应当教会学生几种常用的化解矛盾的方法；社会心理学课程教师应当教会学生如何辨别不同气质、性格的人并掌握他们的特征

三、结语

通过对基础素质能力的探索，进一步明确了检察辅助人员培养的标准，而这个标准正是我们与行业（检察院）共同研究形成的，这对今后为行业输送合格的人才具有指导性的作用。岗位素质能力是按照具体岗位来研究的，每个岗位都要具备不同的能力，而这些能力恰恰能够带动具体课程内容、教学方法的改进，通过教师授课内容和方法的改进来促进学生具体素质能力的提升，这一点已经在2018届毕业生的工作中得到体现，并且也得到了部分单位的认可。今后，我们会进一步与行业单位共同研究探索，不断提高人才质量。

思辨与实证：犯罪学基础课程学生能力之培养

陈心歌 [1]

犯罪学基础是北京政法职业学院刑事执行专业的专业基础课。一方面，通过犯罪学基础课的学习，学生在了解犯罪学产生、发展历史基础上，深入思考、认识犯罪现象的复杂性，为进一步全面掌握犯罪原因、犯罪预防的原理奠定扎实的专业基础。另一方面，也有助于学生从源头理解刑事法的基本原理，从而加深对于《刑法》《刑事诉讼法》基本原则、原理、制度之内涵、价值的理解和认识。犯罪现象是最复杂的社会现象、最难解决的社会问题，人文社会科学的重要学科、学者均对犯罪问题进行了深入研究，出现了诸多经典作品。犯罪学聚焦于犯罪原因和犯罪预防两大轴心，综合运用各门学科的研究方法和研究成果研究犯罪问题，亦形成了诸多的学说、流派。犯罪学基础课主要是以哲学、社会学的研究方法介绍近现代以来关于犯罪原因与犯罪预防问题的基本理论与学说，理论性和学术性很强。其中，思辨与实证是犯罪学的两种重要研究方法，也是了解犯罪学的历史发展，掌握犯罪学基本原理的钥匙。本文以犯罪学基础课程中学生思辨与实证能力的培养为例，就课程学习与考核相关问题进行介绍。

一、思辨能力培养与实证方法理解之必要性

近现代犯罪学历史发展的起点是 18 世纪古典犯罪学派。19 世纪中后期实证犯罪学派出现后，犯罪学以独立的学科出现并发展至今。掌握和了解犯罪学作为一门学科的缘起，了解学科的历史发展，尤其是古典犯罪学派（思辨的旧派）和实证犯罪学派（实证的新派）的基本理论观点及其形成过程是犯罪学的学习起点。古典学派以思辨方法构建了近现代刑事法律体系，

---

[1] 陈心歌，北京政法职业学院副教授。

而实证学派以实证方法在该学科领域继续传承与创新，对人类实践影响深远。无论是18世纪、19世纪的刑法学、犯罪学历史，还是贝卡里亚、边沁、费尔巴哈、龙勃罗梭等人的犯罪学思想，对于学生而言都非常陌生。而就该门课程的讲授和学习而言，这部分内容无法回避，必须运用多种教学和考核手段，提升教学效果。

（一）思辨能力培养之必要性

古典学派是这门课程要讲解的第一个理论体系，其基本主张是世界范围内近现代刑法、刑事诉讼法的基本原理与价值的源头所在。古典学派以思辨研究方法建构了一个整体性的犯罪预防理论体系，因而该学派也被称为刑事古典学派或犯罪古典学派❶。古典学派学者以思辨方法聚焦于所处时代刑事司法中罪刑擅断、刑讯逼供与死刑滥用等严重问题，为近代刑事法学提供了一个对于犯罪与刑罚的正当性、公正性进行合理解释的系统理论，奠定了近现代刑事法的价值基础。根据古典学派的设想，刑事法律将成为理性政府的工具。古典犯罪学的研究主题促进了法治的形成，其理论主张在当代生活中依然发挥着极为重要的影响作用。对于思辨研究方法，在授课的过程中结合学生已经学习过刑法学、刑事诉讼法学的情况，通过教师讲授，结合刑法学中的刑罚根据、死刑存与废以及刑事诉讼法学中的陪审制等具体的概念、制度，详细解释、展示古典学派如何运用从概念到概念、从判断到判断的思辨方法，论证刑罚的正当性、公正性，又如何从一般性的理论中推导出禁止刑讯、废除死刑等一系列特殊问题上的具体结论，并以此建构起近现代刑事法的理论体系。

古典学派认为其对于人性、理性的反思与信念所形成的概念系统能够为未来社会的刑事司法制度提供一个整体性的理论。古典犯罪学派主张以法律遏制权力的恣意行使，以此保障公民的权利和自由，培育自由的心灵。其预防犯罪的系列主张、节制报应的理念论证以及基于预防而论证刑罚的正当性等系统观点奠定了近现代刑法的基石。刑事法律的进一步发展与完善均需在其理论基础上进行。此部分内容的学习至关重要，需要向学生解

---

❶ 犯罪学孕育于刑事古典学派，刑事古典学派有一套整体性的犯罪预防理论，因而刑事古典学派也称为犯罪古典学派。

释古典学派的人性预设、自由意志学说以及贝卡里亚、边沁等在哲学方法上的传承与创新。通过这部分内容的深入学习，学生了解古典学派的学者如何以思辨方法构建出近现代刑事法律，并促进学生对于刑法学、刑事诉讼法学等本专业其他相关课程的理解和学习。

（二）实证经验理解能力之必要性

思辨的理性只承认自身这种基于理性的力量时，就趋于固化，呈现为一种深刻的片面，甚至会沦为一种浅薄的思想。1789年以后，古典学派的基本主张落实为现实的刑事法律制度。19世纪中后期，古典学派关于理性犯罪人的根本信念在刑事法学科内部遭遇到了拒绝与批判，后来者运用新方法构建新学说，诞生了实证犯罪学派等新理论。有别于古典学派所承袭的思辨方法与传统，实证犯罪学派运用实证方法分析犯罪现象，追问犯罪原因。实证方法，即实践证明的方法，是超越和排除价值判断，通过对实地调查和观察所得的经验资料的考察，以分析和预测一定社会行为客观效果的研究方法❶。实证犯罪学派的兴起在犯罪学与刑法学的历史中都是一次重大事件。就犯罪学而言，独立的犯罪学由此产生；就近代刑法学而言，学派之争由此出现，促进了刑法基本理论的发展与完善。这一学派反对犯罪的法律定义，试图寻找影响社会关系的某些自然法则。受科学发展和兴起的影响，实证学派的学者认为犯罪的原因可以通过科学方法找到，要建立一门关于犯罪原因的科学。实证犯罪学派的著名学者菲利（意大利）提出：在以前，有关犯罪和刑罚的科学是一种仅仅根据逻辑幻想确立的逻辑推论学说。我们的学派则将它发展成为一种实证观察的科学，这种科学是以人类学、心理学和犯罪统计学以及刑法和刑罚研究为基础的，它变成了一种综合性科学，笔者将它称为犯罪社会学❷。菲利开创的犯罪社会学研究在当下依然是犯罪学研究的主流。无论国外还是国内一些有影响的犯罪学

---

❶ 参见周路主编：《当代实证犯罪学》，天津社会科学出版社1995年版，第19页。
❷ 菲利认为实证学派培育了一门关于犯罪及其社会预防的科学，并称为犯罪社会学，他主张刑法学是犯罪社会学的一个分支。参见菲利所著《实证派犯罪学》，郭建安译，商务印书馆2016年版，第60页。20世纪第二次世界大战以来，关于犯罪原因与预防方面的主导性观点主要是犯罪社会学派所持诸观点。紧张理论、社会控制理论、不同接触理论、标签理论，均是从社会结构与个体的社会化过程方面研究犯罪的原因与预防问题而形成的犯罪社会学说。

观点都可以在菲利的大犯罪社会学观中找到渊源。此部分内容需要通过课堂讲授，循序渐进地向学生解释龙勃罗梭、加罗法洛、菲利等人的实证立场，实证学派内部的差异，实证学派的局限性❶，以及实证学派对古典学派的批判与继承等重要问题，以此夯实专业基础，启发学生举一反三，培养其分析与思考问题的能力与方法。

二、通过阅读经典原著培养学生关于思辨与实证的方法与原理之理解能力

对于犯罪原因和预防的探索将伴随人类社会始终。只有掌握犯罪学的基本理论才能在前人的基础上努力解决现实中的犯罪预防问题。对犯罪原因与预防问题的复杂性的理解与认识是一个过程，难以速成，但开卷有益。结合经典原著的分析、阅读，介绍犯罪学的由来以及主要学派和理论，有助于学生真正理解并掌握犯罪学中基本的思辨与实证的方法，了解犯罪学、刑事法学科的基本历史，以此促进学生专业素养与人文修养的全面提升。学生对于理论学习比较陌生，面对经典著作有畏难情绪，往往知难而退，鲜有迎难而上者。阅读理解犯罪学的经典著作，首要问题就是培养学生的学习兴趣和思考能力，去接触经典著作。

贝卡里亚（意大利）写于1764年的《论犯罪与刑罚》是近现代刑事法学与犯罪学的开山之作，不仅是犯罪学必读书目，也是学习刑法学、刑事诉讼法学的入门经典。作为一门理论基础课，犯罪学基础课程中一直将《论犯罪与刑罚》作为重要的课后阅读资料，课上主要就教材中引用的经典段落进行介绍。《论犯罪与刑罚》一书尽是经典名篇，全书行文既有深刻的

---

❶ 从认识论上讲，实证主义应当是最薄弱的一种知识主张形式。其知识仅仅相当于它的方法论。实证学派中犯罪社会学的一些观点对于犯罪原因问题的解释极有洞见，但也要提醒学生注意其片面和问题所在。即所谓经典学者及其观点的一个特点——深刻的片面。例如，古典犯罪学派在社会学家写的犯罪学书籍中没有太高的地位，甚至被贬为仅仅具有历史意义。犯罪社会学中产生于20世纪60年代的标签学派，聚焦于个体和社会的互动过程研究犯罪原因，核心观点犯罪是被标定的。该观点影响深远，在犯罪原因和预防问题上颇有解释力。但有学者也指出，标签理论直接主张将什么归于犯罪，是一个文化步骤，暗示了没有自然犯罪这种说法。但如果没有古典学派所拟定的自然犯罪这一概念，犯罪学怎么会有可以研究的基本现象呢？犯罪学无力做的一件事就是解构犯罪。因为，这样就意味着丢弃犯罪学而转入社会学。参见韦恩·莫里森（英）所著《理论犯罪学：从现代到后现代》，刘仁文等译，法律出版社2004年版，第16页。

洞见，又幽微曲折，隽永精良，令人回味无穷。但以当下学生的阅读能力和习惯，没有教师指导，理解起来甚为困难。在学习过程中，通过介绍学者的生平、逸事等生活日常消除学生的陌生感；通过介绍近代刑法改革前的欧陆刑法概况、司法现状和社会现实，学生掌握了在大历史中理解经典著作和作者观点的学习方法，培养学生领悟经典原著对于人性理解与认识的精深、深刻的能力，提高了人文素养与品位。功利思想是贯穿全书的基本线索之一，且作者的功利思想对同时代的边沁等其他学者影响巨大。边沁所开创的功利主义哲学在当下依然是社会科学中诸多主流观点的重要理论基础。教学中首先布置学生课前阅读、查找资料，去了解篇中涉及的功利观念等基本概念的缘起。在课堂教学中就此展开讲解，让学生掌握作者批判虚伪功利观念的方法、原因，认识作者主张的功利观念是什么，从而对于功利主义观念有基本的了解。课堂教学中还结合贝卡里亚等学者生活时代的犯罪现象和案例，讲授名篇中的理念和主张，并结合现实的犯罪现象点评作者的理念和主张。之后，布置学生课后阅读、摘抄并提交读书心得，教师批改后在课堂点评讨论。

三、采取多样的考核方式促进学生对现实的犯罪现象、犯罪原因与预防问题的思考

犯罪学基础是刑事执行专业的专业基础课，课程考核分为平时与期末两部分。在课程考核环节，采取多样的考核方式促进学生对于现实的犯罪现象、犯罪原因与预防问题的思考。期末考试统一采取闭卷考试方式进行考核，在试题类型上针对刑事司法实践中的重要案件和改革焦点设置试题，考查学生的分析思辨能力。同时，针对不同的教学内容采取不同的平时考核方式。对于类型犯罪部分，采取分组承担任务、完成调研报告等多元方式考核，激发学生学习的积极性、主动性。例如，要求学生利用互联网、多媒体、图书馆的报刊书籍等学习媒介，统计近五年我国暴力犯罪、经济犯罪、毒品犯罪以及未成年人犯罪等领域的基本犯罪状况，并分组形成分析报告在课堂汇报。对于基本原理与理论部分，通过课前布置分组，撰写发言提纲，课堂发言讨论，最后提交课后作业等方式对于学生的学习情况

进行考核。旨在加深学生对于犯罪学主要观点的理解，并运用犯罪学的基本原理独立思考当下刑事法理论与实践中的热点问题。例如，死刑问题是刑事法领域的热点问题，2011 年以来，我国刑法在立法层面以刑法修正案的方式已经废除了 22 个死刑罪名。废除死刑是刑事法发展的潮流和趋势，限制死刑的适用是我国当下的刑事政策，社会转型期暴力犯罪与经济犯罪的严重态势又是当下制约废除死刑的现实问题。死刑问题最原初的表述见贝卡里亚《论犯罪与刑罚》中，在该书第 28 章"关于死刑"部分，在论述了基于人道原则应当废除死刑观点之后，贝卡里亚又提出"只有根据两个理由，才可以把处死一个公民看作必要的……"针对这样的经典章节，教师在课堂上结合 18 世纪贝卡里亚所处的社会环境、自身处境和功利思想进行分析后，要求学生结合实践中的热点案件思考并分析死刑存与废的理论依据与现实问题，撰写发言提纲，分组进行课堂发言与讨论，最后提交作业，予以考核。

四、结语

当代犯罪学关注的核心问题是犯罪原因与犯罪预防。犯罪的预防和控制关乎社会安定与民众幸福，对于任何国家和社会而言都是核心问题之一，因而，犯罪学基础课程具有很强的现实性。20 世纪以来，犯罪学领域出现了恢复性司法、被害人学说等新的学说和观点。但是，其研究依然需要依靠经典学者缔造的体系和概念而展开。在解释、了解后续直面现实问题产生的新观点、新学说时，依然需要运用犯罪学中最为重要的两种具体研究方法，即思辨与实证。无论是刑法学还是犯罪学都没有走出古典学派和实证学派经典学者所开垦的园地。在犯罪学基础课程中，通过总结以往的教学经验，运用多种教学形式、方法对于犯罪学经典学派基本原理以及思辨与实证方法进行深入学习，拓宽了学生的视野，提高了学生的人文修养。同时，也为学生理解和掌握犯罪预防的基本方法奠定了专业基础。

基于课程实训视角的高职院校
文秘专业智慧教室建设

楚 萍

2008年,IBM公司首次提出智慧地球的概念。此后,随着云计算、物联网、大数据等技术的不断成熟,智慧城市、智慧交通、智慧社区、智慧家居等概念层出不穷,反映在学校教育发展方面则是智慧教室概念的提出。虽然很多学校已投入大量的人力、物力建设智慧教室,但智慧教室这一概念仍没有严格限定。大部分学者认为智慧教室是更强调学生在学习过程中的主体地位,使用更加丰富和智能的教学和学习工具、方法,课堂互动更为积极有效,能够满足学生个性化学习需求的教室类型。从近年来的教学实践发现,随着翻转课堂、慕课、网络课程、微课等新的教学模式的普及,传统的"教师教、学生学"的教学模式正遭遇颠覆性变革。学生的学习体验、动手能力培养被放到了更加突出的位置,而信息技术日新月异的发展也使线上教学、线下实操、线上线下混合教学成为可能。在此背景下,整合笔记本电脑、平板电脑、手机等移动智能终端,支持投影、电子白板、云桌面、智能触摸等技术手段的协同使用,能够实现资源共享、个性化定制、教学过程全程录制、差异化辅导、即时应答和反馈等功能的智慧教室无疑得到了极大的追捧。

文秘专业作为传统专业,近年来发展遭遇瓶颈,甚至是断崖式下滑,很大程度是因为不能提供适应岗位需求的人才。文秘专业强调的沟通与协调能力、办公室事务管理能力、文书写作与文档管理能力、会议管理能力,体现在课堂教学中主要由口才训练、秘书实务、文书写作、会议管理、办公实务、公共关系实务等课程承担,这些课程都是"理论+实训"甚至是纯操作类课程,在传统的教学模式下很难达成教学目标,必须进一步加大实践教学力度。

一、高职院校文秘专业加强课程实训的必要性

课程实训是专业知识和技能内化的必要手段。人们在接受知识时都需要经过一个内化的阶段才能真正将其变为自己的东西。针对文秘专业学生开设的文秘类课程主要有沟通协调类、文书写作类、事务管理类、会议操作类，都有实践教学内容。如果只单纯进行理论讲解而不进行实践操作，学生接受起来就会比较困难，甚至听过即忘，难以达成教学效果。如果在理论讲解之后伴随测试、操作、实训等实践教学手段，甚至直接进行实训，学生对其中的知识和技能点则会加深印象，进一步内化成自己的知识和技能构成。因此，在文秘专业课程中增强实训力度将会促进学生知识和技能的内化。

课程实训是文秘专业学生就业岗位的要求。从近些年高职院校文秘专业学生就业情况来看，大部分学生进入中小企业就任文员、行政助理、商务助理、前台等职位，承担接待、文书写作、档案管理、信息收集和整理、印信管理、会务操作等岗位。对于企业来说，招聘到岗即可用的人才，可以减少或免除培训环节，有效降低运营成本。企业希望高职院校文秘专业学生在校期间可以完成相关工作任务所需技能的培训。对于学生来说，这种培训绝大部分来自课程的实训环节。因此，课程实训是学生完成岗前培训的重要一环。

课程实训是增强学生学习兴趣的重要手段。高职院校学生普遍对理论知识的学习兴趣偏低，希望能够在教学中动手操作。这也是高职院校始终强调"教学做一体化"的原因。

二、高职院校文秘专业课程实训存在的不足

虽然高职院校一直将实训放在突出位置，但对于文秘专业来说，课程实训仍存在相当难度，主要表现为以下四个方面。

（一）课程实训形式单一，以测试、作业等形式为主

秘书课程目前开展的实训项目主要有三大部分：事务管理、文书写作

与文档管理、会议管理。每个部分又分成多个不同的小任务。教师采取的实训形式大部分仍停留在提问、测试、作业等形式上，能够根据工作任务创设不同的工作情境，但仍以讨论、书面作业为主，能够在一定程度上进行情景模拟，但几乎没有体验、岗位实训等形式，学生实训基本上停留在完成作业的水平上。究其原因主要有三个方面。一是课堂管理过于死板，上课地点基本局限在教室、机房，仅仅具备完成作业的基本条件，教师要调整上课地点需要多头备案，降低了教师实训的积极性。二是实训条件过于简陋，所谓的实训室存在设备老旧、低水平重复建设的弊端，仅能提供计算机，缺少实训所需的模拟场所。三是操作难度大，有些综合性实训所需时间长，仅仅两节课时间难以完成；有些岗位实训需要完成特定的岗位工作任务，而这些任务出现的时间点往往与学生上课时间冲突，调整难度大。久而久之，文秘专业课程实训就变成了形式单一的作业、测试等形式，缺乏创新，自然难以吸引学生。

（二）实训评价形式单一，缺乏体系性的评价标准

目前文秘专业课程实训基本以教师评价为主，缺少其他评价形式，如生生互评、师生互评等，容易出现学生不明确评价标准的现象。有些实训项目主观性较强，教师评价标准不够全面，容易造成评价偏颇，影响学生参与实训的积极性。以秘书实务课程中的接打电话任务为例，学生在情景模拟过程中使用的沟通语言风格不同，呈现的效果也不同，这对于教师评价的准确性、客观性造成了一定的影响。

（三）缺少必要的实训场所，学生无法达成沉浸式体验效果

对于文秘专业学生来说，有些实训项目，如果在实际工作岗位上进行沉浸式体验，将会达到更好的教学效果。但对于课堂教学来说，很难在合适的时间找到合适的岗位工作任务，即使找到了也无法容纳整个班的学生进行体验，对实训效果造成了很大影响。

（四）缺乏有实训指导经验的教师，实训效果不足

文秘专业的大部分教师都来自科班毕业的学生，有文秘工作经验的很少，在进行实训指导时停留在学院式理论传授的层面，很难从文秘工作实际出发对学生提出中肯的意见和建议。行业企业文秘工作人员往往工作任

务重，很难抽出时间来担任学院实训指导教师。因此，文秘专业课程实训往往停留在学院式理论水平，很难与实际工作岗位需求相对接，很难达成理想的实训效果。

三、高职院校文秘专业智慧教室建设促进课程实训的构想

智慧教室借助现代信息技术，集成投影、电子白板、智能触摸、即时应答和反馈等功能，其桌椅可实现自由组合，支持小组写作方式，具有极强的交互性、共享性、智能化，对于提升文秘专业课程实训水平具有积极的促进作用。目前，我们正在开发一套适合在智慧教室使用的文秘专业课程实训软件，完善实训体系，借助技术手段弥补课程实训的不足，以期真正达到实训的体系性、实训手段的多样化、实训场景的虚拟仿真化，调动学生参与实训教学的积极性和主动性，提升课程实训效果。

（一）建设文秘类课程实训体系

2015年，北京政法职业学院成功申报教育部法律文秘专业教学资源库，经过两年多的建设已经形成包括19门课程的专业教学资源库，并于2018年通过验收。秘书实务、职业礼仪等文秘专业课程均为其中的构成部分。每门课程建成了包括视频、音频、课件、文本、图片等形式的1000多个教学、实训资源，并配备习题库，资源非常丰富。在此基础上，为进一步提升实训效果，专门开发了一套配合教学资源库使用的实训手册，包括测验、模拟练习、情景剧、流程模拟、实际操作等多种实训形式，既有个人项目，也有小组项目；既包括教师评价，也包括生生互评、师生互评等多种评价方式。在智慧教室中可以利用桌椅灵活摆放的特点，按照不同目的组成小组，实现小组协同完成实训任务；可以利用即时应答与反馈系统，教师对实训过程进行有针对性的指导，同时迅速得出实训效果评价，节省了大量时间。值得一提的是，还将文秘综合技能竞赛、文秘速录技能竞赛的赛项内容引入实训体系，这些赛项着眼于文秘专业学生的岗位核心技能锤炼，无论是赛项内容，还是为竞赛搭建的软件平台，都可以纳入智慧教室中。这对于丰富实训内容、完善实训体系都起到了积极的促进作用，使文秘专业课程实训真正变成"源头活水"。

（二）利用 VR、虚拟仿真等手段让学生体验沉浸式实训

随着现代信息技术的发展，以前需要在特定地点、特定岗位上进行的实训任务可以通过虚拟仿真的形式进行，不仅省去了舟车劳顿之苦，还提升了实训效率，激发了学生实训积极性。以秘书实务课程中的"办公环境管理"任务为例，讲授办公室类型时，教师需要用到大量的图片，使用繁杂的语言进行描述，效率很低，学生也很难有切实的概念。在智慧教室中，可以借用 VR 技术将办公楼、开放式职场、封闭式办公室、公寓式办公室做成不同的模型，让学生进行沉浸式体验；还可以借助 3D 立体仿真技术将办公场所做成 3D 模型，让学生在其中进行设计，完成办公环境规划的实训任务。

（三）创设情境工作任务使学生体验真实岗位需求

在智慧教室中，可以将此前只能依靠语言进行描述的工作情境借助现代信息技术手段变成学生可以看到、感受到的仿真工作情境，让学生体验到真实的岗位需求。例如"发文处理"任务涉及一系列的流程，单纯讲述的话学生很难记住，而且十分容易搞混。在智慧教室中以小组为单位，组内成员分别扮演不同的岗位角色，通过软件搭建的模拟办公 OA 系统和多屏营造出的不同岗位，让学生体验到草拟、审核、签发、校对、套版、用印等不同的环节，体验不同环节的不同岗位要求。只有正确完成上一环节才能开启下一环节，将实训任务的主观性控制在一定范围内，最后系统可自动给出小组得分。例如在"前台接待"实训任务中，可以通过多屏投射背景营造出前台的具体工作环境，让学生身临其境，自然能够提升实训效果。

（四）定制个性化资源，实现分层实训教学

智慧教室可以兼容法律文秘专业教学资源库、三元互动平台、微信平台等不同学习平台，借助云桌面、大数据分析的优势可以为学生量身定制个性化资源，教师根据学生课前预习效果，先进行测试，然后根据测试结果进行分组，可以向不同小组推送不同的实训内容，也可以在同一实训任务中根据小组水平让不同小组完成不同的分任务。系统可以根据学生使用资源情况向学生推送符合其认知水平、浏览意愿的课程资源，实现探究式实训教学。

（五）拓展实训任务，搭建更利于学生成长的实训平台

为文秘专业智慧教室配备打印复印传真一体机、考勤机、装订机等最新的办公设备，以及智慧教室的桌椅、应答与反馈系统、投影、智能白板等设备，都可以在一定程度上开放，作为文秘专业学生课外拓展的空间。鼓励学生成立秘书工作事务所，搭建微信运营公众号，在校园内实现一定的营收。事务所、微信平台的运营是学生自主创业的一部分，也是学生走向真实工作岗位的前奏，运营过程的同时也可以作为课程实训的有效素材，真正做到服务于实训并超越实训。当然，这些都需要专业负责人进行详细规划，配备专门指导教师随时进行指导。

四、结语

文秘专业课程实训其实并不仅仅局限在校园内、智慧教室中，还应包括岗位体验认知、跟岗实训、顶岗实训等不同环节，目前，除顶岗实训是硬性要求外，其他类型的实训操作起来仍有一定难度，智慧教室为课程实训提供了一定的便利条件，可以借助新的信息技术实现实训的进一步仿真化，这已成为近几年文秘专业实训发展的方向。我们应在此基础上进一步探索文秘专业课程实训的方式和空间，培养更加符合社会需求的文秘专业人才。

高职英语阅读教学行动研究

史中慧[1]

广义的行动研究,是研究者用于改进自我实践的系统性科学探究活动。20 世纪 50 年代,社会心理学先驱 Kurt Lewin 提出了行动研究这一术语。对于高职教师而言,行动研究是对自己课堂中的教学情况进行考察和设计,并在实践过程中反思,通过反复实践改进教学的探索性活动。本文旨在通过运用行动研究,对英语阅读课程存在的问题提出新的教学方法,以期提高教学质量和教学效果。

一、行动研究概述

行动研究最早起源于美国,又称为实践研究或行为研究。行动研究被描述为"一种认识一类社会制度,并试图改革这种社会制度的方法"[2]。社会心理学家 Lewin 认为:行动研究不是直线发生的,它遵循螺旋上升的过程。Lewin 还提出了行动研究的基本特征,即"为行动而研究,向行动者证明,在行动中研究"[3]。一般认为行动研究可以分为计划、行动和反思三部分,即通过对事物的观察发现所要解决的问题,根据具体问题提出改革方案,在行动中落实改革措施,同时对改革带来的效果进行反思。

行动研究已经在教育领域逐步推广。对于教育工作者来说,通过行动研究对教学实践进行反思,能够提高对教育事业的理性认识和评价。同时,行动研究也帮助教师对自身工作过程和工作环境做出正确的认识和判断。Nunan(1990)总结了教学中的行动和研究的基本要点,即行动和研究两者

---

[1] 史中慧,北京政法职业学院经贸系讲师,英语语言文学硕士,研究方向:高职英语教学。
[2] 参见 Lewin, K. Action Research and Minority Problems. New York:Harper & Row, 1948.p.201。
[3] 参见 Lewin, K. Action Research and Minority Problems. New York:Harper & Row, 1948.pp.201-216。

相结合，在实践中探索新观点和新方法，提高对教学大纲和学习过程的理解和认识，其结果是改进教学质量[1]。笔者认为行动研究的主要特征就是把行动和研究结合在一起，利用理论改进教学方法，通过行动检验研究结果，使研究和实践互相促进，从而提高教学效果。对于高职的英语教学而言，行动研究是基于日常课堂教学，通过教师的观察感悟发现问题，针对问题设计整改方案并实施教学改革，在推进教学改革中不断反思，提出更好的教学模式，从而提高教学质量的一系列活动。

在我国教育实践领域中，教师行动研究日渐受到青睐。其中重要的原因就是行动研究在一定程度上解决了教学理论和教学实践分离的问题。过去很多学者关注教学理论的研究，但是这些教学理论是否能够真正指导实践教学却很少有人在意。因此，出现了实践教学与理论教学脱节的情况。而行动研究是基于一线教学实践，教师在课堂中寻找问题、发现问题、分析问题并最终解决问题。行动研究正在逐步成为教师职业化发展的一种有效途径，极大推动着课程改革的开展。王蔷认为：开展教学行动研究可以促使教师形成自主发展、自主更新和自我完善的能力，促进教学和科研同步发展[2]。

二、循环理论研究模式

结合行动研究的定义，Ferrance（2000）提出了行动研究的五个步骤，即发现问题、收集数据、归类解释、开展行动及进行反思。H. Altrichter（1997）着重强调了行动研究中的反思理性，进而提出了行动与反思的循环理论。Lewin（1946）认为行动研究是一种循环模型，以自我反思为基本特征，以螺旋式渐进的方式得以呈现[3]。McDonough（1997）进一步发展了行动研究理论，细化为七个步骤，即初步计划—发现事实—行动方案—具体实施—过程监控—不断修改—设计新方案一系列过程。施方良（1996）简化

---

[1] Nunan, D.1990. The teacher as researcher. In. C. Brumifit & R. Mitchel (eds.). Research in the Language Classroom. CLASSELL, p.63。
[2] 王蔷："进行教学行为研究，促进教学与科研相长"，《中学外语教学》，1996年第4期，第67页。
[3] 参见 Lewin, K. Action Research and Minority Problems. New York：Harper & Row, 1948.pp.202-216。

了 McDonough 的七个步骤模式，提出了五个步循环论，即计划—行动—观察—反思—计划。在实践中，实施行动研究可以解决教学中不断出现的新问题❶。行动研究作为不断反复循环的过程，在最初的解决问题之后，针对出现的新情况再次进行深入研究，并推出改革方案，使研究呈现螺旋上升趋势。循环理论研究将教学活动作为连续的过程整体对待，在推进教学改革中发现问题，解决问题，不断往复，使教学活动在教学改革的推动下得以逐步完善。

三、高职英语阅读课程行动研究的设计

行动研究要求教师把课堂当作实验室，发现教学中存在的问题，探寻有效的解决办法，完善课堂教学。笔者结合以上行动研究和循环理论，根据北京政法职业学院学生自身情况，在 2017 级国际商务法律专业的英语阅读课程中进行了行动研究的初步尝试。国际商务法律专业是与澳大利亚北悉尼 TAFE 集团合办的专业，对学生的英语水平要求较高。然而，学生的英语水平参差不齐，总体上英语阅读能力无法满足专业课程学习的需要。针对这一情况，笔者通过发现问题、订立假设、制订方案、执行方案、评估反思五个步骤，试图解决学生阅读困难的实际问题（见图 1），提高阅读教学质量。

图 1　课程行动研究的过程

---

❶　转引自陈向明：《质的研究方法与社会科学研究》，教育科学出版社，2001 年版，第 448 页。

四、高职英语阅读课程行动研究的实施过程

（一）发现问题

此次行动研究采取课堂观察和访谈的方式了解学生英语阅读的现状，收集学生对英语阅读课程反馈意见，发现学生在英语阅读方面存在的问题和困惑。在此过程中，以教师课堂观察为主，问卷访谈为辅的模式开展。在学期的前两周，作为任课教师，笔者逐步了解认识每一位同学，通过课堂提问、课后作业和课堂表现各方面了解学生的总体英语阅读水平。同时，开展问卷和课后访谈、微信沟通等多种方式，印证发现的问题并深入了解学生切身感受，找到他们的阅读障碍。通过两周的努力，发现影响学生英语阅读水平的主要有三个方面问题，即词汇量有限、阅读量极少和课堂参与度不高。

（二）订立假设

根据调查问卷和访谈的结果并结合课堂观察发现的问题，经过教研讨论，订立了如下相关假设：①词汇量有限主要是由于学生背单词没有计划，同时缺少来自教师的有效监督；②阅读量极少是因为学生缺少阅读记忆的主动性，找不到适合的课外材料进行阅读；③课堂参与度不高来源于教师课堂教学过于传统，形式单调，无法激发学生的阅读兴趣。

（三）制订方案。基于假设，本研究对阅读课的改进提出了进一步行动方案。针对学生词汇量有限的问题提出了促进学生单词背诵的策略；针对学生阅读量太少的问题设计了增加学生阅读量的办法；针对学生课堂参与度不高的问题，改革了传统教学方式，融入新的教学手段以激发学生阅读兴趣。

（四）执行方案

根据调查发现的问题和订立的假设，在如下三个方面进行了阅读课程的调整，行动方案自该学期第 4 周开始推行。

1. 增加学生词汇量

词汇量是限制学习者阅读水平的一个重要瓶颈问题。在阅读文章的过

程中，很多学生因为生词量过多无法理解文章大意，更无法根据题目要求找到相关信息，极大影响了阅读水平和考试成绩。为此，笔者制订了每周的英语词汇学习计划。任务以课本词汇学习为基础结合课外学习，每周固定完成 50 个单词的背诵。词汇学习由教师课堂讲解、学生课后作业和课堂词汇测试三部分组成。课堂讲解帮助学生理解词汇的基本含义及用法；课后作业辅助学生完成对词汇的深入理解及运用；课堂测试通过教师介入，检查学生单词背诵的完成情况。测试在每周课前 5 分钟进行，督促学生及时准确地掌握本单元词汇。通过三联并举的系列行动，学生意识到词汇积累的重要性并逐步形成良性记忆习惯。

2. 增加学生阅读量

很多学生的英语阅读只在课堂进行，课后阅读量为零。针对这个问题，笔者布置了每天课后读一篇文章并写出文章摘要的阅读任务。同时，要求学生用一个月时间完成一部英文小说的阅读，摘取其中的优美英文句子，写出文章读后感并做课堂汇报。通过小组组内互查和教师每周课前检查的方式，记录并督促学生保质保量完成课外阅读任务。

3. 激发学生阅读兴趣

在与学生的沟通中，笔者发现影响学习主动性和积极性的最重要因素就是学习兴趣。因为缺少兴趣，所以学习没有计划性，既不愿意背单词也不情愿做阅读练习。针对这个问题，经过教研讨论，提出如下四个方面的整改措施：

（1）丰富课堂内容。课程是否吸引人首先源于教师的课程设计和准备。为此，在英语阅读课前加大备课力度，精心设计课堂教学和活动内容，力图通过生动有趣而又立意深远的课程内容吸引学生。

（2）引入先进的教学手段。通过引入翻转课堂提前安排教学内容，鼓励学生积极使用网络资源进行课前准备；利用数字图书馆的新东方多媒体学习库以及慕课等多渠道视频课程辅助课堂教学；使用微信在课外预习与课堂教学间建立沟通桥梁，将视频或语音的课前预习课件推送到学生学习交流群，师生沟通及时反馈，为传统课堂师生互动提供了解决方案。丰富的课堂内容与现代科技手段的结合，科学地融入了课前—课上—课后的每个教学环节。

（3）引入任务型教学模式，体现学生主体地位。为改变传统单一的课堂教学，避免教师一言堂，英语阅读课程采取任务驱动的教学模式，使学生充分感受在"做中学"。通过学习小组完成特定任务，促进学生相互学习，彼此借鉴。比如，阅读课程中的"小组阅读4321"的活动，即通过阅读1篇文章，每个学习小组找出文章中4个重要单词、3个常用词组、2个复杂句型并提出1个问题。通过课堂活动设计多样化，有效了提高学生课堂参与度。

（4）实施学习小组起到"连帮带"的作用。针对有些学生因为基础差而上课参与度不高，对于学习失去兴趣的情况，把学生按照成绩进行好、中、差搭配，分成4人学习小组。在课堂上，以学习小组的方式互相沟通互相帮助，取长补短。平时不便向老师提出的问题在小组讨论的过程中得到解决。

经过多方努力，英语阅读课堂气氛逐步活跃，在课堂任务和小组活动的推动下学生课堂参与度大幅度提升，在此过程中学生开始对英语阅读产生兴趣。

（五）评估反思

实施英语阅读课程行动研究，不仅意味着调整和改善教学手段、教学活动和教学内容，还要求教师积极关注这些行动带来的结果并及时进行反思。因此，从行动实施的第4周开始，笔者每次课后以日志的形式记下自己在课堂教学中的教学感受。通过学生的课堂反映和作业完成情况积极反思教学中存在的问题和不足。同时也给学生进行每周自评和小组互评的机会。

通过进行课堂观察和访谈的形式监控行动研究的成效及发现问题，收集学生对此次行动研究方案实施的反馈意见，了解学生的切身感受。经课堂观察和课后访谈发现，除个别同学基础较差，提不起学习兴趣之外，绝大多数同学欢迎并认可这种教学模式，开始进行有计划地背诵单词，词汇量有所提高，乐于参加小组活动，对英语阅读有兴趣。参考一系列的评估结果，对第一阶段的成效做出如下评价：学生词汇量有所提高；课程参与度比改革前大大加强；阅读学习兴致渐浓。

但是，通过反思发现了其中存在的一些问题：个别学生在单词测试中浑水摸鱼，需要及时制止；小组活动中有一些学生偷懒，只有积极的学生在承担全部的学习任务，有待调整。第一阶段行动研究的反思为第二阶段的改进提供了重要的基础，促使整个研究过程不断循环，呈现螺旋式上升趋势。经过讨论分析修正行动中的偏差，使教学效果日臻完善才是教学的真正目的。基于此，笔者制订了第二阶段的改进方案。

（六）第二阶段改进方案

行动研究中，知识的建构（反思）与检验（行动）之间的阶段是不可分割的，反思就是行动中发生的[1]。根据行动研究第一阶段反思总结出的问题，制订了新的改进方案，自第 13 周开始实行。

第一，增加测试频度、严格考试纪律。增加期中、期末单词测试。严格考试制度，分数汇入期末成绩。同时，增加小组内部自测，每周由组长负责并汇总成绩。通过以上举措促进学生养成词汇积累习惯和树立端正的学习意识。

第二，引入竞赛模式。在班级范围开展小组单词竞赛、阅读竞赛，使学生在竞争中不断自我磨砺。竞赛模式不但提高了学生的团队合作意识，激发了各小组内部的学习积极性，还丰富了课堂活动、活跃了气氛，学生的学习积极性高涨。

第三，完善学习小组任务安排。针对小组活动中个别学生不愿意参加的现象，首先在课下找学生个别谈话，了解学生的思想状态，帮助其解决实际困难，鼓励他们参与课堂、展现自我。其次明确组长分工，每次任务要落实到个人。在分工过程中，重大任务大家轮流做，积极调动每位同学参与课堂小组活动。

五、结语

在北京政治职业学院第 16 周进行的澳大利亚 TAFE 专业教师组织的英语考核中，2017 级学生英语阅读考核通过率达到 97%，取得了平均 87.09

---

[1] 陈向明：《质的研究方法与社会科学研究》，教育科学出版社 2001 年版，第 458 页。

分的好成绩。英语阅读课程通过实施行动研究，有效解决了学生词汇量有限、阅读量极少和课堂参与度不高的具体问题。新的教学模式突出了学生主体地位，调动了学生学习英语的积极性，提高了学生的课堂参与度，提升了实际英语阅读水平。课堂气氛开始活跃，学生的小组活动开展得有声有色。同时，笔者也在理论和实践的结合上做出了新的尝试，避免了教育领域理论研究和实践脱节的状况。行动研究对开展教学改革、提高教学质量、促进英语教师的个人发展起着不可低估的作用。在未来的教学中，笔者还会不断地深入实施行动研究，解决学生的实际问题，使教学改革更加富有成效。

高职商务方向学生英语职业能力培养模式探究

李连增[1]

20世纪末，我国社会经济高速发展，对职业教育提出更高的要求，即职业教育课程要能够使学习者在毕业后很快适应职业岗位的工作。2005年，全国职业教育工作会议进一步明确提出"以服务为宗旨，以就业为导向"的职业教育办学方针，带动了新一轮的高职高专教学改革。如今高职高专的教学改革是从规模跨越到教学模式的改革，体现了高职课改从传统的知识本质观到能力培养价值观的转变，把基础知识的学习和职业技能的培养合二为一，相互融合。其中培养学生的职业技能，也就是培养学生实际动手的能力、自我学习的能力、终身学习的能力，以满足未来职业生涯的需要。

一、商务方向学生的界定

高职高专院校开设的专业中，人文社科类的专业大部分属于商务方向，如司法文秘、涉外秘书、涉外文秘、国际商务法律等专业，其中商务英语属于英语专业，不在本文探讨之列。本文中的商务方向是指该专业的方向与商务职业能力紧密结合的各专业。实用英语课程虽然是各专业学生所必修的公共基础课程，但是与其他非商务方向专业的学生相比，商务方向的学生未来职业生涯中应用英语的机会相对较多，所以公共英语教学也显得尤为重要。

二、商务方向学生英语学习现状

课程目标的设定是建立在对学习者自身特点、教材、职业技能以及教

---

[1] 李连增，北京政法职业学院经贸法律系讲师。

学方法研究的基础上的，单从某一方面都不足以说明科学合理的课程目标，基于以上几点，我们发现如下问题。

（一）学生英语基础差、学习兴趣不高

对北京政法职业学院2009级的学生进行了英语能力摸底考试，从摸底考试成绩发现多数学生在入校时还不具备较完整的英语知识体系，缺乏正确有效的学习方法，基础知识不扎实，中心城区生源的英语口语较好，远郊县的学生普遍有"张不开嘴"的现象。再加上学生入学后觉得英语不再是专业课程，普遍认为公共英语课没有专业课重要，因此英语学习兴趣不高，学习积极性不高。

（二）学生商务职业能力欠缺

商务方向各专业学生只学习三个学期的公共英语课程，没有后续的商务方向专业英语课程的学习，他们的英语水平与其他各非英语专业学生相比没有任何优势。但由于其专业具有商务方向特点，就业岗位群常常是围绕合资或独资公司、海关、机场、律师事务所等，所以要求学生不仅具有商务知识，还要具有运用英语解决商务环境中各种问题的能力。遗憾的是由于公共英语课程未能突出学生商务职业能力培养，毕业生在实际岗位中常常感到职业能力方面的不足，限制了职业发展。

（三）教材未能突出职业能力培养目标

北京政法职业学院所使用的公共英语教材是高等教育出版社出版的新编《实用英语》北京版，该教材以生活实用话题为载体，设计了每册八个单元的教学项目。在大学一、二年级使用该教材的第一、二册，三个学期共计完成16个单元的教学。虽然教材涉及听、说、读、写四项语言实用能力的培养，但是培养目标更多集中在阅读能力的培养以及A/B级英语应用能力考试的训练。

按照"以服务为宗旨，以就业为导向"的职业教育办学方针，目前的公共英语教学没有突出"以就业为导向"的培养目标，更没有针对学院实际情况而突出"政法—商务"特色，该教材存在明显的劣势。很显然，编写出一本既加强学生英语基础知识的学习，又突出职业能力培养的公共英语课程教材非常重要。

（四）教学方法陈旧

目前的公共英语教学依然是教师为主导的传统的课堂教学模式，出现了一些问题。第一，学生的积极主动性不高、基础较差，无法开展灵活的项目任务型教学模式。第二，教学内容与未来职业的联系不密切，学生认识不到英语的学习对未来职业有什么帮助，因此不够重视。第三，A/B 级应用英语能力考试的限制使得教师必须在课堂上讲授系统的语言知识，无法突出语言的应用能力，学生比较被动地学习。第四，课堂人数过多，导致合理设计操作性强的教学项目难度大，课堂活动不好控制。

三、实用英语（商务方向）课程的定位

实用英语课程是普通高校各个专业方向必开的一门公共基础课程，对大学生的职业素养养成和职业能力培养起到重要支撑作用❶。在学科教育模式下，一般采用"普遍性目标"的职业教育教学模式，即基于经验、哲学观或伦理观、意识形态或社会政治需要而引出的一般教育宗旨或原则。公共英语教学也不例外，在这一"普遍性目标"的指导下通常侧重语法、词汇、阅读理解等方面的讲解，传统的英语教学是为了完成学科教育，而不强调语言的使用能力，这也是目前商务方向公共英语教学存在的首要问题。为了解决这一问题，采用"行动目标"的指导方针，即以具体的、可观察的形式来陈述课程目标，该目标明确指出英语教学过程结束后学生所发生的具体行为变化。在公共英语教学当中，根据"行动目标"指导原则创新性地提出了实用英语课程"F+1"的教学模式，即"基本要求 + 职业方向"的模式。在这样的模式下，以融入式教学方式把职业方向知识技能循序渐进地融入基础教学中。将这一模式应用到商务方向实用英语课程教学中，即"基本要求 + 商务职业方向英语应用能力"。因此在找准课程定位的基础上，解决了对应问题，即实用英语教学与商务方向就业岗位群技能需求的准确对应。

---

❶ 黄尧：《职业教育学——原理与应用》，高等教育出版社 2009 年版，第 207 页。

四、高职商务方向学生的职业能力培养模式与方法

为了更好地培养具有较好英语知识和职业技能的毕业生，满足未来职业岗位群对于技能型、应用型人才的需求，必须对传统的公共英语基础教学进行改革，在学生职业能力培养的模式和方法上进行探索和努力。

（一）培养模式

就语言能力培养方面，Cummins（1981）认为存在两种需要区别对待的语言能力：基本人际交往技能（basic interpersonal communication skills，BICS）和认知语言学习能力（cognitive academic language proficiency，CALP）❶。前者是指学习者面对面进行有效交际所需要具备的语言能力，是对语言交际能力的掌握，需要有语境来支持；后者指的是进行有效学习和研究所需要具备的语言能力。在实用英语教学中，应该突出培养学生的基本人际交往技能，实际交往的范畴就是未来的职业方向，认知语言学习能力是培养学生自我学习的能力、终身学习的能力，以满足未来职业生涯的需要。

在办学模式方面，各高职院校普遍开展校企合作，探索开放化办学和集团化运行，走产学研结合的发展道路。公共英语教学在校企合作的背景下，本身又具有很强的可操作的实践形式，因此在常规课堂教学当中通过"F+1"的教学模式就可以培养学生的基本人际交往技能。根据以上原则，提出现阶段商务方向公共英语教学适用的培养方法和手段。

（二）培养方法和手段

1. 任务项目的科学设定

在学科教育模式下，一般采用"普遍性目标"的职业教育教学模式，该类课程设置遵从知识本位。而我们采用"行动目标"的指导方针，体现能力本位的教学目标，该目标指明课程与教学过程结束后学生身上的行为变化，即培养学生的基本人际交往技能，因此课程设置中重点体现项目引领、任务驱动。

按照项目化改造的思路分析学生的学习动力，将学生感兴趣的内容融

---

❶ Cummins J. Bilingualism and minority children. ontario：ontario institute for studies in education，1981.

入任务项目当中；每个项目任务的设定都应该有准确的目标及操作性强的练习项目；英语的项目任务设置包括听、说、读、写、译五个方面，尽可能地将任务设计为工作场景英语，最大限度地体现职场环境；教师的课堂设计应覆盖课程内容，通过综合能力训练项目，开展听、说、读、写、译等贯穿项目，进行综合能力迁移训练。

2."F+1"教学模式下的教材编写

在能力本位教学目标的指导下科学设定教学任务项目，综合运用实用英语课程"F+1"的教学模式，即"基本要求+职业方向"的模式，对于商务方向学生的公共英语教学进行组织安排。已经着手编写的校本教材是根据北京政法职业学院的专业设置在长期的教学实践中不断摸索出来的、有的放矢的科研成果。将第一学期的教学任务分为六个单元，分别是商务工作环境中常用的话题：自我介绍、档案管理、签署合同、会议管理、商务宴请和安排旅行。每个任务下面都分设了听力口语练习、阅读练习、语法及写作练习，所有的练习遵从学生为主体的原则，并且突出内容的商务特色，切实让学生感觉到实用和够用。该教材既体现了《高职高专教育英语教学基本要求》对英语语言基础和基本技能训练的要求，还融入了商务方向学生未来岗位群中需要的英语语言技能。将商务方向的职场英语设计成可操作的听、说、读、写、译等几个方面的任务项目，在课堂上切实加强学生实践语言应用能力。

经过一年半，两届学生的教学改革实践已收到良好的效果。学生学习兴趣大大提高，对英语的重视程度有很大改善，职业能力得到提升。

3. 评价体系的完善

在实用英语课程"F+1"教学模式的指导下进一步完善教学评级体系。将学生的学期成绩分散到每节课中，平时成绩占学期成绩的50%，期末试卷成绩占学期成绩的50%，平时成绩包括口语练习、书面练习、课堂参与等方面，学生必须积极地参与到教学任务项目当中才能不断地积累平时成绩，这样就能督促学生平时不间断地进行学习。

同时开展多项实际语言训练项目：①学生在课堂做简短英语演讲；②分组完成一项中西方文化自主研究报告；③开展英语影视配音活动；

④学生自主编排英文小品。通过以上形式丰富学生课下英文学习的内容，并将其量化到学生的学期成绩中。

4."双证书"制度的实施

在高职教育的教学改革上，强化实践教学环节，普遍实施"双证书"制度。实行"双证书"制度就使得学历证书和职业资格证书并重且互通，是贯彻"以就业为导向"的办学理念。商务方向的职业资格证书有：①商务英语考试（Business English Certificate，BEC），指的是剑桥商务英语资格考试，商务英语考试由中英双方合办，英国剑桥大学考试委员会负责命题、阅卷、颁发证书；②全国国际商务英语考试，是对国际商务英语交际能力的测试，考试结果可作为相关企事业单位人员招聘的参考和国际商务从业人员英语水平的评价依据。在教学中渗透商务英语考试内容，鼓励学生参与证书的考取，并完善评价体系，使英语口语证书的成绩在英语结业成绩中占10%的比重。

五、结语

随着人才市场对毕业生实际操作能力不断提出新的要求，高职高专院校教学改革也必将更加深入，我们本着"以就业为导向"的办学理念、能力本位的科学培养目标，将进一步深化公共英语教学改革，以商务方向英语教学为试点，逐步扩大其他各专业的公共英语"F+1"教学模式的普及，为社会培养更多的理论过硬、实践能力强大的高职人才。

大数据应用于高校学生管理工作的研究

任 启[1]

一、大数据应用于高校学生管理工作的可行性

2016年3月，南京某大学数百名困难学生发现饭卡多了一笔钱，钱数从十几元到几百元不等，这笔暖心的钱是学校为困难生发放的伙食补助。原来，学校通过对学生在食堂就餐消费的数据进行处理，结合登记信息，分析出哪些是贫困生，再悄悄将补助存入学生的饭卡，实现精准帮扶的同时也保护了学生的自尊心。这是应用大数据思维做好高校学生管理工作的经典案例。由此可见，挖掘大数据的价值在高校学生管理工作中大有可为，将助力学生管理工作更精准、更有温度。

（一）大数据的概念及特点

麦肯锡全球研究所的报告《大数据：创新、竞争和生产力的下一个前沿》指出：大数据是指大小超出了传统数据库软件工具的抓取、存储、管理和分析能力的数据群[2]。大数据有多大，目前并没有一个限定标准，随着技术的进步、应用的广泛，大数据的数量还在成倍增长。体量大、类型多、结构复杂是大数据的鲜明特征。

与传统定量研究相比，基于大数据的研究有两大理念的转变。第一，大数据关注个性。传统随机抽样的方式中，抽取样本，探求规律，忽视数据异类；而大数据思维下，不再满足于样本，而是分析全部信息，关注差异。第二，大数据凸显过程。传统的数据收集都是阶段性的，而大数据可

---

[1] 任启，北京政法职业学院教师。
[2] 参见王婧：“大数据时代高校学生管理工作的挑战与对策分析”，《思想政治教育研究》，2014年第30卷第2期，第128–129页。

以实现实时收集，实时分析，即时反馈调整❶。大数据的这些优势与现代社会的服务理念契合，大数据的应用也为人们的生活带来便捷。这两大理念的转变是否能有效对接高校学生管理工作的需求，是本文探讨的主要内容。

（二）高校管理工作遇到的困境

高校学生管理是学生培养的重要环节，不同学者对高校学生管理工作的定义不同，但普遍认同高校学生管理有三大基本职能：对学生进行教育、规范和服务的职能❷。教育、规范和服务的行使对象都是学生，因而充分地了解学生、精准地分析学生就成为突破学生管理工作的重点，同时也是难点。卡耐基·梅隆大学教育学院研究介绍中有一句自白："不得不承认，对于学生，我们知道得太少。"这种对于学生认识的匮乏使得高校学生管理工作遇到了一些困境。

1. 教育缺乏针对性

人本管理理论强调要重视人的需求，促进人的全面发展。在学生管理工作中要做到这一点，首先要对学生的情况有全面的了解。但在高校实际的管理现状中，由于学生数量庞大，专职的学生管理人员有限，管理事项繁杂，加之管理理念和技术手段的限制，针对学生的信息收集过于零散和片面，管理人员无法了解学生的个性化特征和需求，也就很难实现教育指导的针对性。

2. 规范依据主观化

高校学生管理工作在很多方面都要对学生进行规范，比如奖惩制度等，那么如何制定规范的标准呢？目前为止标准的制定更多依赖于惯例、依赖于经验、依赖于管理者的分析，也就是说规范依据的制定比较主观化。科学管理理论指出优质的管理是用科学方法代替经验方法的过程，而科学方法的核心支撑就是大量数据资源，让数据说话往往能为决策者提供更全面客观的决策依据。

3. 服务反馈不及时

---

❶ 参见韦伟，张海涛："浅谈大数据在高校学生管理工作中的应用"，《课程教育研究》，2015第6期，第34页。

❷ 参见李妙迪：《大数据背景下高职院校学生管理工作面临的问题与对策》，天津职业技术师范大学，2016年第27页。

学生管理工作的服务既然是面向学生的，就不能是管理者一厢情愿提供服务，服务是否精准有效、服务有没有与时俱进，应该依据学生的反映及时给予反馈和调整。目前的学生管理工作由于人力、物力的缺乏，服务反馈常常是不及时的目标管理理论将管理反馈看作最为重要的环节，学生管理工作也一样，师生的互动过程是影响服务效果的关键因素[1]。

综上所述，当下高校学生管理工作三大职能的履行均不同程度地存在缺陷，主要反映为针对性差、决策主观化、反馈不及时。而这些问题其实根源于在传统管理模式下，有限的管理人员无法应对数量级的管理对象和庞杂的管理事项。这些问题在大数据时代下可能迎来新的突破。

（三）大数据思维应用于高校学生管理工作

现代高校信息化程度高，学生在校期间在学生管理、教务管理、招生就业、餐饮消费、图书借阅、在线学习等各个信息管理系统中均留下了大量的信息，这为大数据应用于高校学生管理工作提供了可能性。肯尼思·库克耶维克托·迈尔舍恩伯格的《与大数据同行——学习和教育的未来》中强调应用大数据可实现教育的个性化、多元化和预测功能。上文中提到大数据思维与传统数据相比转变的两大理念，与学生管理工作遇到困境正契合。大数据对个性数据的分析能促使管理工作更有针对性，决策依据更全面客观，而大数据实时的特点使得反馈更有效。由此可见，在高校管理工作中应用大数据思维的研究可行且有意义。

二、大数据应用于高校学生管理工作的难点

随着信息化的飞速发展，部分高校也开始探索应用大数据，但由于技术手段和管理理念的限制，在学生管理工作中应用大数据还存在一些难点和痛点。

（一）尚未建立完善的大数据管理体系

传统的数据管理模式中，各部门分别采集信息，各自设定标准，使用不同的管理系统，相互之间信息不能匹配，既造成了大量重复劳动，还导

---

[1] 参见先晓兵，陈凤，王继元，王加年："基于大数据的高校学生管理工作研究与实践"，《中国教育信息化》，2015 年第 10 期，第 6–10 页。

致了数据缺乏一致性，信息紊乱，无法实现共享共通。因此，大数据管理模式下，各部门互联互通，建立学校层面统一完整的大数据管理体系迫在眉睫❶。

（二）重视数据技术，轻视数据设计理念

许多高校在应用大数据时将重心主要放在了信息技术手段的更新上，而数据分析理念仍未更新，数据应用的思路没有拓宽，数据收集盲目而随意，信息孤岛大量存在，没有进行有效分析和应用。

三、大数据应用于高校学生管理的体系构建

要解决上文提出的痛点和难点，高校学生管理工作应充分调动各方职能，建立权责明确、智能联动的大数据管理体系，构建多层次、多方位的有机数据系统，各相关部门的数据记录按照科学、规范的统一标准整合到这一体系中去。要进行充分的调研设计，从学生管理的实际问题出发，坚持问题导向，精心设计数据网，最大限度利用好数据评价、预测、反馈等功能，为学生管理工作决策科学化、服务人性化提供帮助。笔者认为，以下是大数据平台体系构建的基础性工作。

（一）建立大数据管理体系

大数据应用将面临庞杂的海量数据和复杂的分析处理、更新变化，仅靠传统的管理方式远远不够，需要建立一个层级分明、权责明确的管理体系。依据需求向不同职能部门开放特定权限，依据功能（包括日常运作、前期预测、中期反馈、后期评价）给予操作层和各级决策层开放特定权限，确保每个部门都为其输入"养分"，也从中获得便利。

（二）建立大数据标准和使用规范

为了实现全学校数据的集成共享，应当依据相应规范编订统一的数据编码，同时制定编码的管理、变更制度规范，保证信息连通，避免自成一套、重复劳动。同时，制定数据录入、数据维护的管理规范，对部门采集、存储、变更数据严格把关，及时维护。

---

❶ 参见成宏涛、姜永昶、于甜："基于大数据的高校学生管理工作研究"，《学生工作》，2015年第7卷第362期，第151–152页。

（三）做好前期设计，高效利用数据

开展广泛的调研设计，全面地考虑到数据收集、存储、应用各环节可能出现的问题，提前预警，避免无效设计。要充分发挥数据的功用，精心编制数据网，发掘数据与数据之间的联系，尽可能用有限数据实现更多功能。

四、大数据应用于高校学生管理工作的四大功能

基于大数据海量、实时的特点，笔者提出大数据应用于高校学生管理工作的四大功能：监测预警功能、评价功能、诊断功能、预测功能。结合实际工作的经验与思考，从这四个方面提出大数据应用的一些设想。

（一）监测预警功能

学生管理工作一个重要的部分就是了解学生在校学习生活的方方面面，一卡通串联起的信息网络在高校已经普遍应用，学生在校园的各种活动都可通过刷一卡通这一电子行为留下大量的信息记录，管理者可以依靠这一方式收集数据，监测学生在校的基本行为。高校学生众多，管理人员数量有限，要时刻关注每位学生是不可能做到的。大数据的监测功能使管理者从琐碎的工作中解脱出来，有更多的时间和精力关注有特殊需求的学生。管理者通过提取异常数据可及时发现问题，进行进一步的教育、规范和帮助。

大数据的监测预警功能可广泛应用于学生考勤管理、公寓住宿管理、活动场所管理、餐饮管理、图书借阅管理等，帮助管理者掌握学生的基本情况，也可在异常情况萌芽期给予预警监测。

（二）评价功能

奖惩评定是学生管理工作的重要组成部分，以往的评优往往依据成绩、量化进行评定，存在评价依据单一、不够多元的问题。想要有更多元的参评依据，就得获得更多的相关数据，依靠传统的数据获取方式显然是很难做到的。[1] 除这些显性评价之外，一些对学生的隐性评价也十分有必要，有

---

[1] 参见万辉："大数据在高校学生管理工作中的应用"，《高校辅导员学刊》，2014 年第 6 卷第 4 期，第 48–51 页。

利于了解学生的特点,因材施教,有的放矢地提供指导帮助。由于高校学生人数与管理者人数对比悬殊,难以做到一对一了解,大数据的评价功能显示出优势。大数据评价功能的实现要基于监测产生的数据对其进行进一步处理。

评价功能可以作为教育、规范的依据。通过学生参与校园生活各项数据的横向比较,可了解该学生的学习类型、性格特点、兴趣爱好、行为习惯等;通过单一学生数据的纵向比较,可了解该学生的行为变化、发展趋势、进步与退步等;依据不同评定需求,还可以将其中重要的方面作为奖惩评定的标准,以期更全面、更准确地评定学生。

评价功能还可以为管理者改进服务提供建议。本文开头提到南京某高校的例子就是应用评价功能提供个性化服务的成功案例。除此之外,图书馆书籍采购可依据借阅的偏好进行调整;食堂用餐可利用 App 实时显示人流量,指导学生避开就餐高峰;就业信息也可以依据对学生的兴趣特点进行匹配推送。

(三)诊断功能

在高校学生管理工作中,处理问题、追溯原因是管理者常常要面对的。不同行为之间往往可以找到相关性,这种相关性在一两次偶发事件中,或者一两个个体中往往隐蔽不可见,但在对海量的数据进行分析处理时就可探究出规律。想要做到全面诊断就需要获得尽可能多的数据。

当学生管理工作遇到难以解决、摸不着头脑的问题时,可利用诊断功能通过相关数据的分析找到问题产生的原因。例如,学生学习退步如果从第一课堂上没有找到原因,可以尝试从其第二课堂的行为来找。一个学生的行为异常本身难以理解,或许可以从与其密切接触的他人行为中找到原因。

(四)预测功能

以上提到的三种功能都是在学生管理工作遇到问题,有了需求之后从大数据中找寻解决办法。实际上,学生管理工作应当有预见性,在需求提出之前给予帮助,在问题爆发之前解决矛盾。谋求发展、主动改善才是学生管理工作良性循环的应有之义。一般来说,人的前后行为具有一惯性,遇到相同的反应机制，相似行为再次发生的概率很高，这就为大数据实施预测功能提供了条件。

大数据的预测功能是最容易被忽视，却最应当深入挖掘、好好利用的一项功能，利用好预测功能能为管理者制定重要部署提供参考，能为管理者做出决策提供科学依据，使管理工作未雨绸缪、有备无患。同时，预测功能还能为管理者创新管理方式提供思路，做到提前预测、精准施测。

五、大数据应用于高校学生管理工作的两点思考

（一）合理利用数据的同时要注重保护学生隐私

随着信息技术的发展，大数据的广泛应用为我们的生活带来变革，也为教育管理工作打开新思路、提供新方法。与此同时，要看到数据在给我们带来便利的同时也埋伏着一些潜在威胁，信息安全已经成为不容忽视的问题。在高校学生管理中产生的大数据包含学生的大量隐私信息，如果管理不当，学生的隐私可能会受到侵犯。

要权衡好合理利用数据与保护学生隐私之间的关系。第一，应加强数据的管理，严格数据保密制度；第二，要做好数据收集的宣传解释工作，向学生说明数据收集的用途，打消学生疑虑，并真正为学生提供便利。

（二）让大数据为人服务，而非支配人的行为

大数据为学生管理工作提供便利的同时也逐渐产生一种不良趋势，即学生管理工作的各种决策越来越依赖于数据分析的结果，数据逐渐支配了人的行为。然而，数据只能从一个侧面反映问题，相比实际情况的复杂多变，数据还是单薄的、不灵活的；如果前期设计有缺陷，错误的数据结果还会误导决策者。大数据只能为管理者了解情况、预测分析提供参考，不能主宰决策。因此，不能轻视也不应过分夸大大数据的作用，既要充分利用大数据的优势，也要发挥管理者的主观能动性。

六、结语

随着信息技术的进步和管理理念的更新，大数据应用于高校学生管理工作是大势所趋，其海量、实时的特性能帮助解决学生管理工作面临的困

境。大数据的监测预警、评价、诊断、预测功能为管理者的科学决策提供了参考，也为管理者创新管理方式提供了思路。但也应当注意，在应用大数据进行学生管理工作时，要注重保护学生的隐私，要避免陷入数据主宰人的错误理念中。大数据应用于学生管理工作仍处于探索阶段，广大教育工作者应保持高度的热情，本着培养学生、服务学生的精神，主动更新理念，积极寻求方法，科学利用好大数据，为教育事业的发展做出贡献。

智慧校园背景下高校图书馆的智慧化建设研究[1]

胡玉清[2]

随着新一代信息技术的不断发展，以物联网为基础的智慧城市、智慧校园、智慧图书馆建设逐渐成为关注的焦点，并逐步实施。图书馆肩负着高校教育、科研服务的重任，为高校读者提供优质高效的文献信息资源保障，是高校知识文化的重要组成部分。建设智慧图书馆、开展个性化服务、提供私人定制业务是高校图书馆未来重要的发展方向。本文就图书馆的智慧化建设和未来的发展做一些简要的论述，目的是在智慧校园背景下，为图书馆由数字化、网络化、智能化向未来智慧化发展提供一些参考。

一、智慧校园的优势

智慧校园是以物联网为基础，融合了大数据、云计算、移动互联网、智能设备等新一代信息技术，提供无缝互联互通的智慧化的校园管理、教学、学习和生活一体化环境，这个一体化环境最终实现对校园人、物和环境的可视化管理及提供人性化服务平台。智慧校园可为广大师生提供一个全面的智能感知环境和综合信息服务平台，综合优化学校各部门业务流程，融合优化现有资源，消除信息孤岛，实现数据随时随享。在智慧校园环境下，基于计算机网络的信息服务融入学校的各个应用部门与服务领域，实现部门互联和协作，极大地方便了学校的教学、科研、管理及校园生活。与传统的校园相比，智慧校园环境下里学生仅需用校园一卡通就可以查询、购物、预订、借书、上网等，为学生的学习生活提供了极大的便利；教职

---

[1] 本文系北京政法职业学院科研课题"大数据技术在高校图书馆的应用研究"（项目编号：KY201817）的研究成果。

[2] 胡玉清，女，硕士研究生，北京政法职业学院讲师。研究方向：计算机网络、新媒体、数字资源。

工通过综合信息服务平台可以实现协同办公。随着职业教育改革,《北京职业教育改革发展行动计划（2018—2020年）》提出加强基础能力建设，加快发展"互联网+职业教育"，统筹推进智慧校园建设，将会有很大一批职业院校加入智慧校园的建设当中，在新的教育理念的驱动下加之智慧校园的蓬勃发展，高校图书馆的智慧化发展将迎来全新的理念与技术时代。

二、智慧图书馆的特点

伴随着智慧校园的发展，以物联网为基础的新一代信息技术的广泛应用，智慧图书馆的建设也成为图书馆界关注的焦点。智慧图书馆一词最早被欧美一些国家的图书馆学者提出，如 M. Aittola 等认为"智慧图书馆是一个不受时空限制的、可被感知的移动图书馆，它可以随时随地帮助读者找到所需资料"。近几年中国学者也开始对智慧图书馆进行研究，从智能计算角度来看，智慧图书馆＝图书馆＋物联网＋云计算＋智能化设备，其主要通过物联网来实现以人为本的智慧化的服务和管理。它建立在智能性基础上，拥有数字化、网络化和智能化的外部特征，有着更加高效和便利的特点，是未来图书馆的新型发展模式。王世伟认为，在智能技术的支持下，智慧图书馆是一个能够实现书书相连、书人相连、人人相连，任何时间、任何地点、任何方式可用的图书馆。以人为本、绿色发展、方便读者是它的灵魂与精髓，其以绿色发展为战略、数字惠民为本质追求。因此，智慧图书馆的建设有技术层面的支持，已经触及了图书馆智慧化管理与服务的各个方面。

三、高校图书馆智慧化的发展建设

图书馆系统是高校智慧校园综合服务平台的一个功能模块、子系统，凭借着智慧校园的建设将图书馆的业务系统嵌入综合服务平台，消除了图书馆信息孤岛问题，提升了图书馆的智慧化能力。高校图书馆从传统纸质图书馆模式发展到了数字化图书馆，再升级到移动智能化，并最终向智慧化发展。

（一）嵌入校园综合服务平台

高校图书馆是智慧校园平台提供智慧服务的重要窗口，为全校师生的教学、科研、学习提供重要信息和文献资源。为了消除图书馆信息孤岛，高校图书馆业务网站嵌入综合服务平台，在学校的外网和内网上都增加相关链接，并与其他部门信息整合实现数据共享互联。借助智慧校园建设，图书馆网站也升级改造，不仅为读者提供了大量的数字资源，图书馆开展的所有服务都在网站上可以快速方便地了解获知。为了方便教师科研资源的查询，提高教师的科研能力水平，网站升级时进行了资源整合、一站式获取，集成了超星发现检索平台。馆藏目录联机公共目录检索系统（OPAC系统）也嵌入了网站平台，方便读者查询图书馆现有的藏书，并及时了解图书在架情况，OPAC系统里面的"我的图书馆"模块可以为读者提供个性化信息定制服务。为了丰富馆藏资源，新的网站还嵌入了BALIS和E读学术搜索，提供馆际互借服务。图书馆专用的汇文系统考虑到安全性，在部门使用时独立运行。同时，图书馆不仅构建了软件平台还构建了相应的硬件平台，有专门的数据库服务器机房，机房位于图书馆里面，方便管理与维护。

（二）网络基础设施升级，实现WiFi全覆盖

随着教育信息化和职业教育改革，借助智慧校园建设，高校加强了图书馆的网络基础设施建设，实现了WiFi全图书馆覆盖。读者在图书馆内WiFi上网与一卡通对接，方便用户访问图书馆资源。WiFi的全覆盖使图书馆资源的访问不再受到时空的限制，提高了读者的访问效率，提升了读者的体验度。

（三）一卡通对接，实现数据共享

高校图书馆原来采用的是自制的条形码识别手工借书证，与读者的其他各种校园卡不兼容，各行其道。智慧校园建设下，图书馆业务系统与一卡通对接，图书馆不再制作功能单一的借书证，读者直接使用一卡通借还书、通行门禁、电子阅览室上网、自助打印扣款、图书超期或遗失扣费等服务，实现一卡畅通，数据共享，优化了业务流程，提高了服务质量。

（四）泛在的图书馆服务

为了使读者不论何时何地都能够访问图书馆任何资源，图书馆利用超星移动图书馆、虚拟专用网络（VPN）等技术为读者提供了三种不同的接入图书馆资源方式，读者可以根据自己的使用习惯选择访问图书馆资源。第一种是借助高校的综合服务平台，集成了招生、就业、教务、教学、图书等资源；第二种是校外访问 VPN，通过 VPN 远程登录到图书馆网站；第三种是安装超星移动图书馆，与 OPAC 系统无缝对接，通过一卡通登录后可进行文献检索、馆藏查询、个人借阅历史查询、图书续借、新生入馆培训、咨询、借书到期提醒、公开课等个性化自助服务。这三种方式都能实现访问图书馆资源，进行数字资源的查询检索、图书预约、续借等功能，并且优势不同：综合服务平台集成了多个部门的功能，是智慧校园的微门户；VPN 主要是校外访问，方便了读者在家或者出差时使用，只要能上网，输入用户名和密码就可以利用 VPN 访问图书馆资源；超星移动图书馆是专门为图书馆定制的移动阅读平台，通过 App 可在手机、平板电脑等移动设备上实现电子资源的一站式检索，提供方便快捷的全文移动阅读服务，同时还拥有百万册电子图书、海量报纸文章及中外文献供读者自由选择。

（五）引进自助设备，提供智能化服务

高校图书馆大部分使用歌德电子书借阅机，读者在借阅机上找到想要的电子书后，点开电子书，用手机或其他移动终端等可以扫描二维码的工具均可下载电子书，方便离线阅读。图书馆还有博看 4K 触摸屏智能终端、阿帕比报纸触摸屏、方正电子书触摸屏，上面有电子书、期刊、报纸、杂志等，原版原貌呈现，实时更新，全新的阅读方式吸引了众多读者。高校图书馆引进了联创打印管理系统，系统提供完全自助式打印、复印、扫描服务，读者只需在电脑端下载安装联创打印驱动，系统与一卡通对接，可全程实现无人化自助式服务，自动认证和扣费。高校图书馆还引进了自助借还书系统，它是智慧图书馆的重要组成部分，终端设备为自助借还机，每一楼层都有。自助借还书系统通过对书或资料的电子标签或条码进行扫描、识别，将其信息反馈到系统中进行处理，自动完成借阅与归还。自助借还书系统的使用提高了借还速度，缩短了读者的检索时间，减轻了工作

人员的工作量。

四、智慧校园下高校图书馆的智慧化发展存在的不足

在图书馆智慧化建设的过程中，读者在借阅图书时仍需到书架处翻看各图书才能够确定是否借阅，加之有些读者对每一学科图书的分布情况不是很了解，很难精准地借阅到想要的图书。图书如何进行盘点？如何精确地找出图书的具体位置？书架是否正确放置？如何实现智能化的盘点？这都是智慧化发展中亟须解决的问题。

现代新媒体如微信、微博等改变着人们的阅读习惯，作为宣传利器，它有着分裂传播特性，有着广泛、稳定的用户群体。微信是读者最爱用最喜欢的交流媒体之一，有的高校图书馆还没有微信公众号，忽视了与读者的情感交流，归根结底还是新媒体新技术应用方面的不足，缺乏对读者的吸引。

五、高校图书馆智慧化发展的建设策略

（一）充分利用新的信息技术，加大高校图书馆信息化建设

借智慧校园建设之际，高校图书馆应继续争取资金的投入，充分利用新技术，如物联网、射频识别（RFID）技术，促进图书馆智慧化发展，加大图书馆信息化建设。利用 RFID 技术构建智慧图书馆，实现图书精确定位，智能化盘点，提高图书检索效率。还可以利用 RFID 技术提供个性化服务。通过 RFID 读者卡，读者一进入图书馆就自动识别其身份，根据读者相关信息将相应学科的新书或者可能感兴趣的书目推送到读者的手机上，同时书目的详情以及在架情况都会显示出来。新技术的应用能够优化图书馆很多业务，减少读者操作时间，提升读者的体验度，同时馆员还能有更多时间和精力去提供更多的学科服务及咨询服务。

（二）加强新媒体应用，探索个性智慧化服务

新媒体时代，图书馆可以利用微信、微博等有着广大受众，以"短、小、精"为主要特征，辐射面广、速度快、互动性强为特点的新媒体，积极探索个性智慧化服务，主动开展知识推送、满足读者个性化需求。在智

慧环境下，高校图书馆在设置微信公众平台的服务功能时，要精准把握读者的实际需求，了解读者想要获得的内容，根据读者需求、读者特点准确定位，做到智慧化服务。在新媒体应用上还应该加强应用研究，重点研究：开展什么服务，如互动交流、信息推送、自动应答、宣传推广等；开展此服务是否可行；如何让读者积极参与互动；是否有精力准确地为读者提供所需信息等；要避免其流于形式。依托新媒体，读者可以随时随地关注并参与活动，推动新媒体在图书馆智慧化服务中的可持续应用。

（三）完善管理制度，提高智慧化管理水平

管理既包括图书馆领导对馆员、馆员对读者的人员管理，也包括馆员对图书、期刊、资源、智能设施设备的硬件管理。智慧图书馆的人员管理不能再以约束和惩罚、服从为目的，而是要根据读者的意见、建议和馆员实际情况制定完善的管理制度，在以人为本、以读者为中心的管理理念指引下建立富有生机的智慧化管理模式。新技术、新理念要求各部门馆员之间协同、合作，而不是各负其责，只受所属部门领导、孤立地存在。如RFID技术要求流通与采编工作的无缝对接和准确定位。设备管理不仅要保障正常运行，而且要加强技术的研发，促进设备更新，利用新的技术统一进行智能管理。在新的管理理念下，图书馆要制定相应的智慧管理制度，使各方面都有章可循，充分利用智能管理手段提高智慧化管理水平，以促进图书馆的数字化、智能化向智慧化转变。

六、结语

伴随智慧校园的建设，高校图书馆在信息化基础建设、自助终端服务、移动终端24小时随时随地服务、网站平台等许多方面得到了升级、优化，减少了读者的借阅和等待时间，提高了工作效率，方便了读者使用图书馆资源。随着物联网、云计算、大数据等先进技术的不断发展，智能技术应用、个性智慧化服务开展、智慧化管理水平提高是建设智慧图书馆的发展趋势。高校图书馆从传统图书馆转变到数字图书馆的同时升级到了移动图书馆，逐步实现数字化、网络化、智能化，但还处于智慧化的初级阶段。高校图书馆应继续借智慧校园建设的东风，秉承以人为本、以读者为中心

的智慧化发展理念，高效、便捷、个性化地服务读者，使得图书馆朝着智慧图书馆稳步前进。

推进信息化建设，提升人才培养质量

李星华 ❶

随着科学技术的不断发展，计算机技术和信息化已经应用于各行各业。高等教育是为社会培养人才的重要组织，高校办学规模不断扩大，社会对人才的要求不断提高，为了满足社会发展的需要，高等院校的人才培养工作也在不断地进行变革，将现代化的教育管理方式和技术应用于高等院校的人才培养是高校自身发展的需要，也是社会发展的必然趋势。推进高等院校信息化建设，有效提高教学管理工作的效率，整合教育资源，才能有效地提升人才培养质量，更好地为社会输送高质量的人才，为社会发展服务。本文以某高职院校（以下简称 A 学院）为例展开论述。

一、A 学院信息化建设现状及主要问题

（一）硬件环境

1. 多媒体教室

A 学院所有教室均安装有多媒体教学设备，例如高性能计算机、高清投影设备、无线麦克风、功放设备等，可以满足日常多媒体教学的需求。

2. 实训室

A 学院有基础课程实训室 14 间，物联网创业基地、移动互联软件开发实训室、司法数据恢复中心、网络攻击与防御实训室、网络安全与存储实训中心、舆情分析处理实训室等专业技能实训室 47 间，可以较好地满足日常教学的需求。

3. 校园网

A 学院建设有中心机房，对服务器、中心交换机、防火墙等网络设备进

---

❶ 李星华，北京政法职业学院副研究员。

行集中管理。A学院的网络是联通公司的光纤宽带，带宽500M比特/秒，其中保证教学资源资源库平台不低于200M比特/秒。校园内的所有教学和办公场所均安装了无线网络，给教学和办公带来了便利的网络条件。

（二）软件环境

A学院已建成使用的应用系统有数字校园网站、教务管理信息系统、学生管理信息系统、三元互动实践教学平台、招生信息平台、就业信息平台、图书管理信息系统、人事管理信息系统、财务管理系统、校园一卡通管理系统等。

（三）存在的主要问题

1. 整体规划度不高

信息化建设是一项涉及面广、流程复杂的系统工程，涵盖了教育教学及管理的方方面面，必须站在战略高度、全局角度进行统筹规划、顶层设计。A学院整体信息化建设的前期网络、智慧校园应用系统建设整体规划不足，缺乏统一身份认证机制，相应业务信息分散到不同的业务系统，缺乏统一的门户聚合，未能建立统一的数据标准。

2. 各业务系统相互独立

各部门在进行信息化建设时均是立足于解决本部门的工作需要，各系统都是在不同的时间，采取不同的标准和数据库，系统间彼此独立，各自为政，从而形成了一个个信息孤岛，信息和资源无法实现高效共享。也造成了信息的重复管理，数据无法实时更新，同一个类别的数据在一个系统上也许已经更新，但是在另一个系统里却没有变化，源数据获取困难。各部门需要其他部门分管的数据时主要还依赖于电话、Excel文档、人工拷贝甚至是纸质介质等低效率的方式。

3. 数据标准不统一，冗余度高

由于缺乏统一的规划，各部门使用的应用系统不一致，每个系统都有自己的数据标准，各系统内的数据无法实现共享，资源整合难度大。多个系统中需要对相同的数据进行重复的管理，相同类别的数据在不同的系统中体现的信息可能出现不同的情况等，多种数据冗余问题大量存在。这些导了致数据的混乱和错误，需要进行数据统计时必须进行大量的数据校对和整理工作，严重影响了业务人员的工作效率，对上层应用造成了障碍。

4. 信息化应用过于局限

目前的信息化应用主要局限于信息的存储和一些基础应用，把原有纸质材料转化成电子数据和一些基础性工作的信息化，缺乏从数据信息中挖掘有价值信息的应用，为领导决策提供依据的应用不够，各部门之间协同办公更多地依赖原始的手段。

5. 软件应用跟不上硬件的发展

有线、无线网络基础设施建设较完备，随着新校区新机房的建设，网络基础设施建设得到了不断改造和升级。教学设备按照要求定期更新，保证硬件设备基本是最先进的。但是各部门的应用系统大部分都是很多年前的产品，有的已经无法满足发展的需要，有的应用系统甚至已经无法使用，需要根据业务需求重新开发。

二、信息化建设的主要任务

信息化建设应以整体规划、分步实施、应用创新为原则，以教育理念创新为先导，以学习方式和教育模式创新为核心，以优质教育资源和信息化学习环境建设为基础，以校企共建共享为路径，以体制机制和队伍建设为保障，大力推进信息化建设，全面提升教学、实训、科研、管理、服务方面的信息化应用水平，提升人才培养质量为主要目标，全面推进信息化建设。

（一）建设综合数据中心

数据中心是信息化建设的神经中枢，负责集中处理和存储各种数据信息，并为各应用系统提供信息共享服务。为了实现应用系统之间的集成和数据共享，为有效的决策提供数据，需要建立基于数据管理和综合性技术方案的共享数据中心，在存放大量数据的同时有效地将数据管理起来，并建立良好的数据访问管道，保证数据的时效性、完整性和一致性。通过数据中心的建设，在实现资源共享的同时，可以确保各应用系统稳定、高效、安全地运行。

数据中心中的数据需要按照一定的标准进行管理和使用，从而方便应用系统进行数据交互，这些标准就是数据标准。在标准制定的过程中，应充分考虑未来的发展需要，对标准进行整体规划，进而保证数据管理的统一性、规范性和准确性❶。

A 学院根据实际情况成立专门的信息化建设责任部门，负责统筹规划数据中心架构，各业务部门应该指定专门的人员负责配合信息化建设责任部门进行需求分析的调研工作，制定统一的数据标准。

为了更好地服务于各应用系统，数据中心可以分为两个层面组织架构：元数据中心和数据子集。元数据中心主要包括最原始的基础数据，比如学生的基本信息、教师的基本信息、教学资源的基本信息等；数据子集根据各应用系统的需求建立，各数据子集以元数据中心为基础，不能脱离元数据中心而独立存在，数据子集主要为各应用系统提供专门的应用服务。元数据中心与数据子集共同构成了综合数据中心，如图 1 所示。

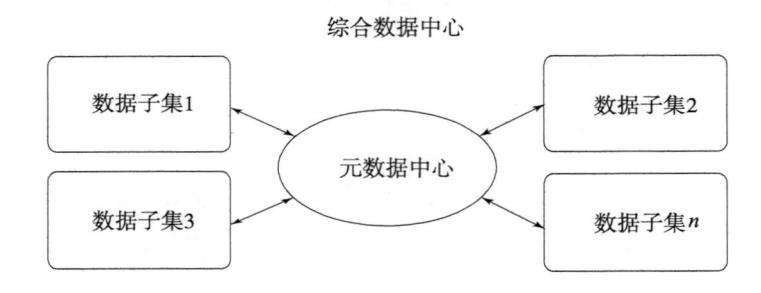

图 1　综合数据中心示意图

（二）基于数据中心的高效应用系统

有了数据中心为基础，为了顺利开展工作，需要建立高效的应用系统，应用系统要解决部门自身的业务需求和部门之间协同工作的需求。对于高等院校来说至少需要建立以下应用系统。

1. OA 办公系统

OA 办公系统可以提高组织内部的管理和办公能力，建立一个协调统一、反应敏捷的组织机制；改变各部门之间的协同办公还主要依赖于电话、电子邮件、Excel 表格等手段的现状，不同的流程和表单可以同步、共享，实现快速高效的协同办公，提高工作效率；改变现有的审批模式，所有业

---

❶ 参见赵巍，刘丹，王欢："高等学校共享式数据中心设计与实现"，《长春理工大学学报》（自然科学版），2015 年第 38 期，第 132–135 页。

务的审批可以通过 OA 办公系统来实现，规范工作流程，使办公流程清晰、规范、可控，有据可查、责任明晰；可以实现办公流程的自动化，代替大量手工操作。

在 OA 办公系统中，各种资源可以设置访问权限，实现有级别的公开，保护核心数据安全；实现知识管理，使组织内的先进经验、技巧和知识得到最充分、最快速的共享利用；共享、标准化各种管理制度等文档和表单，实现无纸化办公；在资源网络中，任何人都可以直接检索自己需要的各种资源资料；及时得到通知资讯，实现信息的畅通直达。

2. 教务管理系统

教务管理系统是高校各应用系统中的核心应用，一般教务管理系统应包含学籍管理、成绩管理、课程管理、教学资源管理、教学任务设置、排课、选课、教学评价、考试管理等应用。

3. 学工管理系统

学工管理系统是跟学生密切相关的应用系统，一般应包含学生评优评奖、学生处分、报到管理、招生、就业、资助、学生日常考勤管理、开具各项证明、学生量化考核、住宿管理等应用。

4. 人事管理系统

人事管理系统主要应包含教职员工的信息管理、薪酬管理、招聘、培训、职称评审、教职员工考核等应用。

5. 财务管理系统

财务管理系统一般应包含学费管理、薪酬发放、账务处理、项目经费管理、报销管理等应用。

6. 在线学习平台

在线学习有着方便、快捷、高效的优势，已经成为未来发展的趋势，良好的在线学习平台可以帮助学生提高自主学习的能力，可以帮助教师从基础性的教学环节中解放出来，将时间和精力更多地投入课程开发、专业建设、提高教学质量等工作。

7. 校园一卡通管理系统

校园一卡通管理系统可以为全体师生提供数字化的服务，比如身份验证、上网、就餐等一系列功能。将日常的教育工作模式进行信息化的处理，为全体师生提供管理、科研及生活等方方面面的服务。

除了上面列举的这些应用之外，一般在高校信息化建设中还应包含图书管理系统、资产管理系统、安保管理系统、后勤管理系统等一系列应用。所有应用均要以综合数据中心为基础，各应用系统依赖于综合数据中心进行协同办公，如图2所示。

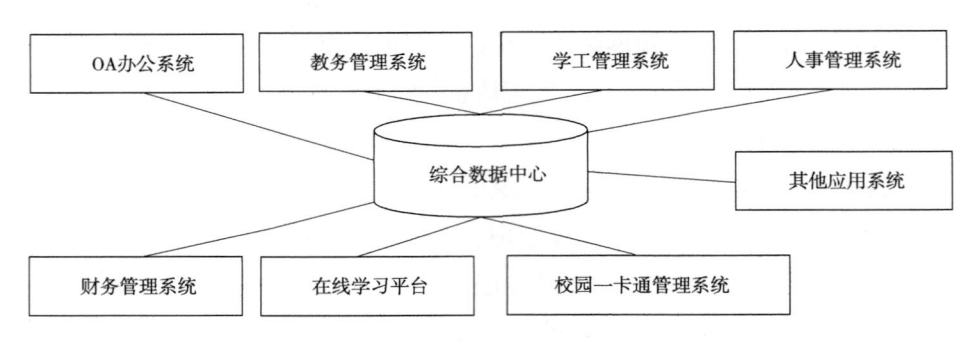

图2 综合数据中心结构图

（三）转变工作理念

要全面推进信息化建设，除了进行软硬件设施的建设之外，还离不开工作理念的转变，再好的应用最终还得落实到人。已经习惯了原有工作模式，突然转变工作模式和方法需要一个适应和熟悉的过程，在这个过程中首先需要从思想上进行转变，认识全新的工作理念的优点，暂时的改革可能需要一定的牺牲，但对于长远的发展是利大于弊的。需要全体人员共同转变理念，只有从领导到每位工作人员以及全体学生共同努力，才能真正把信息化建设做好，真正实现提升人才培养质量的目标。

三、推进信息化建设与人才培养的关系

（一）标准化业务流程，提升工作效率

全面推进信息化建设有利于标准化业务流程，使得日常的教学与管理工作中的每一环节更为规范，通过制定细致化、科学化、数量化的标准，严格按照标准实施管理和服务，可以极大地提高管理与服务的效率和质量。

（二）为领导决策提供有效的依据

通过使用高效的应用系统，可以在日常工作产生的大量数据中挖掘出有价值的信息，为领导决策提供有效的依据。例如，任何高校要想可持续发展，人才培养需要适应社会发展的需求，需要设置合理的专业、人才培养方案、建立长效的校企合作机制等，这些都需要有可靠的依据为基础。如果仅仅靠人工进行需求分析，没有可靠的数据为支撑，通过主观来判断市场的需求很容易产生偏差，导致决策的不合理性。

（三）解放人力，重在创新

通过推进信息化建设，可以把教师和管理人员从大量的基础性工作中解放出来，避免低端和重复性工作，将人的创造性发挥最大价值，让教师和管理人员可以把更多的精力投入提升教学方法、管理与服务能力、教学与管理模式创新等工作中。

（四）全新的管理与服务理念，高效的教学模式

推进信息化建设，构建基于服务学院、服务首都基础教育、服务国家战略为目标的智慧校园，改变传统的管理与服务理念，改变传统的教学模式，打造符合学院、专业发展所需要的信息化智慧校园，提升人才培养的核心竞争力，并打造大数据平台，完善教学管理服务，努力打造为任何人在任何时间和任何地点通过任何智能设备均能享受到学院的课程与服务[1]。

全面推进信息化建设将完成对现有教育教学的深度变革，实现信息技术与教育教学深度融合，用信息技术改造传统教学，加强教与学全过程的数据采集和效果分析。鼓励教师充分、合理运用数字教育资源开展教学，解决技能培养中的重点、难点问题。最大限度地调动学习者的主观能动性，促进教与学、教与教、学与学的全面互动，全面提升教学质量与人才培养质量。

四、结语

推进信息化建设是高校教育规模不断壮大与信息技术快速发展相结合的必然产物，有助于教学管理效率和教学水平的提高，有助于决策的科学

---

[1] 参见李有增，周全，钊剑："关于高校智慧校园建设的若干思考"，《中国电化教育》，2018 年第 372 期，第 112–117 页。

化和规范化[1]。推进信息化建设是高等院校自身发展的需求，是适应社会发展的需求，是全面提升人才培养质量的大势所趋。

---

[1] 参见宋奇庆，唐国强，陈华舟，等："推进高校教学管理信息化建设"，《教育教学论坛》，2016年第12期，第269–270页。

编　后　语

为贯彻落实《国家职业教育改革实施方案》《北京职业教育改革发展行动计划（2018—2020年）》等文件精神，更新现代职业教育理念，深化教学改革创新，调动教职工参与职业教育理论研究和实践探索的积极性，促进一线教育教学与管理工作成果的推广、转化和应用，北京政法职业学院组织开展优秀教研教改论文评选工作，共收到稿件60余篇，经评审，共评出一等奖4项、二等奖12项、三等奖11项，获奖教师27人。为展示职业教育教学改革成果，将获奖作品及部分优秀作品汇编成集。

本书若存在不足之处，恳请广大读者批评指正。